DVD付 最速上達 サッカー

オフ・ザ・ボール

村松尚登 監修

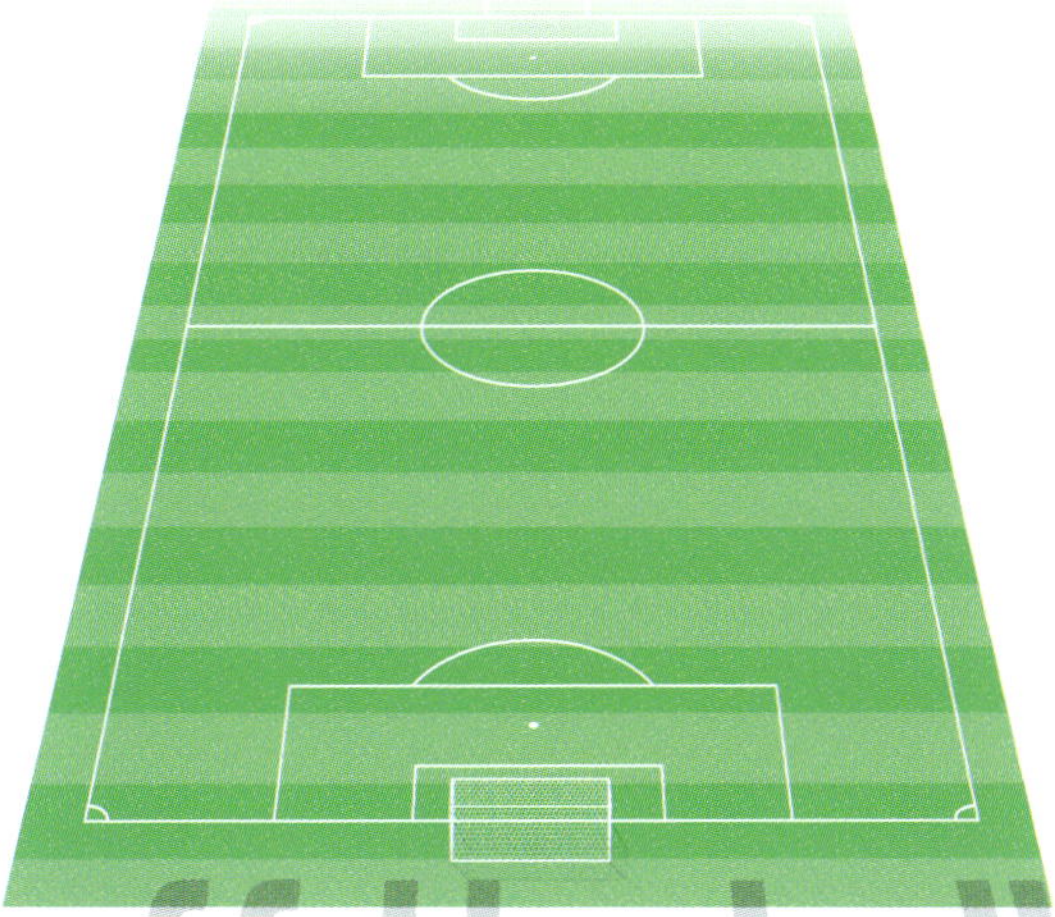

off the ball

成美堂出版

もっと上達するために……

オフ・ザ・ボールを知る!

サッカーは１個のボールで22人がプレーするスポーツです。１人あたりのボールに触っている時間は、90分のうち２、３分程度と言われています。つまり、ほとんどの時間がボールを持っていない、“オフ・ザ・ボール”の状態なのです。

ボールを持っているときのプレー（オン・ザ・ボール）だけでなく、ボールを持っていないときのプレー（オフ・ザ・ボール）を習得しなければ、良い選手にはなれませんし、強いチームも作れません。

オフ・ザ・ボールというのは１人でできるものではありません。複数の選手が同時進行的に動くことで、相手を惑わすことができるのです。この本はＤＶＤ付きということで、 図版やホワイトボードなどでは伝え切れない、オフ・ザ・ボールの連動性を見ることができます。

どのようにスペースを作ればいいのか。パスを出した後は、どこに走ればいいのか。ボールをもらえないときは、何をすればいいのか。そうしたことが視覚的に理解できるはずです。選手はもちろん、指導者のみなさんには、ぜひ活用していただけたらと思います。

この本を通じて、サッカーの奥深さを知るとともに、オフ・ザ・ボールの重要性に気づいてもらえたら幸いです。

村松尚登

DVD付
最速上達
サッカー オフ・ザ・ボール

CONTENTS

off the ball

PART 2

PART 3

PART 4

PART 5

column

本書とDVDの使い方

DVD 最終ラインからの組み立て 10

DFラインの背後でロングパスを受ける動き

寄る動きと抜ける動きの組み合わせで裏にボールを運ぶ

CBがドリブルで持ち上がる

1 相手がDFラインを押し上げてくるが、前線の選手のプレッシャーが甘く、ボールを持ったセンターバックにあまりプレッシャーがかかっていない。センターバックは精度の高いパスを狙える。

ビルドアップから1発でDFラインの裏をとるプレー。サッカーでは、このようにシンプルにゴールを目指すことを〝ダイレクトプレー〟と呼ぶ。だが、単純に裏に走ってボールを受けようとするだけでは、相手に読まれてしまうし、パスが通る確率も低くなる。FWにとっても体力のロスが大きい。

ロングボールの成功率を高めるためには、ディフェンスをおびきだすための〝オトリ〟の動きが大事になる。ボールと同サイドにいる選手はボールを持った選手に対し、サポートのポジションをとったり、自陣方向に下がってディフェンスを食いつかせよう。

指導Point

キック力がない選手でも、遠くのスペースを見る習慣をつけることが大事。相手ゴールに近づくことを常に意識しよう

86

■このマークがあるページは、DVDでご覧いただけます

■このページでもっとも伝えたい動き方やプレーのコツが書いてあります

■指導者に向けてのワンポイントアドバイスです

■プレーの流れや動き方のポイントを解説しています

本書はサッカーのオフ･ザ･ボールの動きの基本から実践的な動きを解説したDVD付き実用書です。本でプレーの概要やポイントを理解して、DVDで実際の動きを見てプレーのイメージを高めてください。

■ 図のプレーはDVDにて動きを確認できます

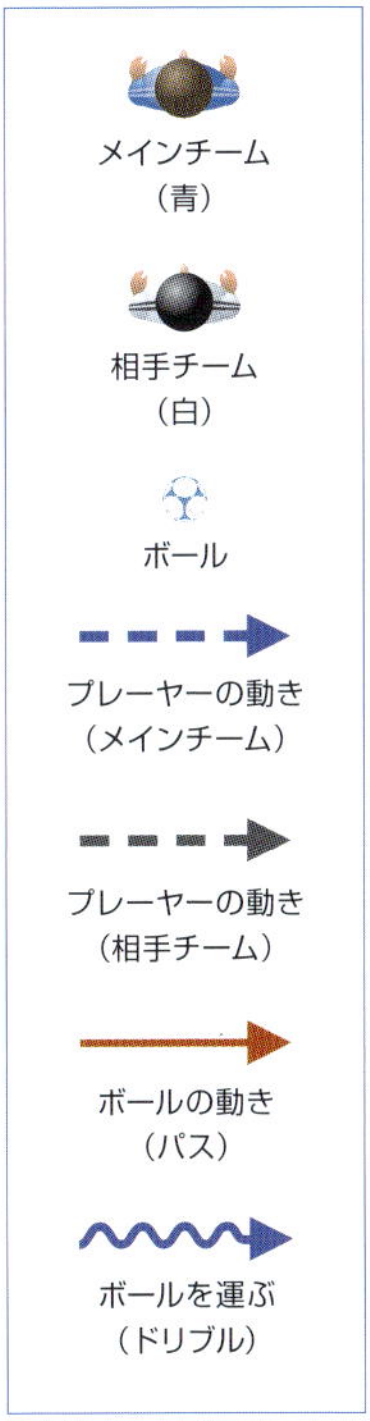

メインチーム（青）
相手チーム（白）
ボール
プレーヤーの動き（メインチーム）
プレーヤーの動き（相手チーム）
ボールの動き（パス）
ボールを運ぶ（ドリブル）

ポジション

GK：ゴールキーパー
DF：ディフェンダー
　CB：センターバック
　SB：サイドバック
MF：ミッドフィールダー
　VO：ボランチ
　SH：サイドハーフ
FW：フォワード

PART 2 最終ラインからの組み立て

FWはDFラインの背後に飛び出す

Point!
FWが最も背後をとりやすいのは相手DFが前に出たタイミング。ボールを受けに下がり、DFがラインを押し上げたところを狙おう
下がってから背後を狙う
攻撃方向
FW
VO
SH
SB
CB
ココに注目!

2
相手のディフェンスがラインを押し上げようとしている。このタイミングでFWがマークの視野から消える動きをして裏をとる。センターバックはDFラインの背後へロングボールを入れる。

相手がボールウォッチャーになった瞬間が動き出すタイミング。背後のスペースに走り込んでボールを受ける

87

■ 4-4-2 システムで構成

PART 2～5までの実戦プレーは、4-4-2を基本システムとして構成しています。2センターバック、2サイドバック、2ボランチ、2サイドハーフ、2トップでの配置が基本です。

■ 注目してもらいたいプレーを解説しています

DVDの見方

55分収録

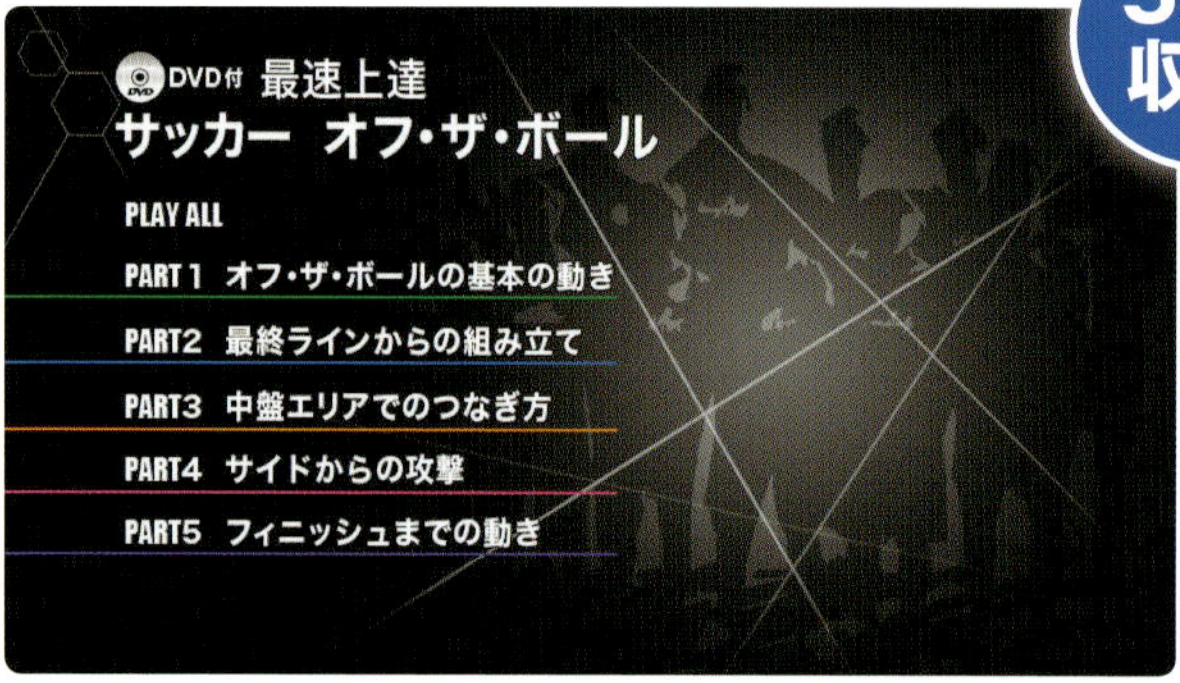

メインメニュー画面

メインメニューから、PART 1～5までの各パートのいずれかを選択します。「PLAY ALL」を選ぶと全編を再生します。

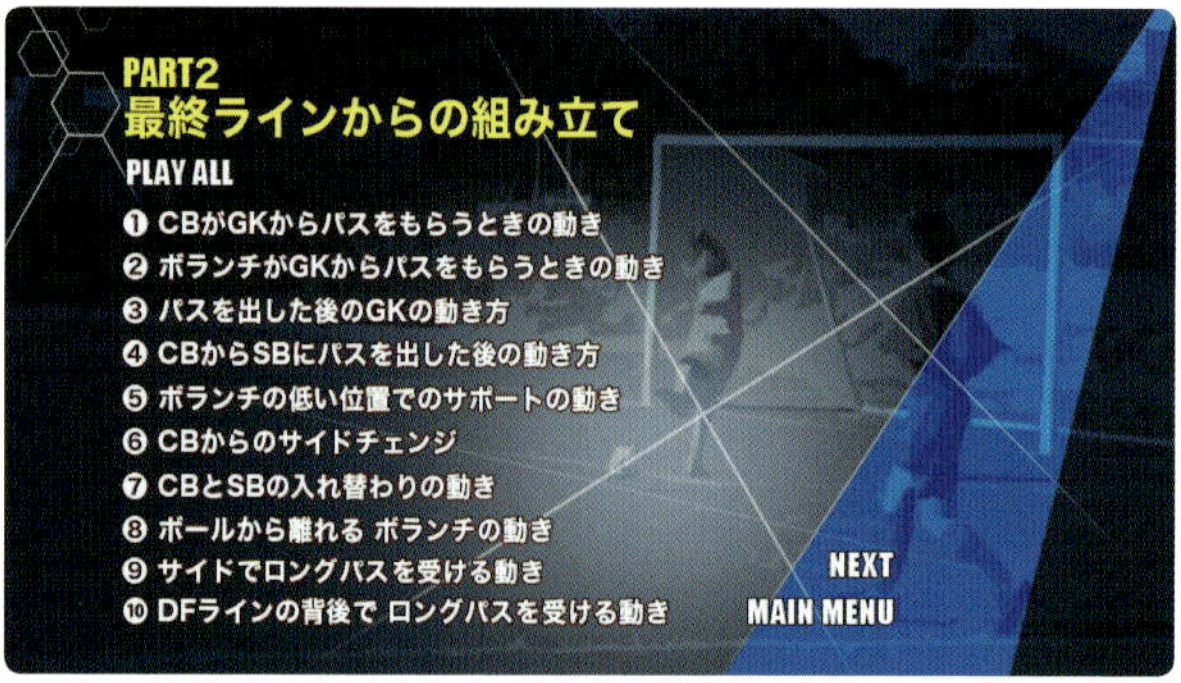

各PARTメニュー画面

メインメニューでいずれかを選択すると PART メニュー画面が表示されます。ここから見たい項目を選びます。

DVDビデオの取り扱い上のご注意

●このディスクにはコピーガード信号が入っています。そのためコピーすることはできません。

●ディスクは指紋、汚れ、キズ等をつけないようにお取り扱いください。

●ディスクが汚れたときは柔らかい布を軽く水で湿らせ、内周から外周に向かって放射状に軽くふき取ってください。レコード用クリーナーや薬剤等は使用しないでください。

●ひび割れや変形、また補修されたディスクは危険ですから絶対に使用しないでください。

●使用後は必ずプレーヤーから取り出し、専用ケースに収めてください。直射日光の当たる場所や高温、多湿の場所をさけて保管してください。

●ディスクの上に重いものを置いたり落としたりすると、ひび割れしたりする原因になります。

DVD VIDEO　DOLBY DIGITAL　16:9 LB　ALL

*本DVDビデオや本書において乱丁・落丁、物理的欠陥があった場合は、不良個所を確認後お取り替えいたします。必ず本書とDVDディスクを合わせてご返送ください。

*本DVDビデオおよび本書に関するご質問は、葉書か封書にてお送りください。なお内容の範囲を超える質問にはお答えできない場合もありますので、ご了承ください。

DVDビデオを使用する前にお読みください。

このDVDはDVDプレーヤーか、DVDが再生できるパソコンでご覧になれます。なお、パソコン、DVDプレーヤーの一部機種では再生できない場合があります。DVD再生による事故や故障には、一切責任を負いかねます。DVD再生プレーヤーの各機能についての操作方法は、お手持ちのプレーヤーの取り扱い説明書をお読みください。

PART 1

オフ・ザ・ボールの基本の動き

この章ではオフ・ザ・ボールの基本の動きを紹介。グラウンドのどのゾーンでも常に意識する必要がある大切な動きなので、しっかり学ぼう。

オフ・ザ・ボールって何?

What is off the ball

正しい オフ・ザ・ボールの “3要素”

オフ・ザ・ボールとはボールを持っていないときのアクションのこと。
ボールを持っていないとき、どこにいるのか、いつ走るのか……。
正しいオフ・ザ・ボールの動きをするには3つの要素が大事になる。

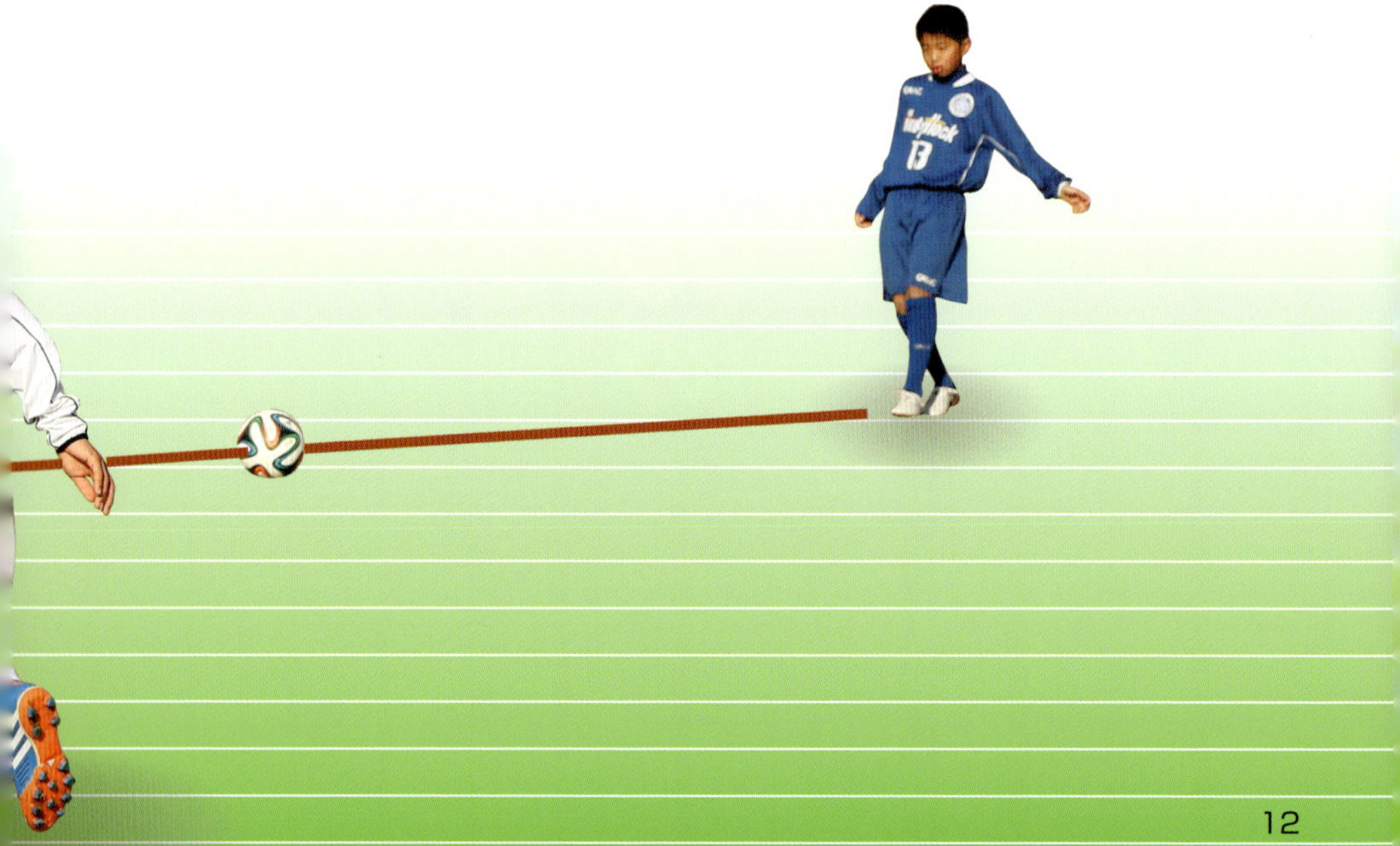

正しい判断をするには見て、判断して、実行する

オフ・ザ・ボールという言葉からは、ボールを受けるためにマークから離れる動きや、DFラインの裏に飛び出す動きが連想されるだろう。だが、「オフ・ザ・ボール」は必ずしも「動く」ことだけではない。ボールをもらうためには動かないほうが良いと思えば、「止まる」という選択肢もある。

ボールを持っていない選手が正しい判断をするためには「見る」→「判断する」→「実行する」という3つのプロセスが大事になる。

周囲の状況を確認し、判断するための情報を集め、次のプレーを決めて、それを実行する。これが効果的なオフ・ザ・ボールの基本となる。

正しいプレーをするために……

オフ・ザ・ボールの3要素

見る

周囲の状況を確認する

判断する

情報を集めて次のプレーを決める

実行する

決めたプレーを実行する

オフ・ザ・ボールって何?

What is off the ball

オフ・ザ・ボールはスペースと時間を生み出す!

現代サッカーではコンパクトなディフェンスが当たり前になったことで、攻撃側のスペースが狭くなっている。狭いスペースの中でボールを受けるためには、オフ・ザ・ボールの動きが欠かせない。

ボールを受ける前に準備しておく

オフ・ザ・ボールの重要性が増しているのは、ディフェンスのレベルアップとの関連性が大きい。かつてのサッカーではプレッシャーがそれほど強くなかったので、オフ・ザ・ボールの動きをそれほど重要視されていなかった。だが、現代サッカーでは守備側がコンパクトになっているので、ボールを受けてから次のプレーをするまでの時間が短い。

そのため、攻撃側はボールを受けるまでにより効果的なオフ・ザ・ボールの動きをすることで、自分がプレーするためのスペースと時間を作り出さなければいけない。ボールを受ける前に準備しておくことが、より良いプレーにつながるのだ。

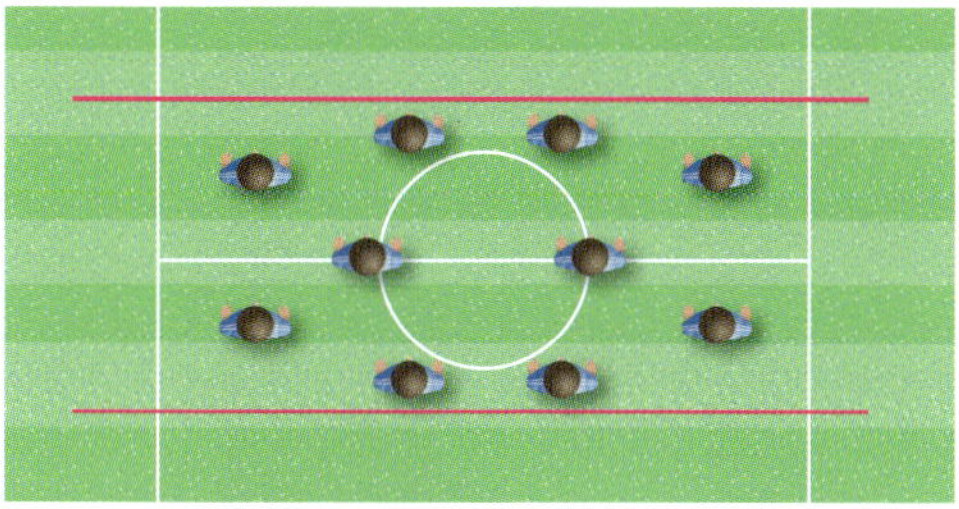

コンパクトな守備組織

FW から DF までの距離がコンパクトな状態。プレッシャーが強く、プレーするまでの時間が短い。

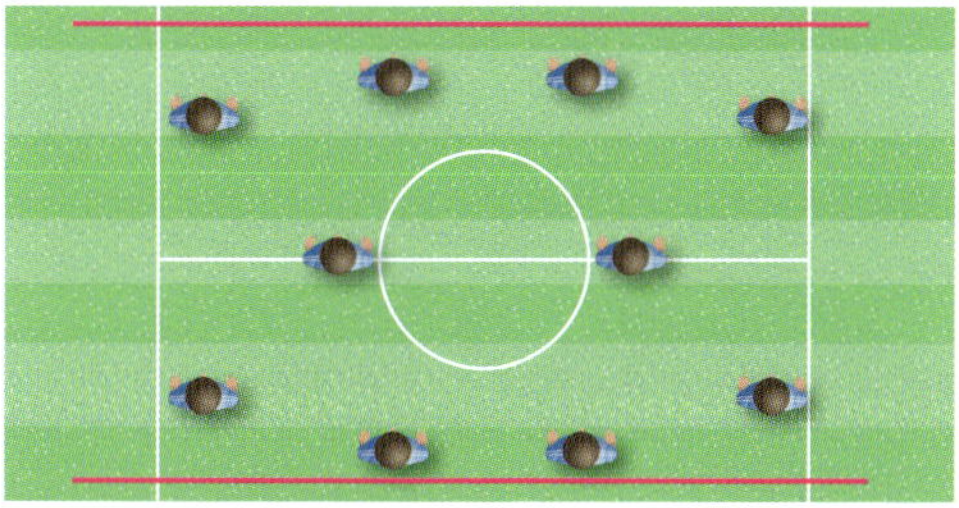

間延びした守備組織

FW から DF までの距離が間延びしている状態。相手のマークが緩いので自由にプレーできる。

オフ・ザ・ボールって何?

What is off the ball

オフ・ザ・ボールの3つのアクション!

オフ・ザ・ボールの目的には、「自分がボールをもらう」、「味方のためにマークを引きつける」、「ボールを奪われたときのケア」の3種類がある。これらを組み合わせることで良い攻撃・守備ができる。

複数の選手が異なるアクションを行う

オフ・ザ・ボールの動きには3つの種類がある。

1つ目が、自分がボールを受けるために起こすアクション。2つ目が味方のためにパスコースやスペースを空けるために起こすアクション。そして3つ目がボールを奪われたときや、味方が困ったときのケアをするアクションだ。チームの全員が同じ動きをしても効率的なプレーはできない。

1人が相手のマークを引きつけてスペースを空け、1人がDFラインの裏に飛び出す。1人は安全にパスを受けられる位置をとる。複数の選手が異なるアクションを行うことによって、攻撃側の選択肢が増え、守備側にとって守りづらい状況を作ることができる。

3つのアクション

1. **ボールを受けるための**アクション
2. **スペースメイクの**アクション
3. **ケアをする**アクション

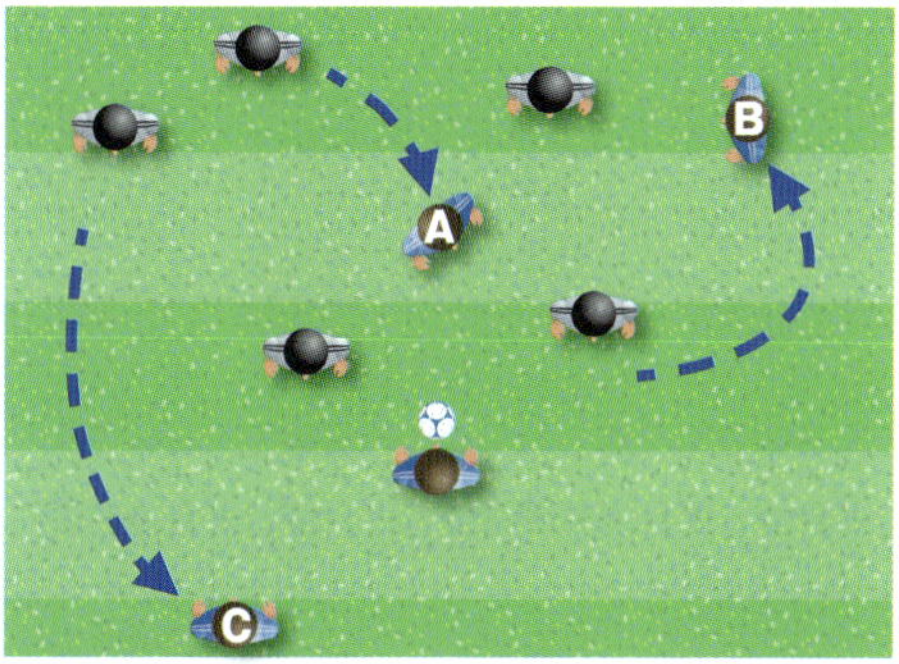

複数の選手が絡んだオフ・ザ・ボールの動き

Aが相手のマークを外し、BがDFラインの背後に動く。Cは安全にパスを受けられるポジションをとる

ボールを受けるときのカラダの向き①

〝半身〟になることで広い視野を確保する

パスが来る前に首を振る

ボールが来る前に首を振る
野球のけん制球の
イメージだ!

ボールに正対するのではなく、次のプレーにつながる広い視野を確保するために“半身”になることが大切。相手が背後にいる場合は首を振る。

パスを受ける際、次のプレーにつながる広い視野を確保することが重要だ。ボールと正対するのではなく、〝半身〟になることで、自分をマークしている相手がどこにいるのかを少し首を振るだけで確認しやすくなる。相手が背後にいる場合、ボールが動いている間にも首を振り、相手の位置、寄せるスピードをチェックしておこう。

また、ディフェンスに対しては「こっちは存在に気づいているぞ」という意思表示にもなる。例えるなら、野球で盗塁をさせないように、けん制球を投げるようなもの。インターセプトの予防策としても首を振ることは有効だ。

指導Point

首を振っても相手の状況を確認できなくては意味がない。何となくやっている選手には「何が見えた？」と質問する

OK 相手がどこにいるかチェック!

半身になれば
相手は把握しやすい

パスを受ける前に相手の状況を確認することで、相手は「見られている」と感じるので、うかつに飛び込んだり、インタセプトを狙ったりしづらくなる。

NG インターセプトされやすいケース

ボールに正対
してしまうと
相手が近くても
気づかない!

ボールしか見えていないと、このように相手が近くにいても気づきづらい。パスを受ける直前のタイミングで前に入られてインターセプトされやすい。

ボールを受けるときのカラダの向き②

ボールが動いている間は もう1回首を振るチャンス

移動中に首を振って
次のプレーを考える!

1

指導Point

首を振る習慣が身についたら、今度はあえて首を振らず相手に「気づいていない」と思わせ、逆をとるプレーにトライする

味方からパスが来てから、ボールを受けるまでにも首を振って相手の状況を確認しておきたい。味方の足元からボールが離れたら、そこからボールの軌道が変わることは基本的にない。ボールが動いている間に首を振って相手の位置、寄せるスピードをチェックしておく。

　そうすれば、相手の距離が近ければ、ボールを受けたときに相手から遠い足でキープする。飛び込んできたら逆方向にコントロールしてかわす。相手が積極的に寄せてこない様子だったら、ファーストタッチで前を向くなど、トラップ後のプレー選択を間違えずに行える。

相手が寄せてきても準備ができている

2 相手の位置を把握しているので、準備ができている。

OK ボールを受ける前に見ておくと正しい判断ができる

1

味方からグラウンダーのパスを受ける。背後からマークが近い距離まで寄せてきている。足元にトラップしたいが相手がトラップの瞬間を狙っている……。

2

首を振って相手の状況を把握できていたため、相手が飛び込んできても慌てない。逆に相手の動きを利用して、ファーストタッチでかわそうとする。

3

球際を狙って勢い良く突っ込んできた相手は、ボールを動かされると対応できない。相手のいないスペースにボールを運んで、素早く次のプレーへ。

NG ボールを受ける前に見ていないと正しい判断ができない

1

グラウンダーのパスを受ける。背後から相手が接近しているが、ボールに正対し、かつボールを受ける前に首を振って確認していなかったため、足元にボールを止めてしまう。

2

相手が狙っているのはボールが足から離れて無防備な状態になるトラップの瞬間。前を向こうとした瞬間に相手が一気にプレッシャーをかけてくる。

3

ボールを受ける前に良いカラダの向きをとらず、相手の状況を確認することを怠っていたので、正しいプレー判断ができず、相手にボールを奪うチャンスを与えてしまう。

パスコースの作り方

相手と重ならずにパスをもらえる位置に移動する

パスコースに顔を出す

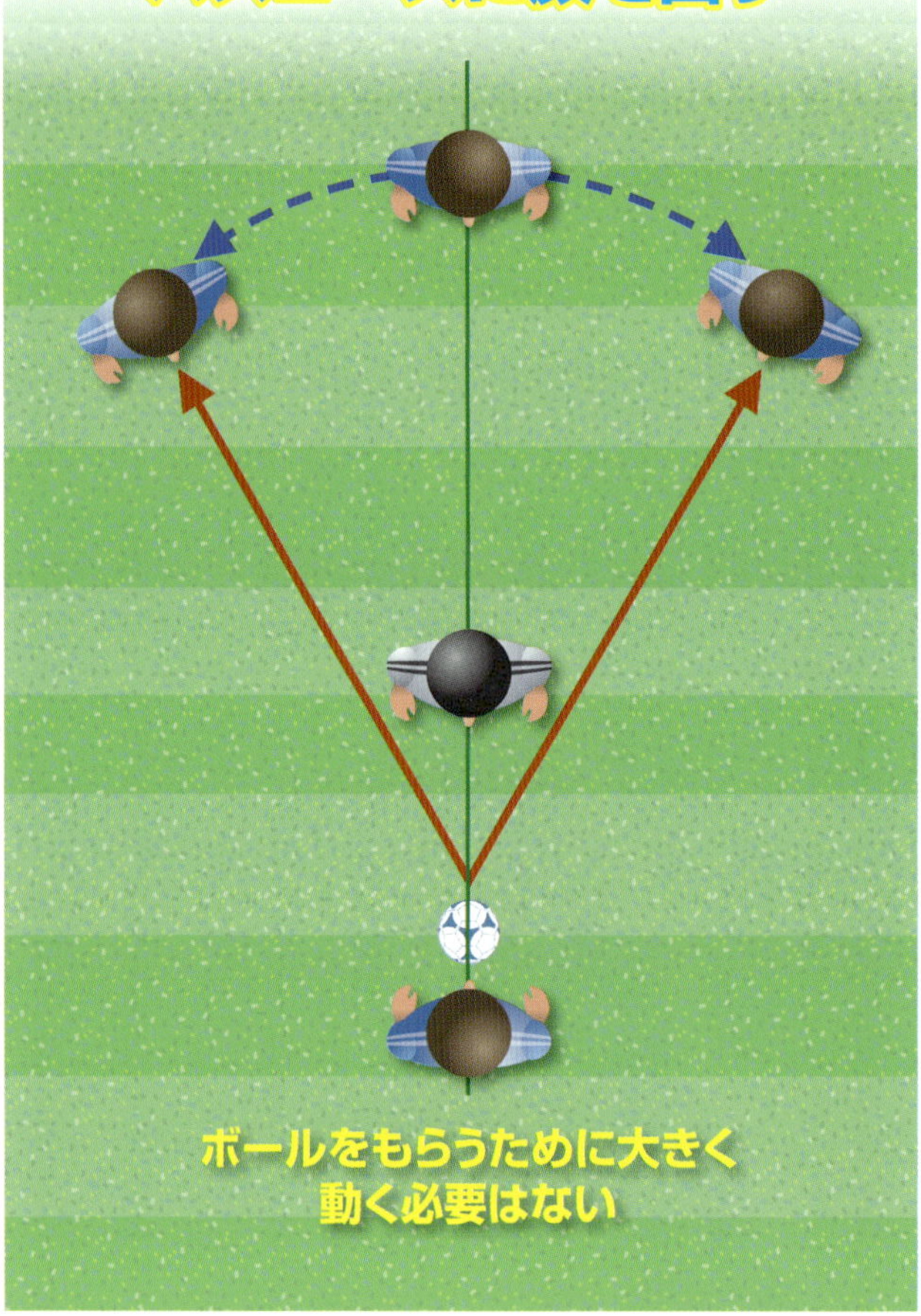
ボールをもらうために大きく
動く必要はない

ボールを持った選手がパスを出せるコースに移動して、複数の選択肢を作り出す。

パスを受けるための〝鉄則〟は相手と重ならない場所に動くこと。もしも、ボールを持っている選手から見て自分が「隠れている」と感じたら、素早く移動してパスをもらえる場所に移動しよう。ただし、動く必要のある距離は状況によって変わる。パスをもらえるなら1、2メートルでも十分だ。

　また、時には「動かない」ことが最適な〝動き〟になる場合もある。動かなくてもいいのに動いてしまい、自分からパスをもらえなくなっている選手もいる。がむしゃらに動き回るのではなく、自分と味方の間にパスコースができているかを考えてプレーしよう。

指導Point

頑張って動き回っているのにボールを受けられない選手には、「止まる」という選択肢もあることを教えてあげよう

OK ボールを受ける位置に顔を出している

パスをもらえる
位置に動く!

ボールを持っている選手から見て、パスコースがないと感じたら、ボールを受ける位置に動いて2対1を作る。

NG 相手の裏に隠れるとパスコースはない

ボールと自分の間に
相手が立っている

ボールを持っている選手の近くにいるにも関わらず、相手の裏に隠れているので、パスコースになっていない。

パスコースに顔を出し“1対1”を“2対1”にする!

1

サイドでドリブルを仕掛けようとする場面。ボールを持っていない選手は、相手の裏に隠れるように立っている。このままではパスをもらうことは難しい。

Point!

相手ＤＦとボールホルダーを結んだ位置にいると、パスをもらいにくい。味方がパスを出せるところに顔を出してボールをもらう

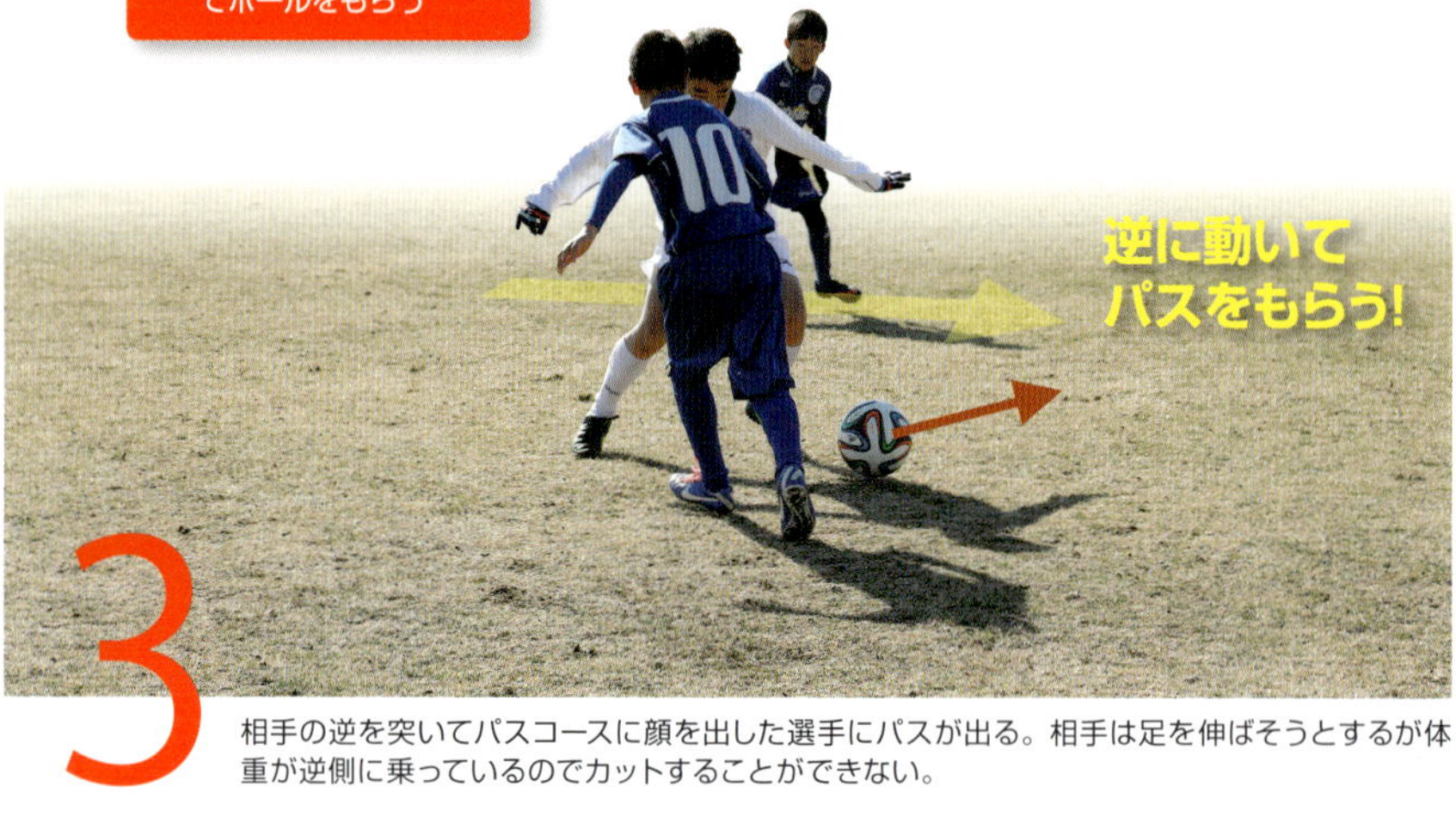
逆に動いて
パスをもらう!

3

相手の逆を突いてパスコースに顔を出した選手にパスが出る。相手は足を伸ばそうとするが体重が逆側に乗っているのでカットすることができない。

相手がドリブルに
つられる!

2

ボールを持った選手がドリブルでタテに突破をはかる。相手はついていこうとするので、タテ方向に重心が傾く。それを見たタイミングで、素早く逆方向に動く。

4

相手の逆を突くことによって、狭い距離でのパス交換でも、カットされることなくボールをもらうことができた。

角度をつけてパスをもらいに動く①

バックステップを踏みながらカラダを開いてボールを受ける

角度をつけてボールをもらえば ワンタッチ目で前を向ける!

Point! ボールだけしか見ていないと、周りが見えないので相手の動きを予測できない

味方からボールが送られてくる。背後から相手が寄せている。

Point! 前を向くことによって相手を寄せさせない。「バリア」を張るようなイメージだ

ボールを受ける瞬間にカラダを開き、前を向きながら受ける。

トラップをするときに角度をつける目的は何なのか?

一つ目のメリットはマーカーの状態を見やすくすること。自分の視野の外から足を出されるとボールを奪われやすいが、マーカーを視野にとらえていれば、プレッシャーをかけられてもかわしやすい。

二つ目はパスミスをカバーしやすくなること。まっすぐにボールに向かうと、ちょっとでもパスがずれると足が届かなかったり、無理な体勢でトラップしたりしなければならなくなる。

角度をつけることによって、味方からのパスがずれたとしても対応できる。つまりパスミスへのリスクヘッジにもなる。

指導Point

ボールだけを見てしまう選手の多くは技術に自信がない場合が多い。ボールから目を離す時間をちょっとずつ長くする

バックステップしながら離れる

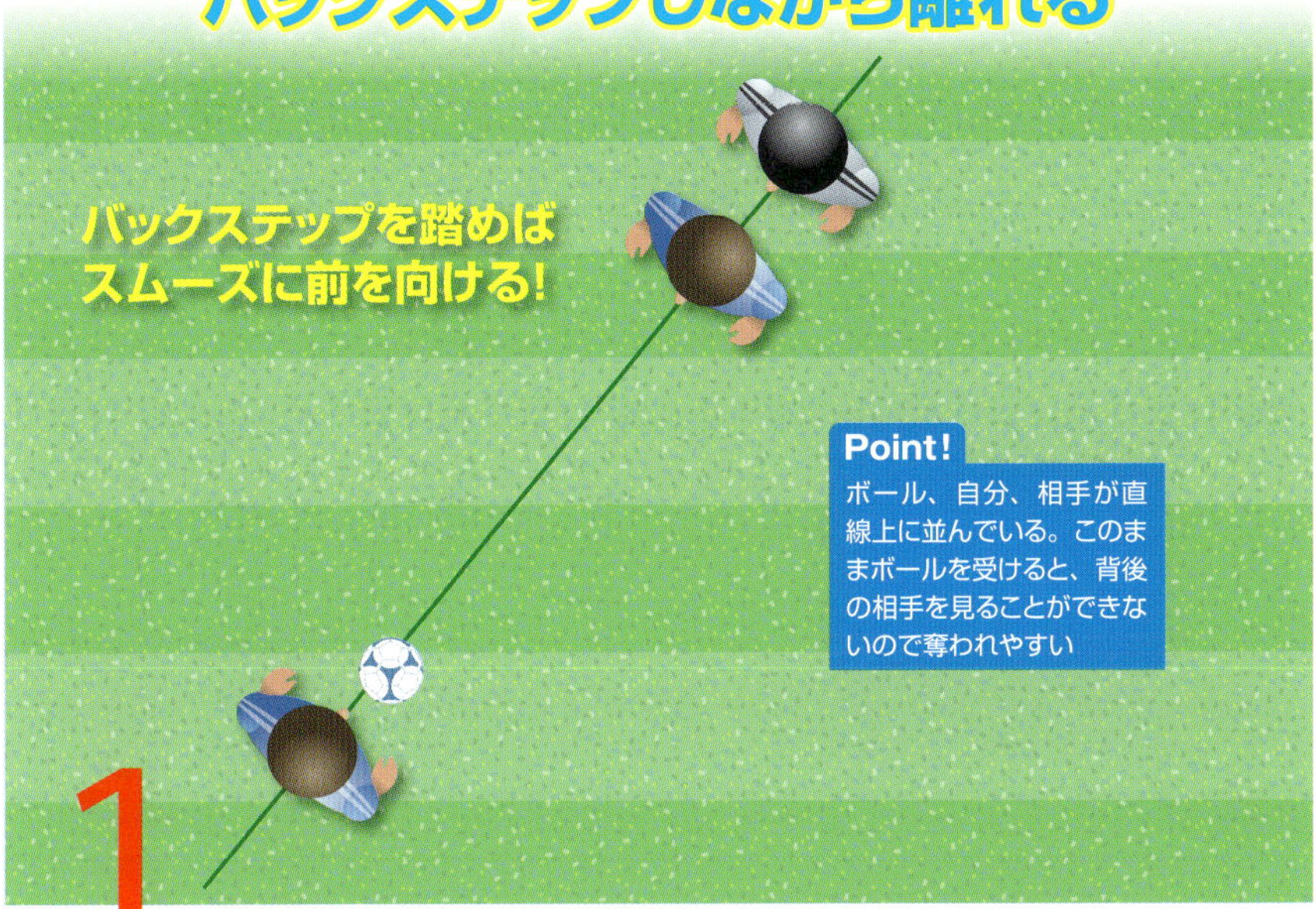
バックステップを踏めば
スムーズに前を向ける!
Point!
ボール、自分、相手が直
線上に並んでいる。このま
まボールを受けると、背後
の相手を見ることができな
いので奪われやすい

1

ナナメ後ろの味方からボールをもらう。このとき、背後にいる相手と直線上に並んでいるので、そのままボールを受けるとまともに相手のプレッシャーを受けることになってしまう。

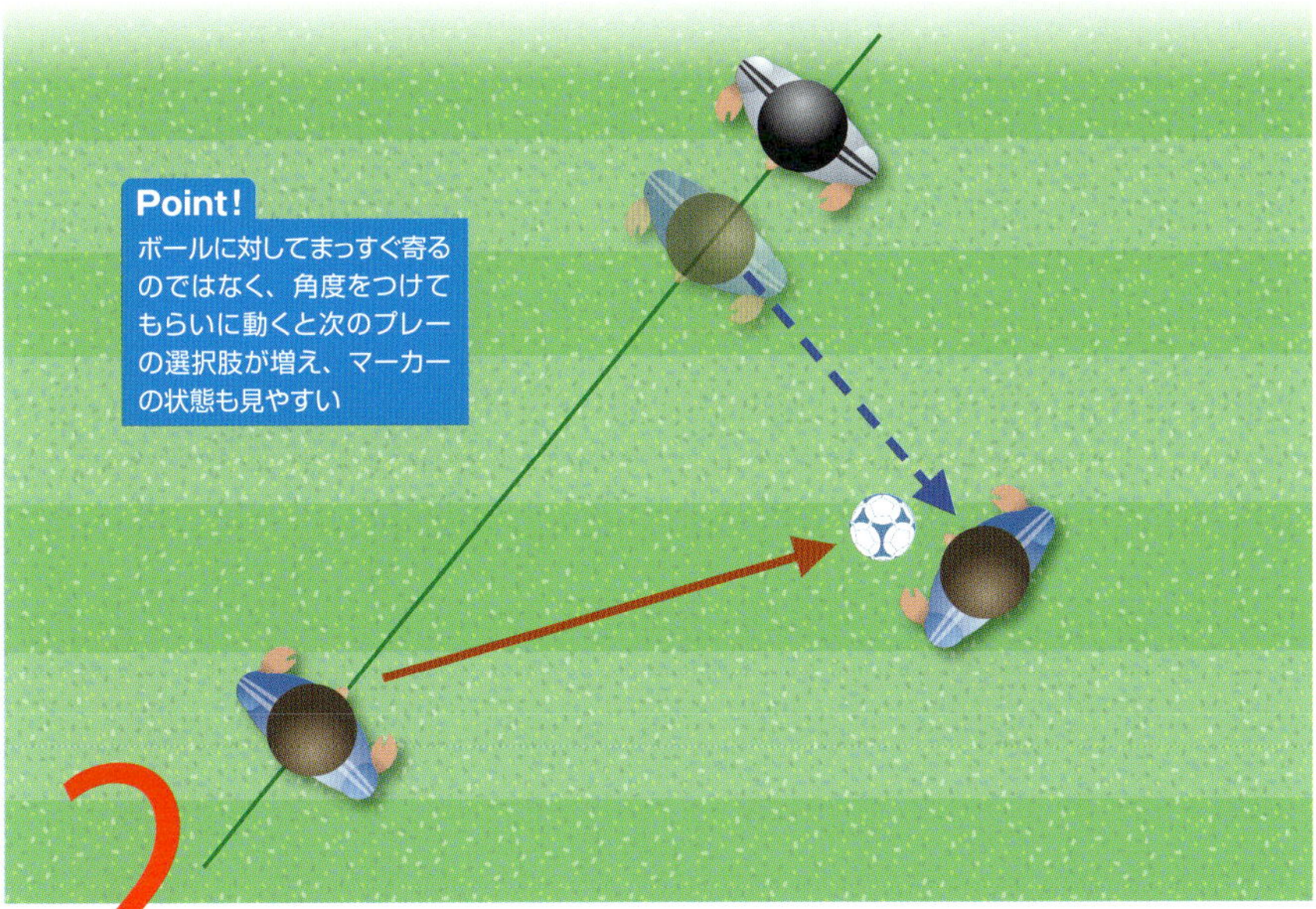
Point!
ボールに対してまっすぐ寄る
のではなく、角度をつけて
もらいに動くと次のプレー
の選択肢が増え、マーカー
の状態も見やすい

2

パスを受ける瞬間、バックステップを踏みながら、カラダをゴール方向に開きながらコントロール。相手の位置を視野に収めることができるので、プレッシャーをかけにきてもかわしやすい。

角度をつけてパスをもらいに動く②

“ゴール”を見ることでプレーの選択肢が増える

OK

ゴールを視野に入れているのでGood！

角度をつけてボールを受けることで、相手ゴールが自然と視野に入ってくる。ワンタッチ目で前を向けば、ドリブルで仕掛けたり、縦パスを入れたりといった、積極的なプレーを選択しやすい。

NG

ゴールに背中を向けていると背後の相手が見えない

角度をつけずにまっすぐボールに寄ってパスを受けようとすると、相手ゴールに対して背中を向けた状態になる。背後の相手が見えないため、プレッシャーを受けやすく、パスがズレた場合に対応できない。

ボールを受けたときにマークとゴールを同一視野に収められていれば、自然とゴールに向かっていくパスやドリブルを選択しやすい。後ろの選手からタテパスが来たときは、相手ゴールを背負った状態でボールを迎えることになる。後ろを向いてトラップすると、そこから前を向くためにターンするので、カラダを開きながらトラップするときに比べて、わずかだが遅れが生じる。たとえ1秒未満だったとしても、その間にマーカーに距離を詰められれば、自分の間合いでプレーしづらくなる。角度をつけてボールをもらうことによって、自分がプレーする時間を作り出そう。

指導Point

パスをもらっても横や後ろに出してしまう選手は、角度をつけてボールをもらえていないことが多いのでチェックする

角度をつけてファーストタッチでかわす！

1

後方の味方からグラウンダーのパスが出る。ボールを受けるためマーカーから離れながら下がる。

2

ボールが足元に近づいてくる。マーカーはトラップの瞬間を狙って、距離を詰めてくるが……。

3

トラップ直前のタイミングで、数歩バックステップを踏みながら、ボールを受ける準備をする。

4

カラダを開いたことで相手を視野にとらえながらコントロール。相手は急にスピードを落とせない。

5

相手の状態が見えているので余裕を持ってプレスをかわし、ゴール方向にボールを運んでいく。

角度をつけてパスをもらいに動く③

タテ方向のパスをもらうときはボールを受ける角度に注意する

まっすぐに下がると、トラップする→前を向くという２段階が必要になる。その間に相手に距離を詰められるので、ボールをコントロールするのが難しくなる。

相手を自分の間合いに入れてしまうと奪われやすい。

まっすぐボールに寄ってパスを受けようとする際、走るスピードが速すぎると、ボールと“正面衝突”する状況に陥りミスが起こりやすい。可能な限り角度をつけてボールを受ける。

スピードオーバーはミスの要因になる。

指導Point

ボールに早く触ろうと思うのは自然なこと。だが、良い状態でボールを受けるには意図的に角度をつける必要がある

NG まっすぐ下がるとプレスを受けやすい

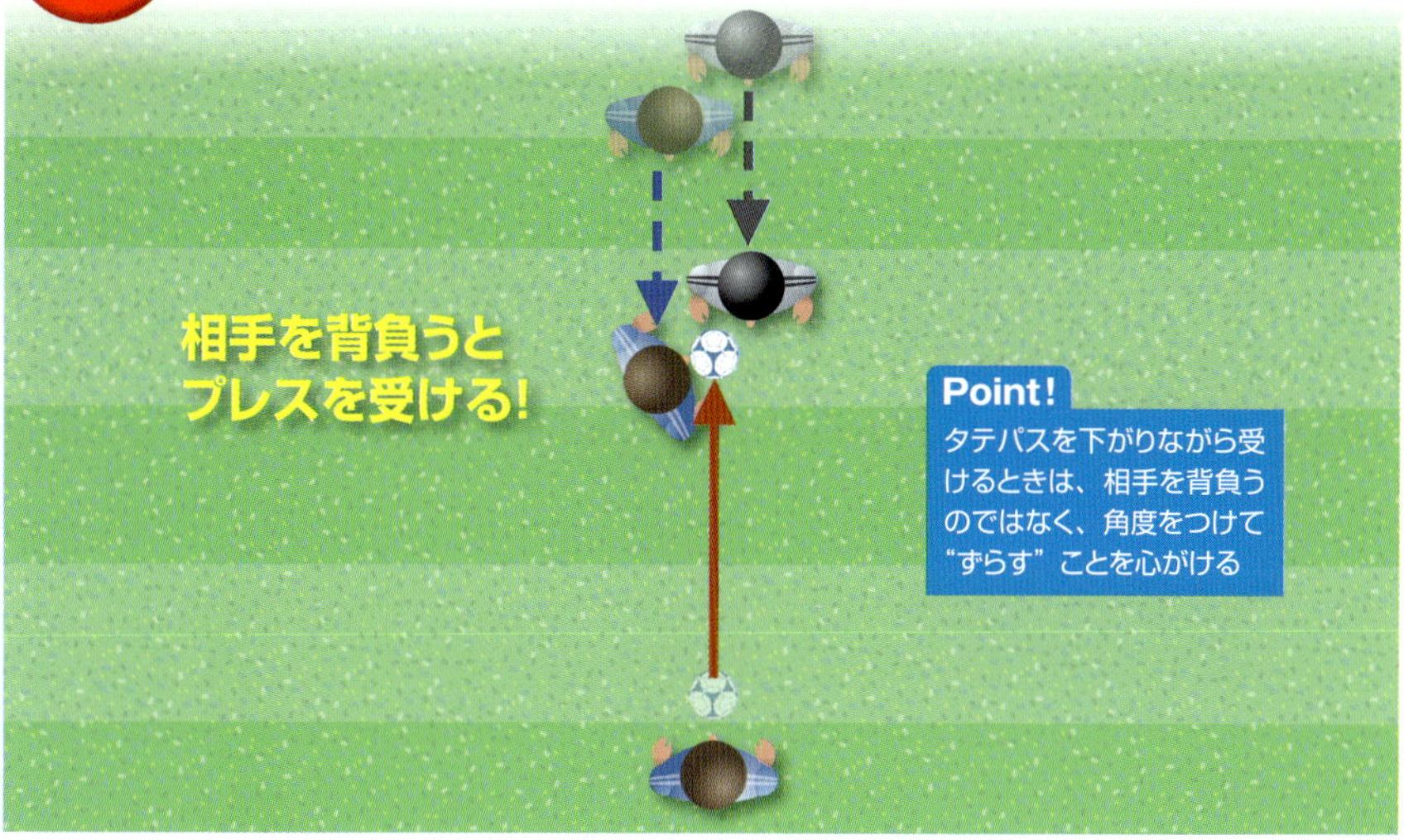
相手を背負うと
プレスを受ける!
Point!
タテパスを下がりながら受けるときは、相手を背負うのではなく、角度をつけて“ずらす”ことを心がける

後ろの味方からタテパスが送られてくる。トラップをしてから前を向こうとすると、その間に相手に距離を詰められるので、自分の間合いでプレーすることができない。

NG トップスピードはミスが起こりやすい

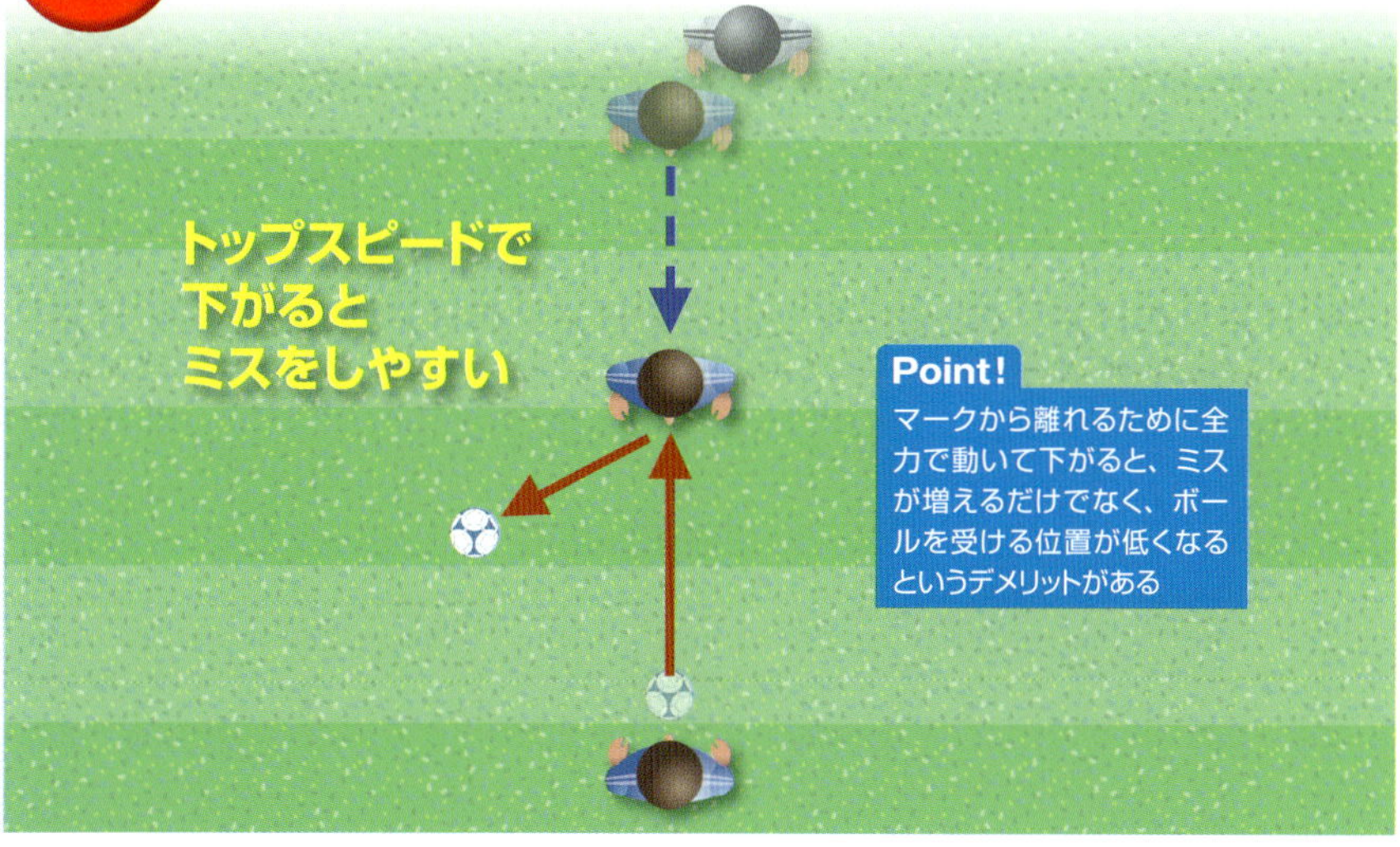
トップスピードで
下がると
ミスをしやすい
Point!
マークから離れるために全力で動いて下がると、ミスが増えるだけでなく、ボールを受ける位置が低くなるというデメリットがある

タテパスを受ける前に、ボールを持っている選手のほうへ全力で下がっていく。スピードが上がることによってプレーの精度が下がり、コントロールミスにつながる。

相手の視野から消える動き①

狭いスペースでボールを受けるために視野から消える

相手の"死角"に入る

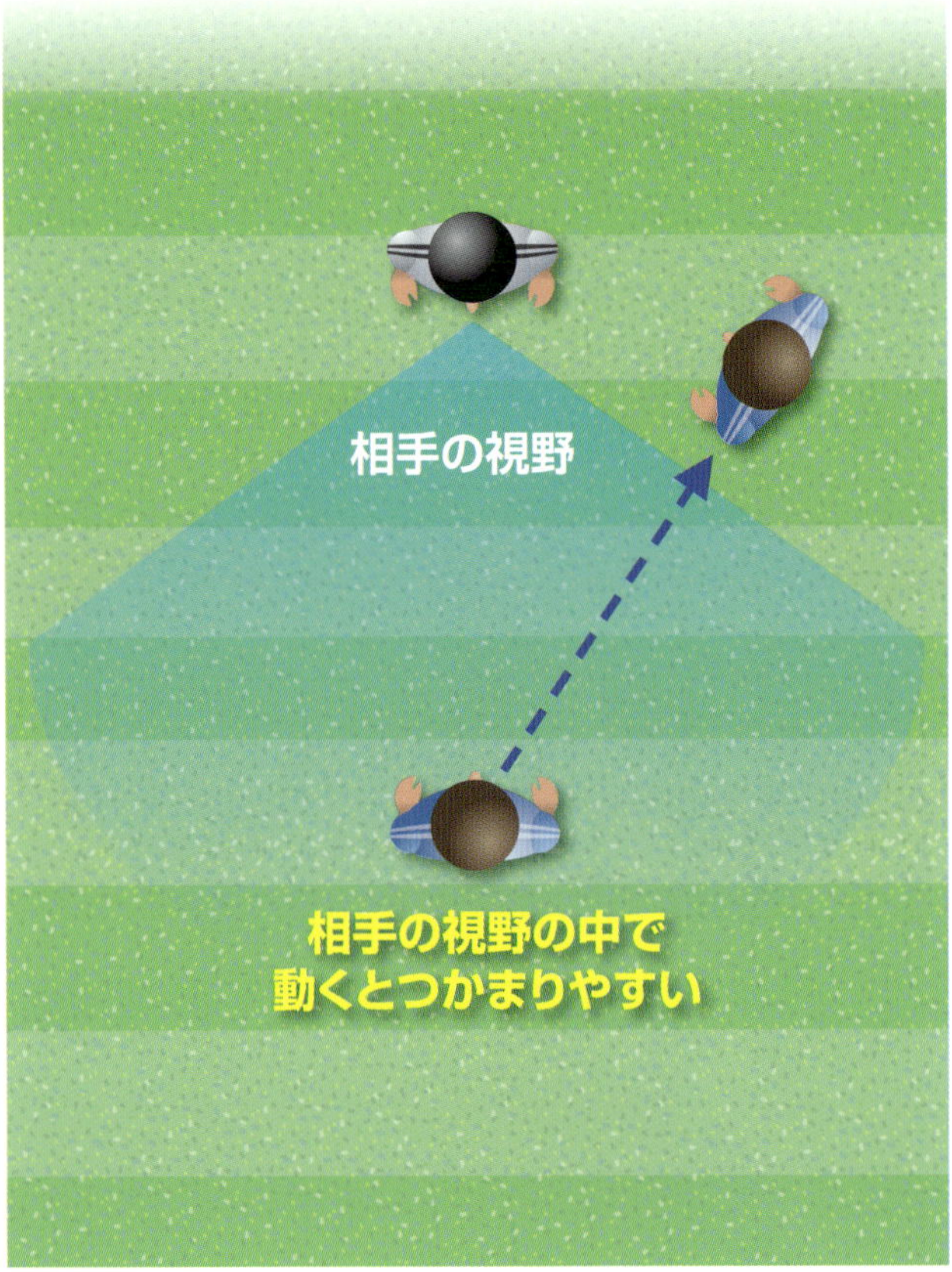
相手の視野
相手の視野の中で動くとつかまりやすい

ボールウォッチャーになったときは、視野が狭くなるので、カラダの横でも相手にとっては死角になる。

かつてのサッカーでは、プレッシャーが今ほど速くなかったので、わざわざ視野から消える動きをしなくてもフリーになることができていたが、今は違う。視野から消える動きは、プレースピードが速くなって、フリースペースが狭くなっている現代サッカーでは必須項目といっていい。

大事なのはいつ動き出せば視野から消えられるのかを覚えること。基本的にディフェンスはボールを持った選手とマークを同一視野に収めようとするが、ボールだけを見る瞬間が必ずある。いわゆる〝ボールウォッチャー〟になったタイミングで動き出せば、視野から消えることができる。

指導Point

フリーでボールをもらえない選手には、ボールを受ける前に相手の視野から消える動きをしているかチェックする

相手の視野から消える動き

相手の視野
Point!
味方がパスを出す瞬間は、相手はボールのコースやタイミングを見ようとするので、最もボールウォッチャーになりやすい

1

ナナメ後ろでボールを持った選手がこちらにパスを狙っている。このとき、相手の目線がボールを持った選手のほうに向くので、外側にステップしながら視野から消える。

Point!
相手がインターセプトを狙ってきたら、味方とアイコンタクト（目で合図すること）をして、裏で受ける動きに切り替える

2

相手の視野から消えているタイミングで裏のスペースに回り込む。相手はこちらの動きをとらえられていないので、裏に走ってもつかまえるのが遅くなる。

相手の視野から消える動き②

視野から消えて相手の背後のスペースで受ける

視野の外側から裏に回り込む

1 ナナメ後ろの味方からスルーパスを受けようとしているところ。

Point!
相手がインターセプトのために前に出てきた瞬間に裏を狙うと、相手は逆を突かれるので、ついていくことができない

4 相手の視野の外で動いているので、裏をとっても相手はしばらく気づいていない。

視野から消える動きはストライカーやサイドアタッカーは特に身につけておきたい。ディフェンスが警戒しているDFラインの裏、あるいはサイドの裏でボールを受けるとき、普通にボールを呼び込んでもマークを外すことはできない。そのため、相手の視野から消えて、自由に動ける時間を作らなければならない。

　相手の裏をとるときに重要なのは、スピードよりも、むしろ相手と駆け引きをすること。相手の視野の中で動いている限りは、ボールを受けてもすぐにプレッシャーをかけられてしまう。だが、相手の視野から消えれば、スピードが遅くてもフリーになれる。

指導Point

闇雲に裏に飛び出してもパスが出てこないので、相手と駆け引きをしながら、視野から消えた瞬間を狙うようにする

2 味方がパスを出すタイミングで相手がボールを見る。中に行くフリをしてから……。

3 相手がボールウォッチャーになったタイミングで、背後のスペースを狙う。

5 マークを外したところへ、裏のスペースへパスが出てくる。

6 スルーパスをもらったら、積極的にシュートを狙う。

ココに注目!

視野から消える瞬間は声を出さない

ボールをもらおうとするときに「ヘイ!」と声を出すのは相手に居場所を知らせているようなもの。裏を狙うときは声を出さず、アイコンタクトで意思疎通をはかったほうがパス成功率は高くなる。もちろん、通常時は声を出しても構わない。

相手の視野から消える動き③

裏をとる動きに相手がついてきたら後ろに戻ってパスを受ける

ボールを受けるスペースを作る

1 相手がタイトにマークについている。ボールを受ける前に相手の裏に走る。

Point!
裏をとる動きを入れることによって、自分がボールを受けやすい間合いを作ることができる。

4 味方からパスが送られてくる。相手は距離が離れたので寄せるのに時間がかかる。

相手がタイトにマークしているときは、足元でボールを受けるのは危険が大きい。止まった状態でボールをもらおうとしていると、相手はボールを受けるポイントを予測できるので、プレッシャーをかけやすい。そこで、裏をとる動きで相手を食いつかせてから、素早く下がってボールを受けることが必要になる。

現代サッカーでは昔に比べてディフェンスのレベルが上がっていて、スペースを与えてくれないので、止まっていてはボールをもらうことはできない。自分のスペースを自分で作ること。それができなければ、高いレベルでプレーするのは難しくなるだろう。

指導Point

トレーニングからディフェンスが厳しく寄せることで、自然と攻撃側はボールをもらうために工夫をするようになる

2 裏に走る動きに相手が気づいて、バックステップする。

3 相手がついてきた瞬間にストップ。後ろに下がっていく。

5 ボールを受けるときはマークと相手ゴールを視野に入れる。

6 余裕を持ってボールをコントロール。相手は十分に寄せることができていない。

ココに注目!

裏をとる動きと使い分ける

最初の裏をとろうとした動きに対して、相手がついてこなければ、そのまま裏を狙う。最初から足元でもらう、あるいは裏でもらうと決めるのではなく、マークの付き方を見ながら動きを変えられるようになれば、狭いスペースでもプレーできる。

味方のためのスペースを空ける動き①

ボールから離れる動きで真ん中のスペースを空ける

OK
ボールを受けるための
スペースを空けよう!
スペース

1

指導Point

せっかくスペースを空ける動きをしても、味方が使わなければ意味がない。お互いの動きの意図を感じてプレーしようサッカーには「Make The Space」と「Use The Space」という考え方がある。ボールは1個しかないので当然みんなが触りたがる。だが、ボールをもらう動きだけをみんながすれば、相手にも読まれてしまう。あえてボールから離れることで、仲間がより良い形でボールを受けられるシーンを作り出すことを覚えよう。

スペースを作る選手とボールを受ける選手はいわば〝脇役〟と〝主役〟のような関係。だが、サッカーでは常に同じ選手が〝主役〟になるわけではなく、誰もが〝脇役〟にもならなければいけない。全員が自己犠牲の気持ちを持つことで良いサッカーができる。

2 空けたスペースに味方が入れば、フリーでボールを受けられる。

味方のためのスペースを空ける動き②

2人が同じスペースに入るとプレッシャーを受けやすい

NG
2人が同じスペースでボールをもらいにいくのはNG！

1

指導 Point

ボールを受けようと思っていたスペースに味方が先に入ってきたら、他のスペースを見つけるようにアドバイスしようサッカーでは誰もがボールに触りたいもの。だが、全員がボールに触ろうとすれば、たくさんの選手が同じスペースに群がるので、自分たちのプレーできるエリアを狭めることになってしまう。パスを受けたとしても相手の選手も連れてくるので、プレッシャーをかけられてしまう。相手が近ければ前を向きづらいので、ボールを持っている選手にとって〝良い状態〟とは言えない。

サッカーで大事な「ボールに関わる意識」というのは、ボールの近くに寄れということではない。時には、あえてボールから離れることが、最も良い「ボールとの関わり方」になることもある。

スペースを埋めてしまう動き

2 密集状態になるのでプレーがしづらくなり、相手にボールを奪われてしまう。

相手のギャップに入る動き①

相手が嫌がる〝中途半端〟なポジションでボールを受ける

ギャップ（スペース）に入る動き

ポジショニングで
勝負は決まる!

相手に“嫌がられる位置”とは、誰がマークにいくのかハッキリしない中途半端なポジション。ここでボールを受けることによって、相手の守備組織を混乱させられる。

現代サッカーではゾーンディフェンスがベースになっているため、各選手が自分のスペースを担当する守り方をする。それによって生まれるのが〝ギャップ〟と呼ばれるスペースである。ギャップには大きく分けて2つある。一つがDF、MF、FWのそれぞれのラインの間にできるスペース。もう一つが、センターバックとサイドバックなど人と人の間にできるスペース。守備側のスペースは厳密に決まっているわけではなく、重なり合ったり、曖昧になったりする。そのため、ギャップでボールを受けられると、相手としてはマークにつきづらく、攻撃側はフリーになりやすい。

指導Point

相手と相手の間にできるスペースでボールを受けることで、どんなメリットがあるのかをプレーヤーに伝えてあげる

OK ギャップでボールを受けている

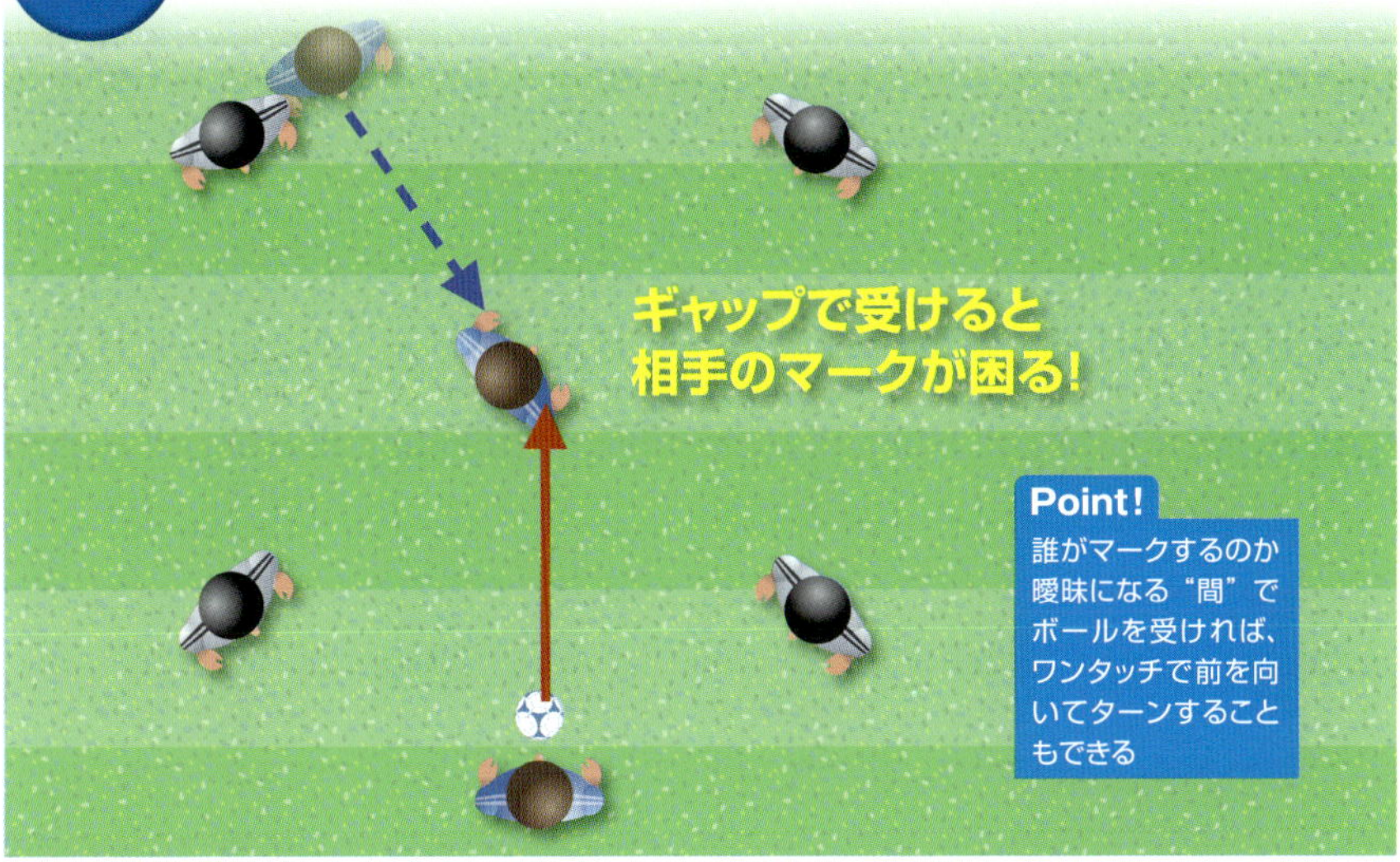
ギャップで受けると
相手のマークが困る!
Point!
誰がマークするのか曖昧になる“間”でボールを受ければ、ワンタッチで前を向いてターンすることもできる

相手と相手の間にできるギャップでボールを受ける。ディフェンスは2人のマークが重なる、あるいは任せたつもりになってどちらもいかないなどのミスをしやすい。

NG ギャップで受けていない

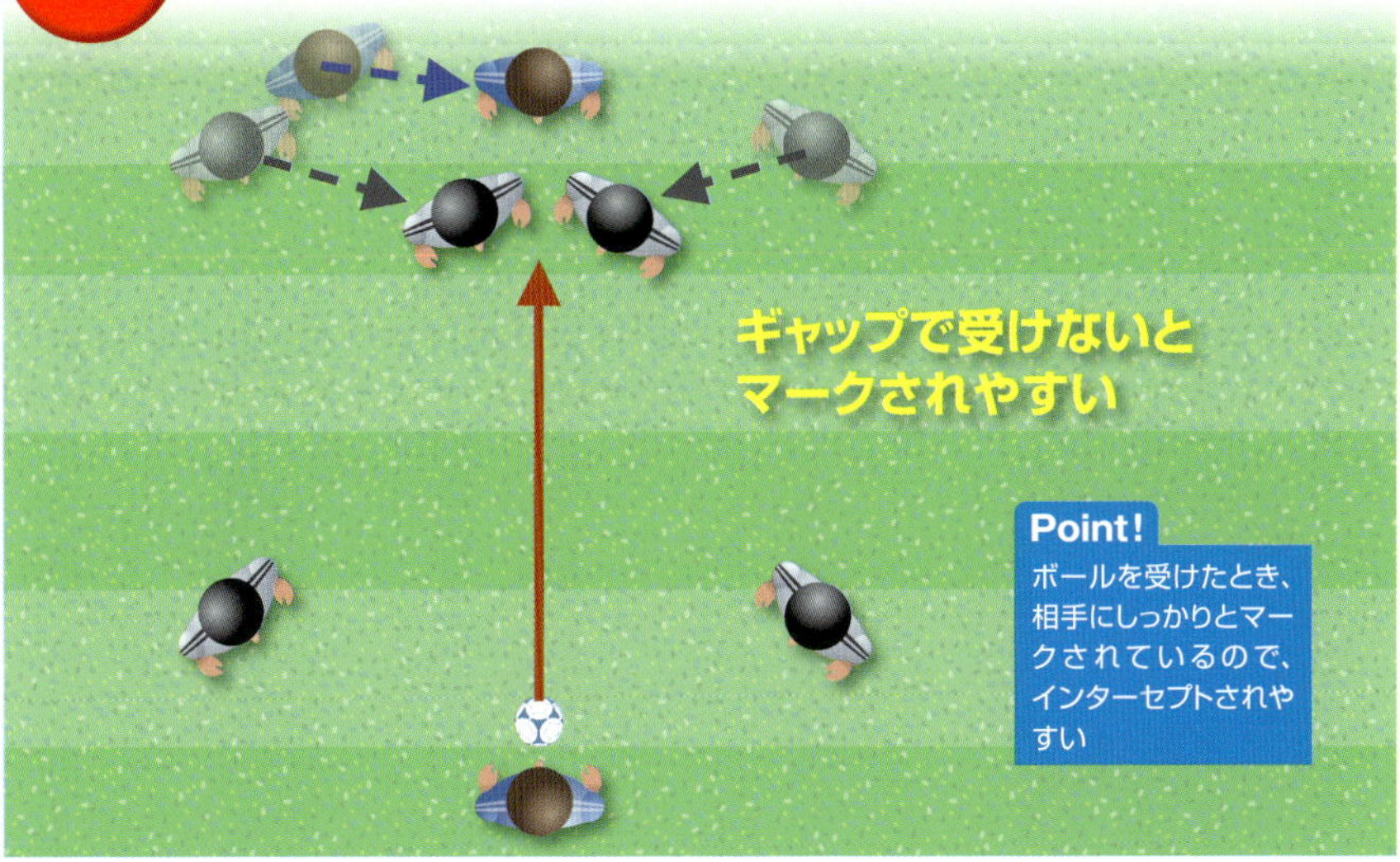
ギャップで受けないと
マークされやすい
Point!
ボールを受けたとき、相手にしっかりとマークされているので、インターセプトされやすい

ギャップで受けようとしないと、相手にしっかりとマークされやすいため、インターセプトされたり、たとえボールを受けることができても密着マークにあう危険性が高まる。

相手のギャップに入る動き②

DF-MF-FWのラインの間でボールを受ける

高い位置から引いてくる

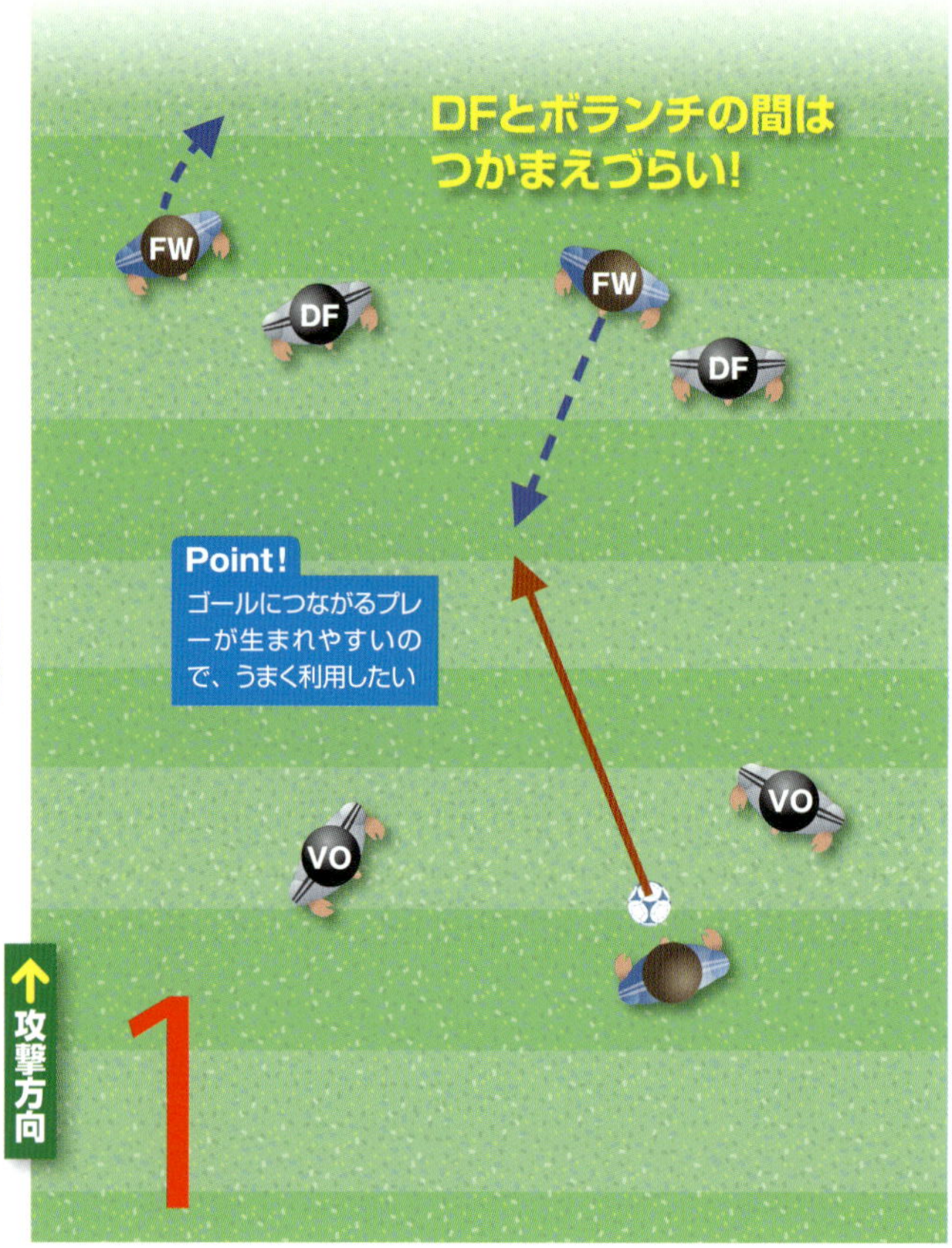
DFとボランチの間は
つかまえづらい!
FW
DF
FW
DF
Point!
ゴールにつながるプレーが生まれやすいので、うまく利用したい
VO
VO
攻撃方向
1

FWの1人が裏を狙う動きをして、もう1人が下がっていく。相手が下がったFWについていくのか迷うことでフリーになる。

サッカーのシステムは基本的にDF-MF-FWの3つのラインで形成されている。攻撃側としては各ラインの間にあるギャップでパスを受ければ、マークが曖昧になるのでチャンスになりやすい。特に、DFラインとボランチの間にできるギャップは狙い目だ。ラインの間はマークが曖昧になりやすいので、フリーでパスを受けられる。

ギャップでボールを受けられると、相手はアプローチに行くべきか待つべきか迷う。そのため、攻撃側にはミドルシュートを狙うこともできるし、相手を引きつけて裏にスルーパスを出すなどの複数の選択肢が生まれる。

指導Point

裏のスペースで受ける動きをすることで相手のラインを下げたら、その手前にできるスペースをチーム全体で活用する

DFラインの手前で受ける

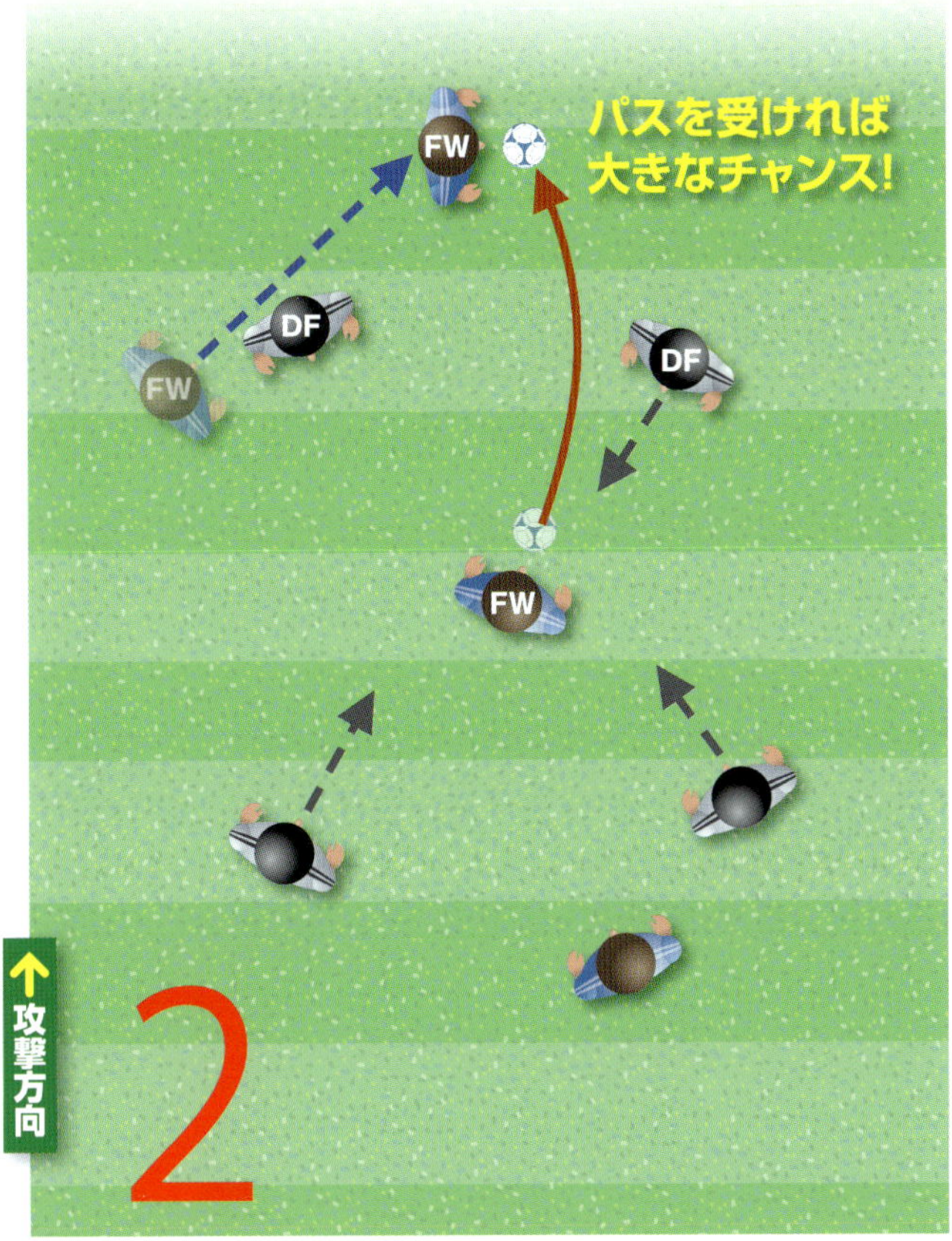

FW
パスを受ければ
大きなチャンス!
DF
FW
DF
FW
攻撃方向
2

DFラインの手前のスペースでボールを受ける。相手はプレッシャーをかけるか、待つべきかを迷うので、チャンスになりやすい。

ココに注目!

相手のラインを下げる黒子役が必要不可欠

DFラインとボランチの間で受けようとするとき、前線の選手が同時に入ってくると、相手がDFラインを押し上げてくるので、ボールを受けられるスペースが狭くなる。1人は裏を狙う動きで相手のラインを下げさせる黒子役になることが大事になる。

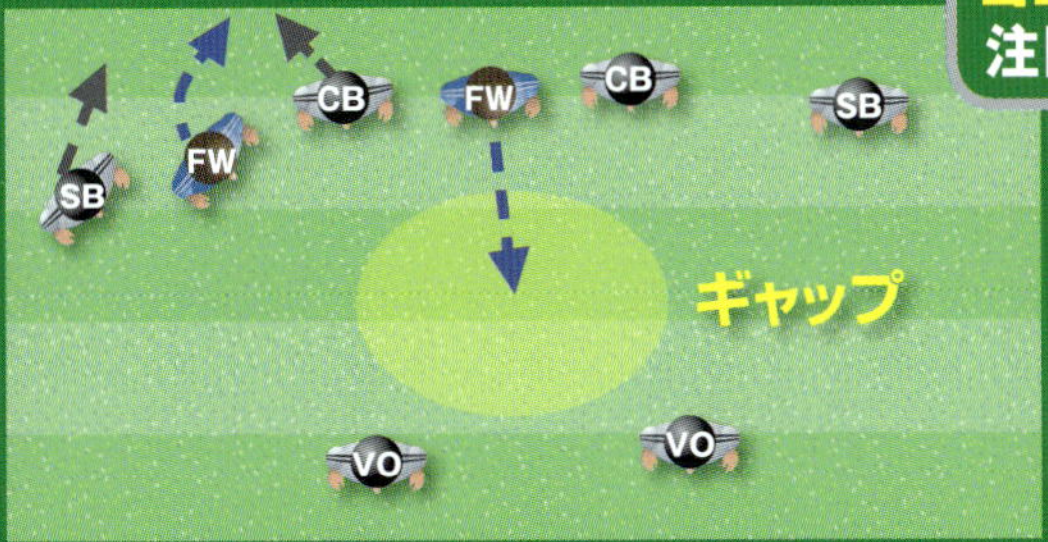

SB
FW
CB
FW
CB
SB
ギャップ
VO
VO

相手のギャップに入る動き③

横同士のポジション間にできるギャップを突く

DFライン付近での駆け引き

Point!
ギャップに入るのが早すぎると、相手のサイドバックが中に絞ってくるので、スペースが狭くなる。パスを受ける直前に入り込んでボールを受けるイメージ
CB
SB
FW
センターバックの視野から消える
攻撃方向
1

ＤＦライン付近でＦＷがスルーパスを受けようとしている。ＦＷはセンターバックがボールを見た瞬間に視野から消えて動き出す。

ゾーンディフェンスには、自分が担当するエリアをマークするという約束事がある。自分のエリアから出た選手は、隣のエリアを担当する選手にマークを受け渡す。攻撃側としては、相手のマークとマークの境界線でボールを受けて、マークの受け渡しが中途半端になったところを狙う。

人と人のギャップはセンターバックとサイドバックの間、ボランチ2人の間など様々なものがある。ギャップでボールを受ければ、相手のマークにつかまらずにプレーできる。フィジカルコンタクトが苦手なチームが、体格の大きなチームと戦うための最重要ポイントといえる。

指導Point

ギャップでボールを受けられるようになれば、ゴール前や中盤などスペースが狭いところでもプレーできるようになる

CBとSBの間のギャップで受ける

センターバックとサイドバックの中間でスルーパスを受ける。相手はどちらがマークに行くのか中途半端になって寄せ切れない。

ココに注目!

マークされづらいポジションをとる

もしギャップにポジションをとっている選手をＤＦが密着マークしてきたら、そのＤＦが本来いるべきポジションにフリースペースが生まれているはず。その場合、攻撃側はもちろん、そのフリースペースを使おう。ギャップを使うことに固執してしまうと、最も狙うべき「相手の裏を突く」ことを忘れやすいので気をつけること。

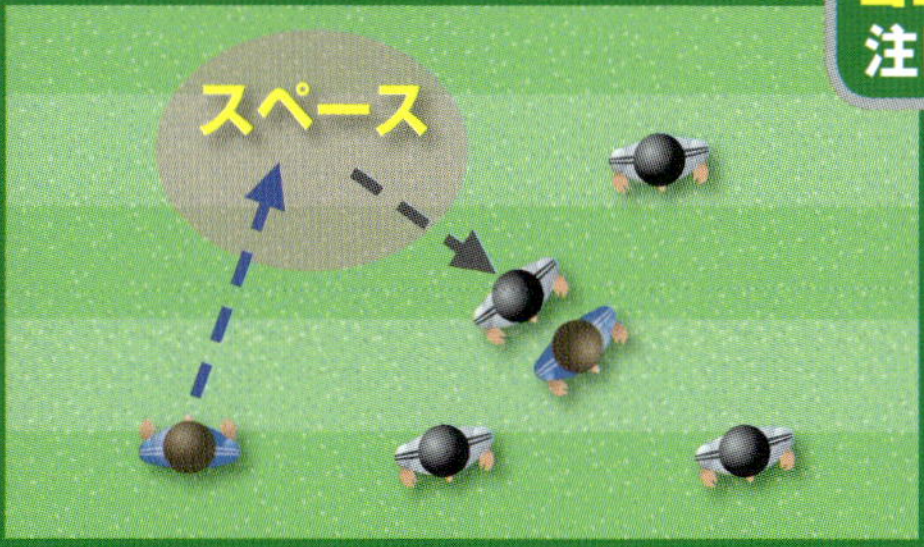

3人目の動きの考え方①

スペインでは2人目に出すために3人目を経由する

2人目に出すために
3人目を経由する!
2人目
3人目を経由して
2人目への
パスコースを作る
3人目
1人目
攻撃方向

タテパスを出したいと思っている選手の意図を感じた３人目の選手が、１人目と２人目をつなぐ経由地点となる。

3人目の選手の動き方には、日本とスペインで考え方の違いがある。スペインでは２人目の選手にパスを出すために３人目を経由するという考え方がある。例えば、ボールを持った選手（１人目）がタテのコースにいる選手（２人目）にパスを出そうとしているとき。スペインではボールの近くにいる選手（３人目）がサッと寄ってパスを受けて、２人目にタテパスを通す。

いわば、３人目は１人目と２人目をつなぐ経由地点。日本では３人目の動き出しは最終的なボールの受け手になるためというイメージが強いが、このようなプレーもあることを覚えておこう。

指導Point

ボールを持っている選手から直接パスを出せないときは、味方の選手を経由することによって新しいパスコースを作る

ボールを持った選手に3人目が寄っていく

1

ボールを持っている選手がタテパスを出そうとしている。そこへ、もう1人が寄ってパスを受ける。

2

横パスを受けた選手は、相手と相手の間にできる“門”を狙ってワンタッチでタテパスを送る。

3

3人目の選手がパスの経由地点となることによって、1人目から2人目のパスコースができた。

3人目の動きの考え方②

日本では3人目の選手が最終的にパスを受ける

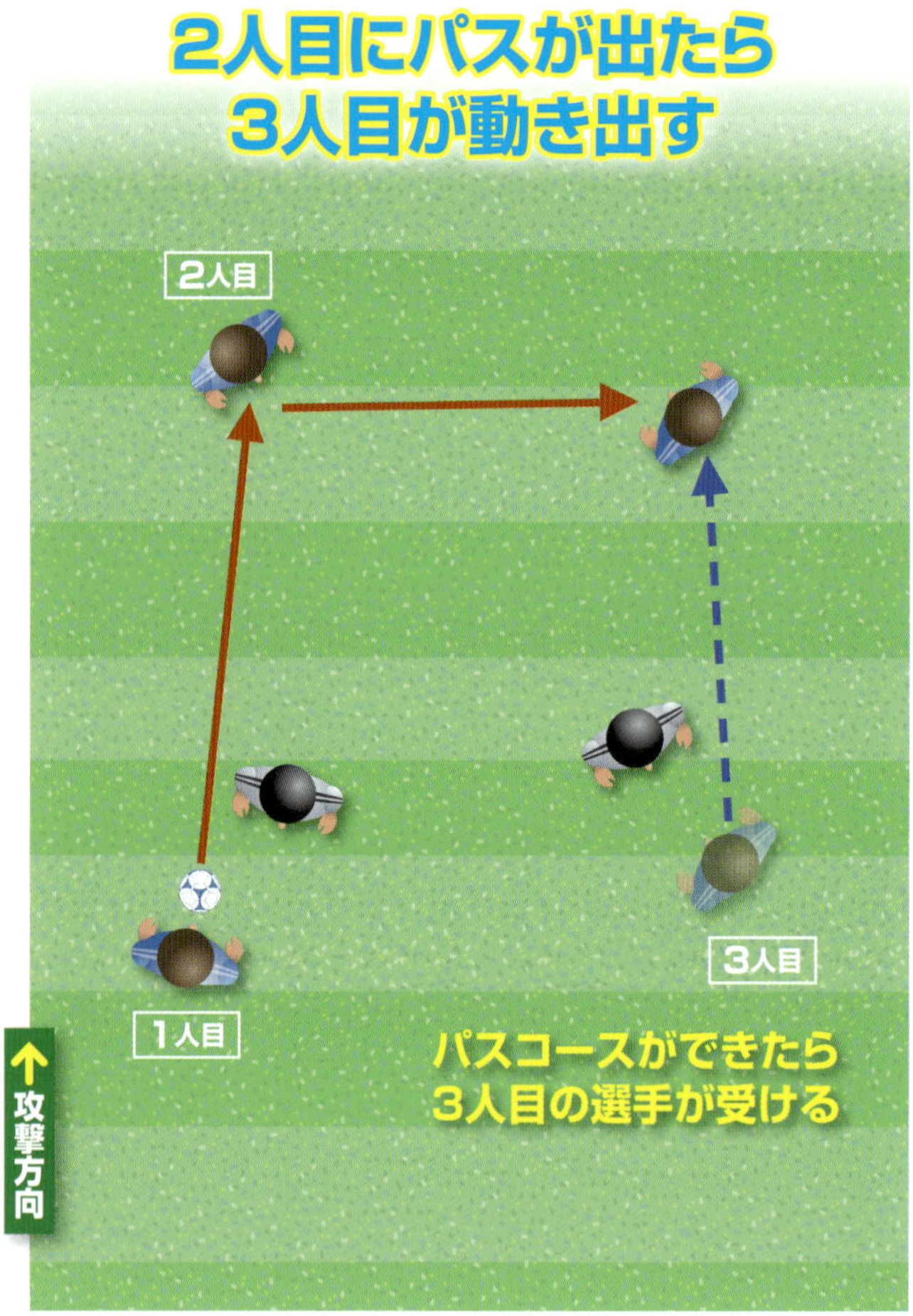
2人目にパスが出たら
3人目が動き出す
2人目
3人目
1人目
パスコースができたら
3人目の選手が受ける
攻撃方向

ボールホルダーの横にいる3人目は、2人目にパスが出たタイミングで動き出す。

日本で一般的に広まっている3人目の動き方は、最終的に3人目の選手がパスの受け手になるというもの。まずボールを持っている選手（1人目）から味方の選手（2人目）にパスが出る。2人目にパスが出たタイミングで、それまでボールに関与していなかった選手（3人目）が動き出して、パスを受ける。

パスの順番としては、スペイン式では1人目→3人目→2人目となるのに対し、日本式では1人目→2人目→3人目となる。ボールを持った選手へのサポートの仕方やタイミングに正解はない。だが、どちらもできるようになればプレーの選択肢は広がる。

指導Point

3人目の選手がアクションを起こすタイミングは2人目にボールが出たとき。パスが入ってからでは遅れてしまう

タテパスが前に出るスイッチになる

1 ボールを持った選手から、前方にいる味方にタテパスが入る。それを見た3人目の選手が動き出す。

2 タテパスをもらった選手は、ワンタッチもしくはトラップしてから上がってきた3人目の選手にパスを出す。

3 1人目→2人目とパスをつないでから、最終的に3人目の選手がパスの受け手になったプレー。

セーフティープレーヤーの動き①

サポートの基本ポジションはボールホルダーの「ナナメ後ろ」

“セーフティープレーヤー”は円滑なパス回しには必要不可欠

前方にパスを出せなさそうならすぐにナナメ後ろに下がる!

ボール保持者に対して、安全な場所でパスを受けられる選手をセーフティープレーヤーと呼ぶ。プレッシャーをかけられてパスコースがないときは、セーフティープレーヤーに預けて組み立て直す。

ボールを持っているときは、できるだけ前に運んでいくことがセオリーになる。ポジショニングも基本はボールを持った選手の前で受けたほうがいい。だが、相手ディフェンスはゴールに近づけないように阻止してくる。攻撃の際にボールを前に運べる可能性が低い場合、後方にパスコースを作る動きが必要になる。

こうしたポジションをとる選手を〝セーフティープレーヤー〟と呼ぶ。ボールをつなぐためには、このような選手は必要不可欠。もしもボールをもらえなかったとしても、後方にパスコースを作ることによって相手を引きつけられれば、前のコースも空く。

指導Point

セーフティープレーヤーは地味だが、ボールをキープするためには大事な役割を担っていることを伝えてあげよう

OK セーフティープレーヤーがいる

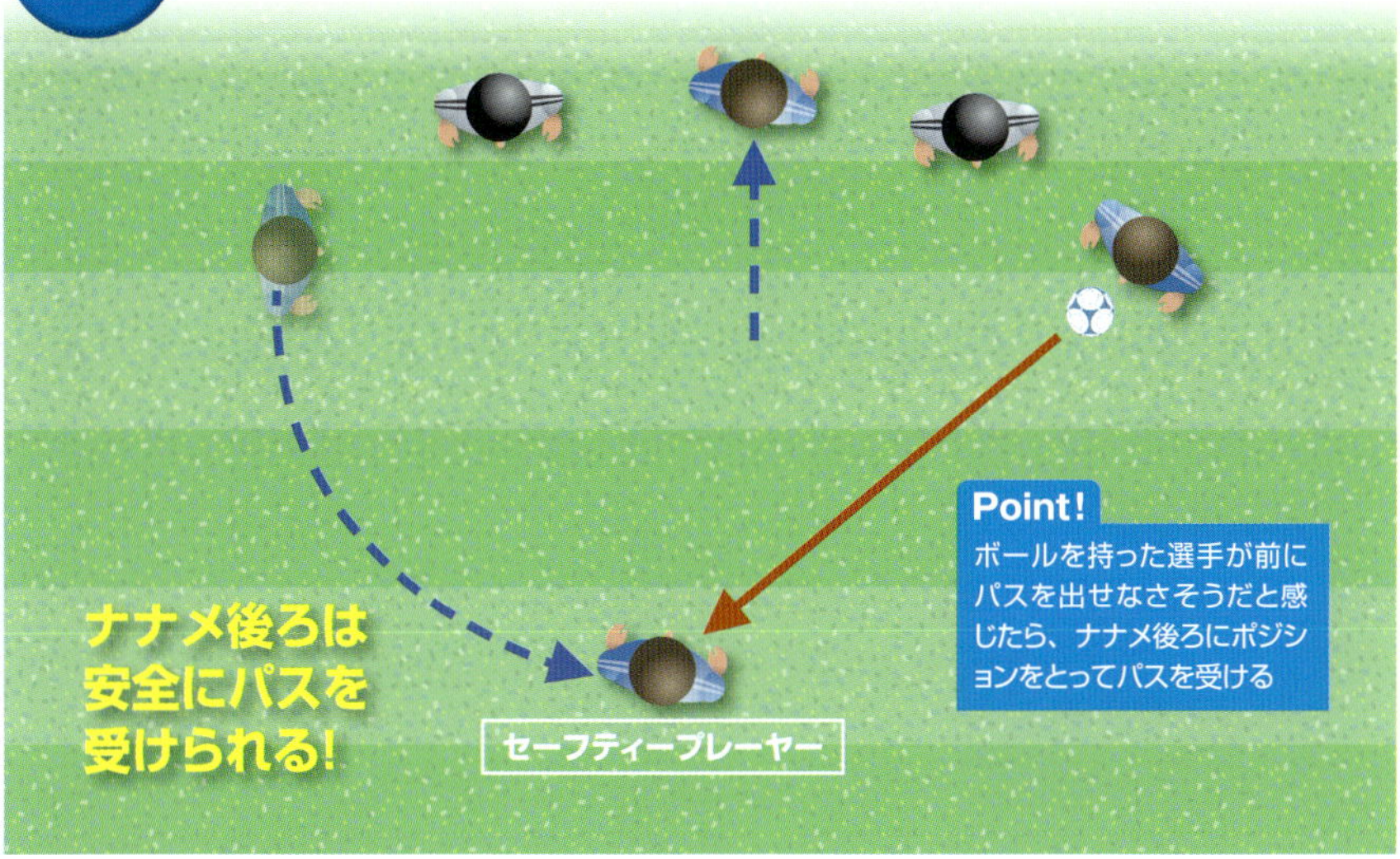
Point!
ボールを持った選手が前にパスを出せなさそうだと感じたら、ナナメ後ろにポジションをとってパスを受ける
ナナメ後ろは安全にパスを受けられる!
セーフティープレーヤー

ボールを持っている選手が相手にプレッシャーをかけられている。前にいた選手がナナメ後ろにパスコースを作ることでパスの逃げ道を確保する。パスを受けた選手は前を向いているので、余裕を持ってプレーできる。

NG セーフティープレーヤーがいない

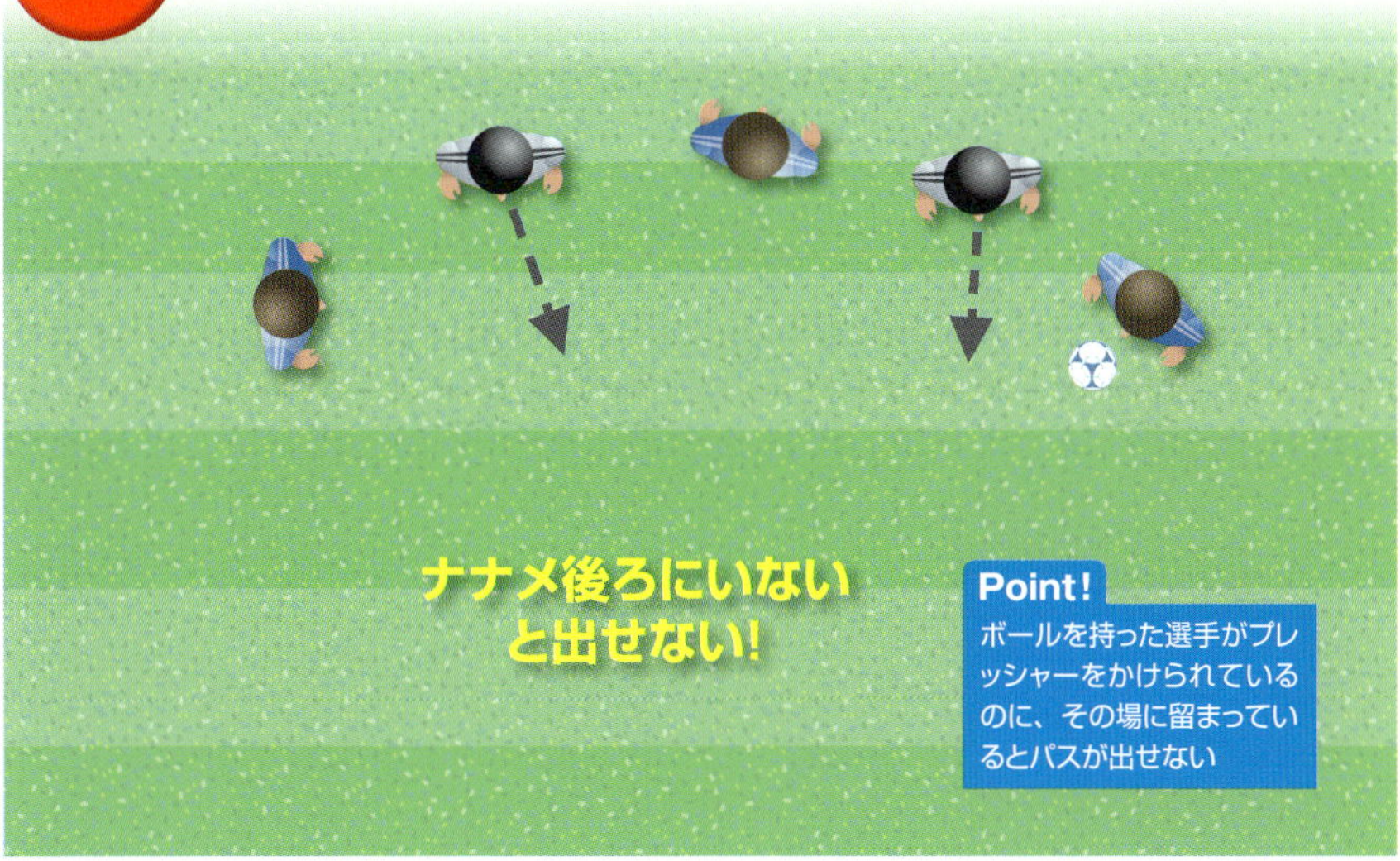
ナナメ後ろにいないと出せない!
Point!
ボールを持った選手がプレッシャーをかけられているのに、その場に留まっているとパスが出せない

ボールを持っている選手の前のコースでパスを待っているが、プレッシャーをかけられているのでパスが来そうにない。ナナメ後ろに下がらないと、ボールを持っている選手が孤立してしまい、ボールを奪われやすい状態になる。

セーフティープレーヤーを使った攻撃の組み立て方

1

攻撃側のチームが横パスを出してボールを運んでいく。パスを出した選手が前方のスペースに抜けていく。パスをもらった選手に対して、相手がプレッシャーをかけてくる。

3

プレッシャーが速いため、ボールを持った選手は前を向くことができない。だが、左サイドの選手がナナメ後ろに下がっていたことでパスをつなぐことができた。

Point!
ボールを持っている選手と相手のディフェンスが重ならないポジションに素早く移動する。真横よりもナナメ後ろのほうがいい

2

相手のプレッシャーが速いため、前を向くのが難しそう。パスを受けた選手が孤立してしまう可能性がある。左サイドの高い位置にいる選手がナナメ後ろに下がる。

セーフティープレーヤー

4

セーフティープレーヤーのポジションに入った選手が、ナナメ後ろでボールを受ける。パスを受けた選手は前を向いているので、余裕を持って組み立て直すことができる。

セーフティープレーヤーの動き②

ボールを失ったときにファーストディフェンダーになる

“セーフティープレーヤー”がいるとカウンターを受けづらい

ボールを奪われても
すぐさま奪い返す!

ボールを失った瞬間に、セーフティープレーヤーが相手選手にプレッシャーをかけることで、味方が戻る時間を稼ぎ、カウンターのピンチを食い止められる。

セーフティープレーヤーのもう一つの役割が、味方が万が一ボールを失ったとき、素早く駆けつけること。ボールを奪われた選手が素早く奪い返しにいくのが最も速いが、それができない場合、あらかじめナナメ後ろにポジションをとっていた選手がカバーして、相手が前方にドリブルやパスを行うことを阻止する。

プレースピードが上がった現代サッカーでは攻守の切り替えの重要性が高まっており、特に攻撃から守備への切り替えが遅れると一気にカウンターを食らってしまう。攻撃をしながらも守備になったときのことを考えてプレーできるのが優秀な選手だ。

指導Point

ゴールに向かうだけでなく、万が一ボールを失ったときのこともイメージして、ポジショニングを変えられるようにする

OK セーフティープレーヤーがいる

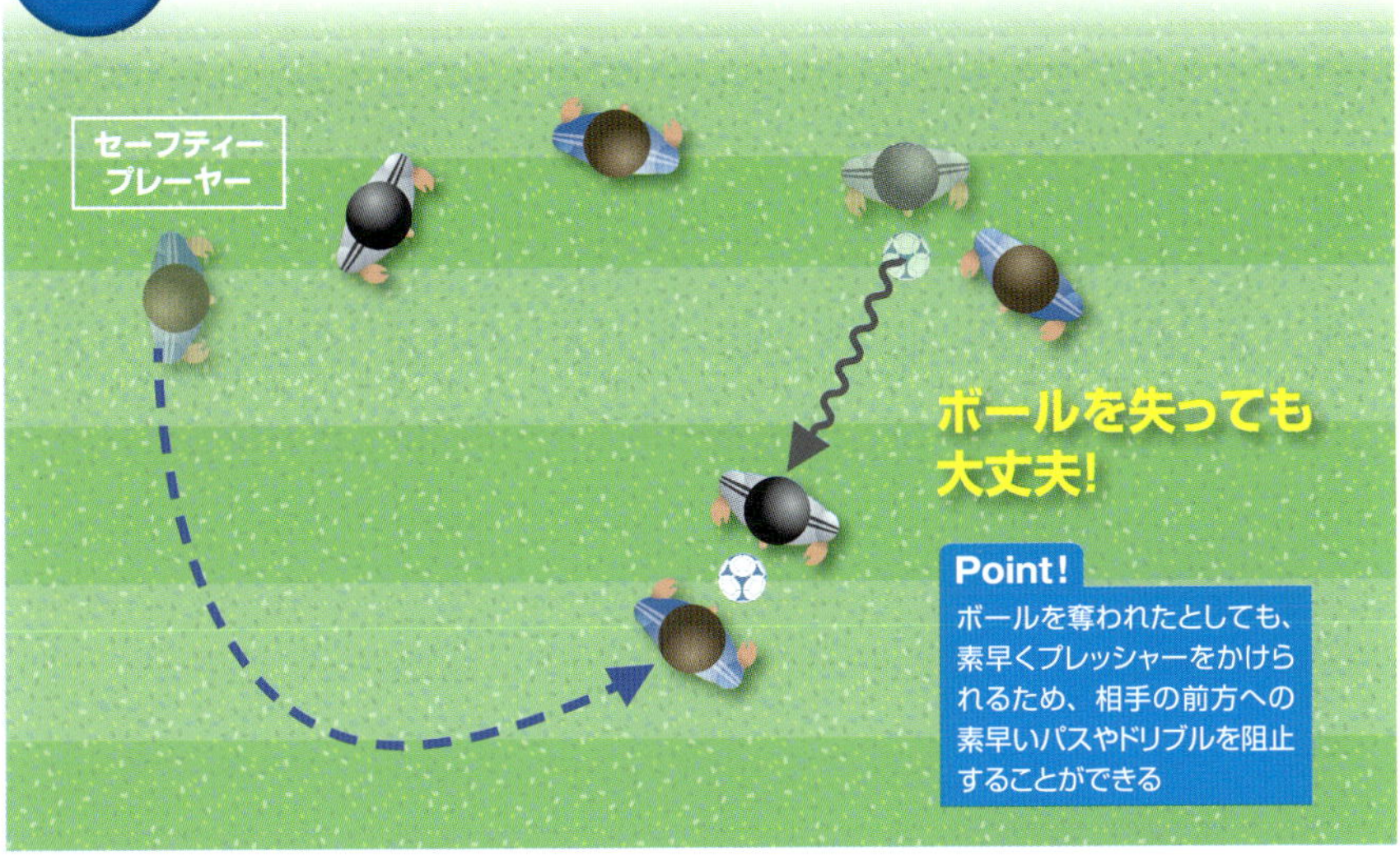
セーフティー
プレーヤー
ボールを失っても
大丈夫!
Point!
ボールを奪われたとしても、
素早くプレッシャーをかけら
れるため、相手の前方への
素早いパスやドリブルを阻止
することができる

ボールを持った選手がドリブルを仕掛けようとするが相手に引っかかる。だが、ナナメ後ろのポジションをとっているセーフティープレーヤーが、素早くプレッシャーをかけて奪い返す。

NG セーフティープレーヤーがいない

ボールを失ったら
大ピンチ!
Point!
ボールを失ったときに、
ファーストプレッシャーを
相手にかけないと、前方
に素早く展開されて大き
なピンチになる

相手にボールを奪われたとき、セーフティープレーヤーがいないとファーストプレッシャーをかけられないので、自由に前方に運ばれてしまう。奪われた場所が自陣の低い位置なら失点に直結する。

セーフティープレーヤーの攻撃から守備への切り替え

1

ボールを持った選手がドリブルで相手をかわそうとする。だが、相手との距離が近いため、ボールを奪われそうな可能性が高いので、左サイドの選手がナナメ後ろに下がる。

3

ナナメ後ろに下がっていたセーフティープレーヤーが、ボールを奪った選手がしっかりと前を向けていないタイミングで寄せにいく。

2

ドリブルで仕掛けた選手がボールを奪われてしまう。近くにいる味方は前に上がろうしているので、ディフェンスにいくことができない。このままでは3人まとめて置き去りになってしまう。

Point!
ボールを奪えると思ったときは奪いにいってもいいが、そうでなければパスコースを消し、攻撃を遅らせることを優先する

4

セーフティープレーヤーはボールを奪った選手の前方のコースに入って、相手の攻撃を遅らせる。その間に他の選手が戻ってディフェンスに参加する。

Column 01

足元が使えないGKは“時代遅れ？”

現代サッカーでは最終ラインから攻撃を組み立てる「ビルドアップ」の重要性が高くなっている。ビルドアップにはロングボールを前方に放り込むのではなく、パスをしっかりとつなぐことによって、選手の体力の疲労や消耗を防ぎ、ゲームを優位に運べるというメリットがある。

そうした変化に伴って役割が変わってきたのがGKだ。かつてのサッカーではGKは文字通り「ゴールを守ること」が仕事だった。だが、現代サッカーではGKは「11人目のフィールドプレーヤー」としてボール回しにも関わらなければならない。

ポゼッション率の高いチームに共通するのがバックパスを多用すること。ボールを回していて、前方のパスコースがないときや、相手のプレッシャーを受けたときは、あっさりとGKに戻す。ビルドアップが得意なGKはマイボールのときも、味方からのパスを受けやすいように、細かくポジションを微調整している。

GKは11人の中で最もプレッシャーを受けにくい。そのため、ポゼッション率を高めるためにはバックパスを受けられる、足元の技術とオフ・ザ・ボールの動きを兼ね備えたGKが求められている。

GKのこうしたポジショニングはテレビには映らないことも多いので、スタジアムに足を運んだときに、ぜひチェックしてみよう。

PART 2

最終ラインからの組み立て

この章では最終ラインからの組み立てを紹介。なるべくリスクを犯さずに、正確にボールを中盤や前線へつなぐために動いてプレーしよう

組み立て＝ビルドアップの考え方

Buildup

最終ラインからパスをつなぎボールをキープし攻撃を作る!

ビルドアップをスムーズにする要素

パスコースを作る意識

足元の技術と精度

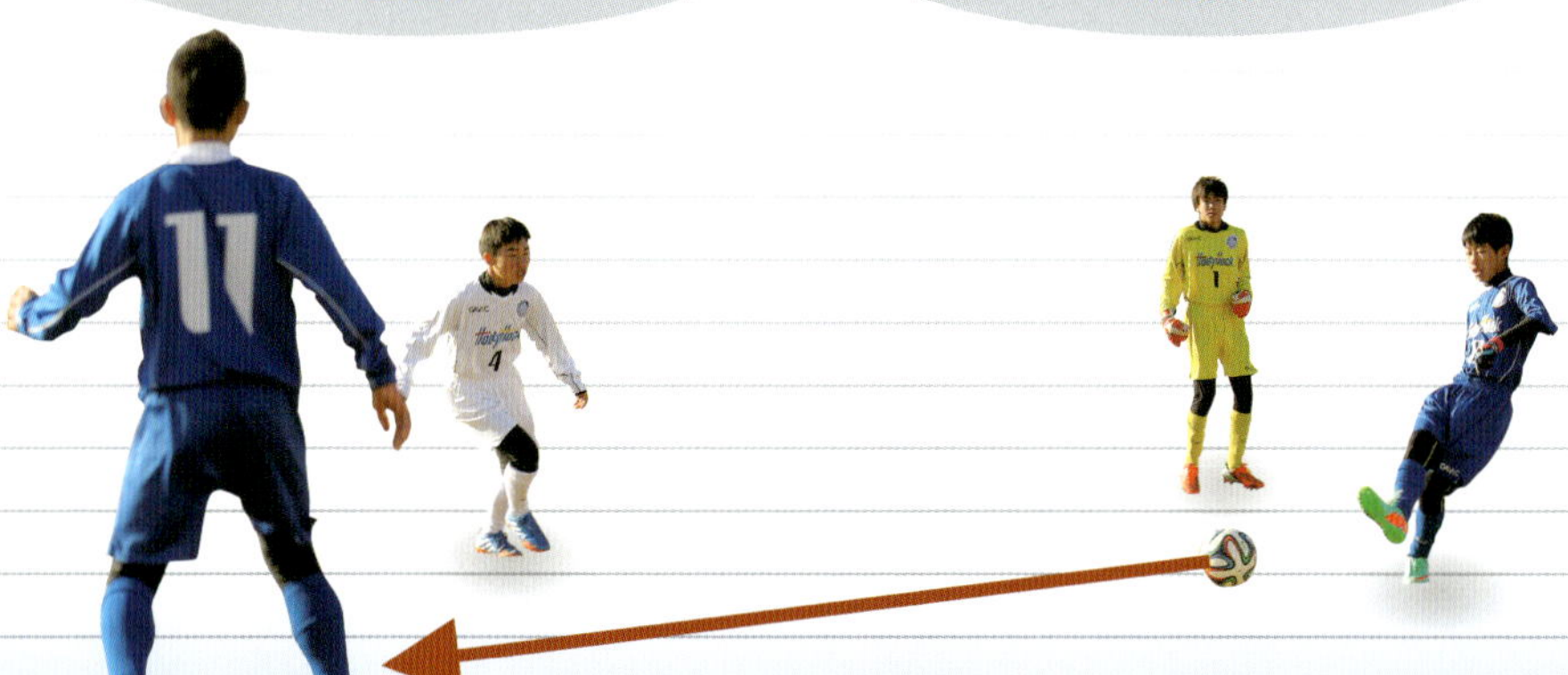

パスコースを作り続け確実にボールを運ぶ

現代サッカーでは最終ラインからアバウトなロングボールを前線に放り込むよりも、最終ラインからパスをつないで、自分たちのボールを確実にキープし、攻撃につなげる戦い方が主流になっている。これをビルドアップと言うが、最終ラインの選手にも足元の技術や確実にパスを出せる精度が要求される。スムーズなビルドアップのためには、ボール保持者に対して複数のパスコースを作る動きが必要不可欠だ。

例えば、センターバックが相手にプレッシャーをかけられたとき、パスコースがあればボールを失わずにつなげるが、パスコースがなければ孤立して、大きく蹴り出すしかなくなってしまう。ボールを持っていない選手は、パスの展開や相手のプレッシャーを予測して、最適なポジションをとり続けなければいけない。

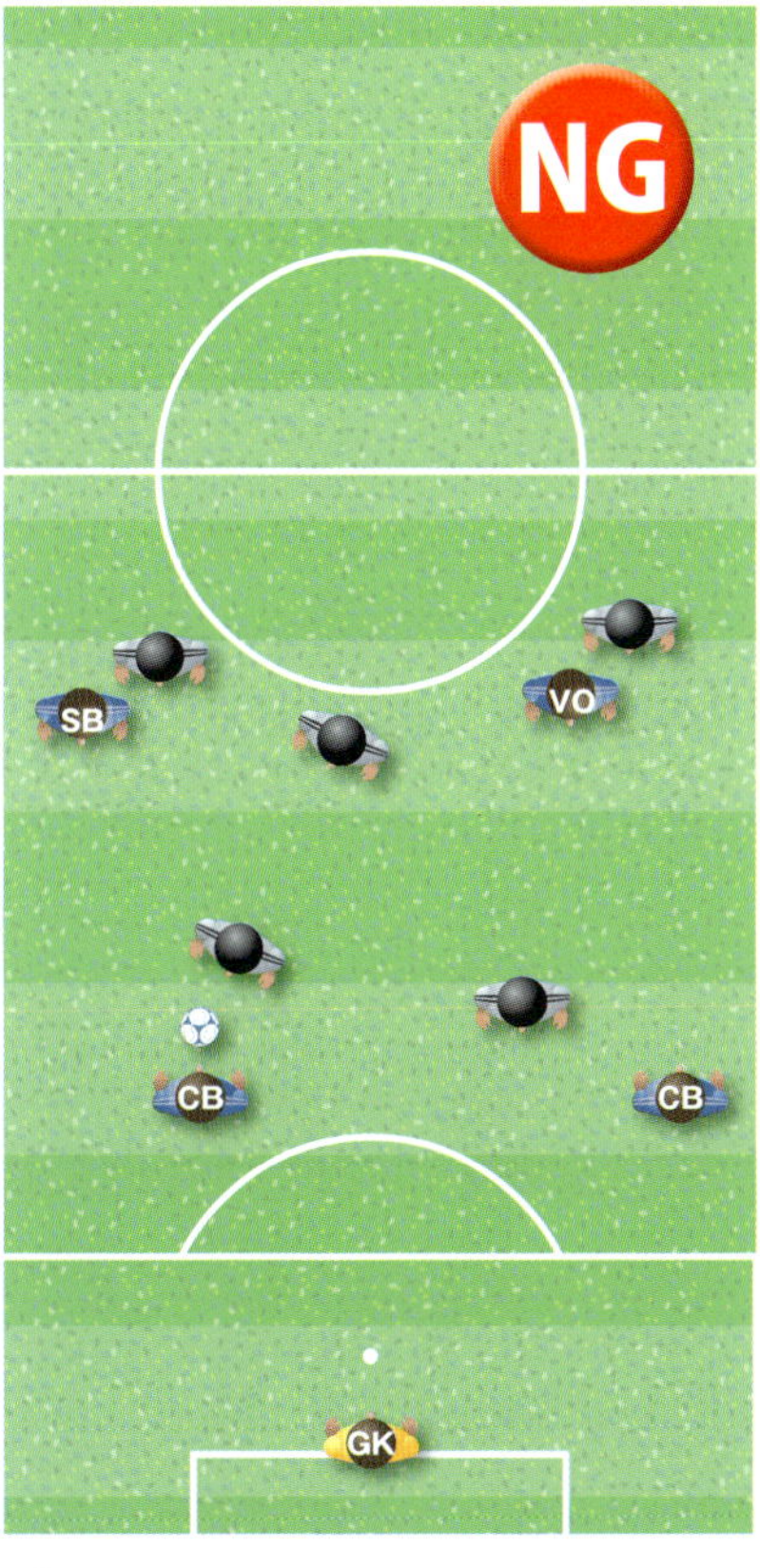

パスコースを作る動きに乏しい

ボールを持っていない周りの選手のパスコースを作る動きが乏しい。センターバックは相手にプレッシャーをかけられたら、セーフティーにロングボールを蹴り込むしかなくなってしまう。

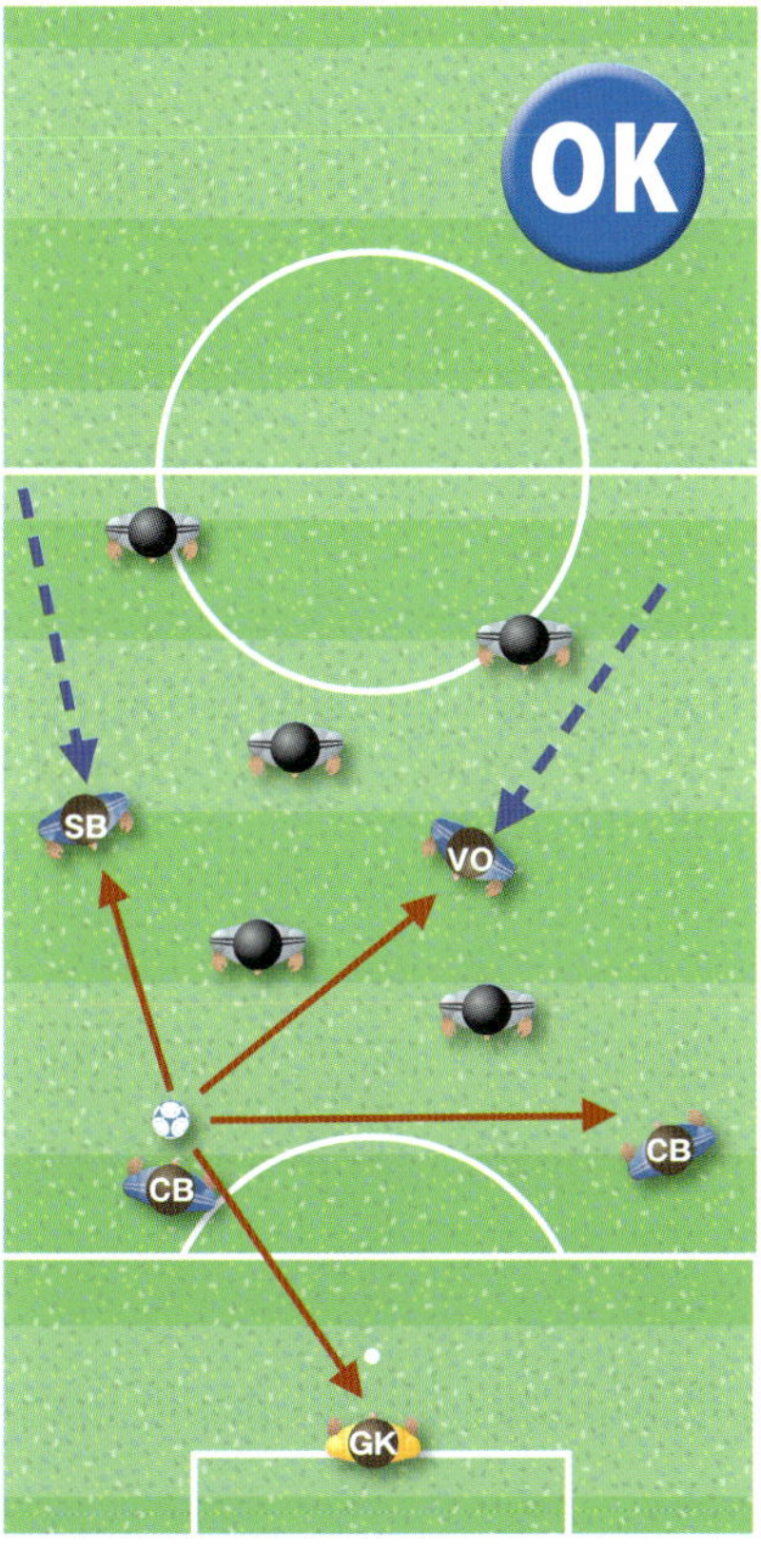

パスコースを作る動きをする

最終ラインでセンターバックがボールを持っているとき。近くにいるサイドバックやボランチなどがパスを受ける位置に動くことで、センターバックは余裕を持ってパスをつなぐことができる。

組み立て＝ビルドアップの考え方

Buildup

組み立ての起点となるのはセンターバック！

ビルドアップをスムーズにする要素

センターバックを攻撃の起点とする

センターバックへのサポートの意識

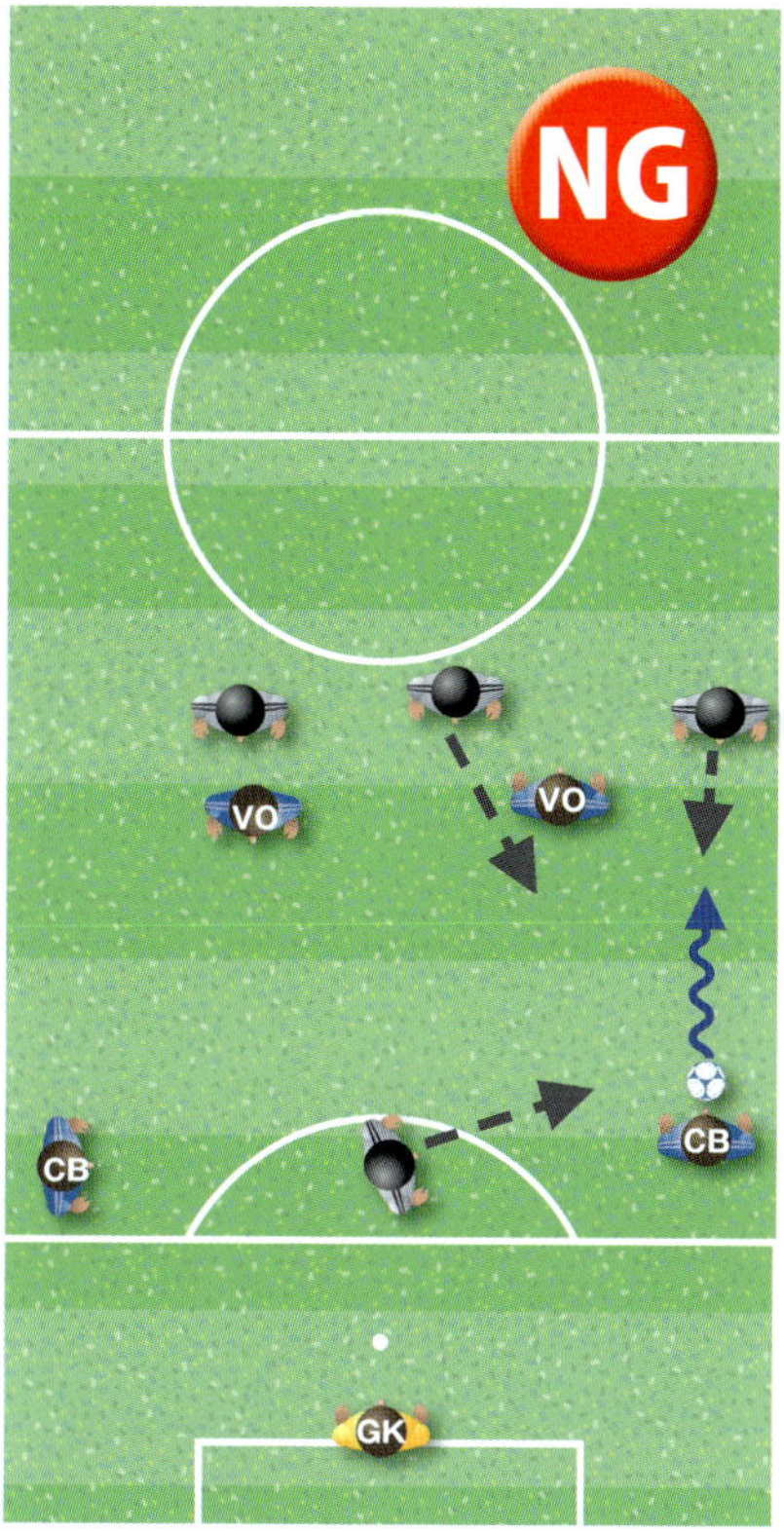

周りの選手が止まっているとパスは出せない

センターバックが最終ラインからドリブルをしたとき、周りの選手が止まっていると、パスを出すことができない。前に行くことによって相手のプレッシャーが強くなるので、リスクが高くなる。

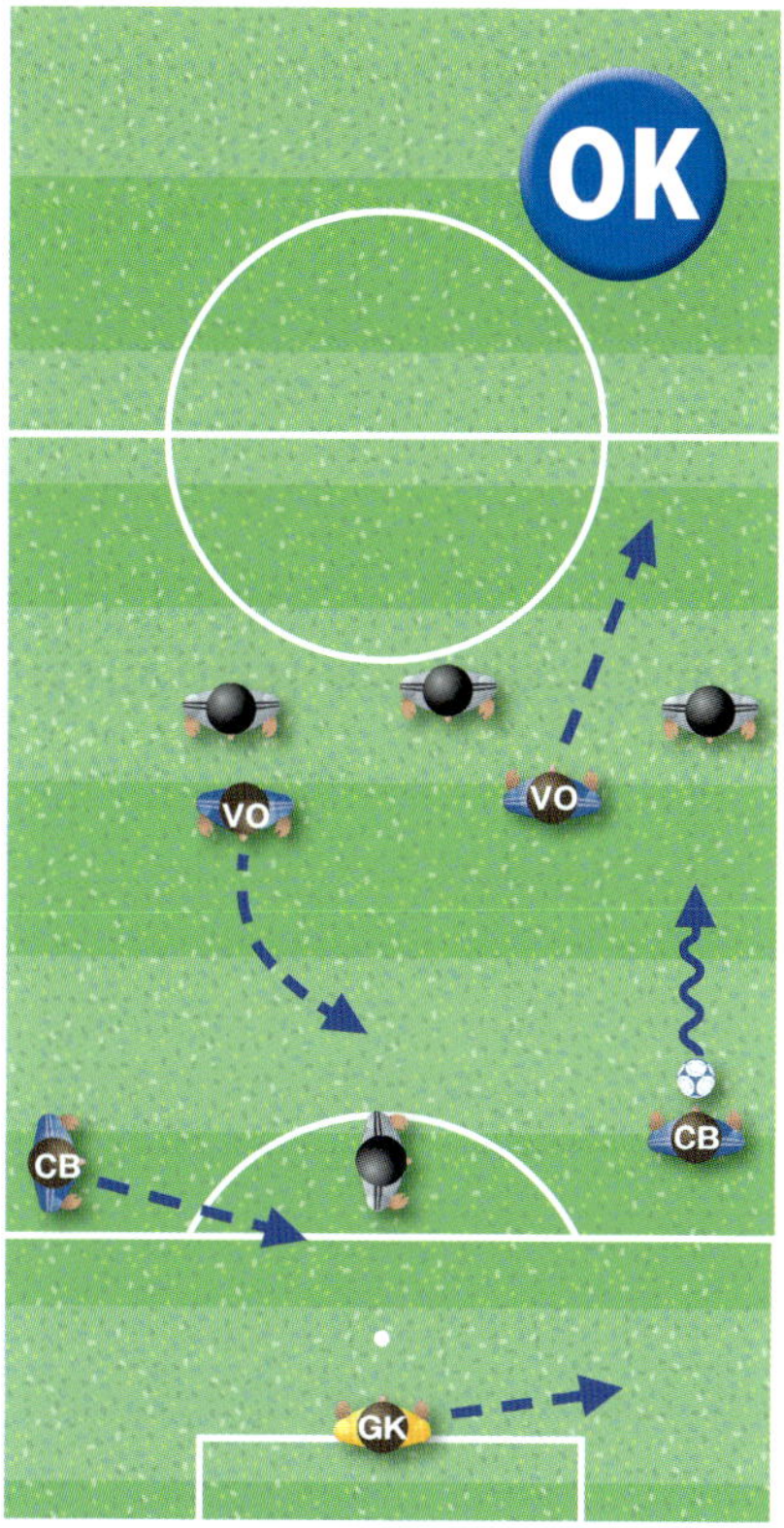

パスコースを作るために周りの選手が動く

センターバックが最終ラインからボールを運んでいく。それに合わせて周りの選手がパスコースを作る動きや、前に上がったセンターバックのカバーに入る動きをすることで選択肢が広がる。

センターバックがドリブルでボールを運ぶ

攻撃の組み立ての場面ではフィールドプレーヤーで最も後方にいて、前を向いてボールを持ちやすいセンターバックが攻撃の起点となる。試合中、最多ボールタッチ数がセンターバックになることは珍しくない。

そのため、現代サッカーではセンターバックにも守備能力だけでなく、ドリブルでボールを運んでいく技術や、正確なパスの技術が求められるようになっている。

ビルドアップにおいてはセンターバックのドリブルが〝攻撃のスイッチ〟になる。相手ディフェンスの注意を引きつけ、その間に他の選手がパスを受けるためのアクションを起こす。前方のFWが引いてきたり、サイドバックが高い位置まで上がったりバリエーションをつけることによって、相手に読まれづらくなる。

CBがGKからパスをもらうときの動き

ボールを受ける地点に素早く移動しながら前を向く

相手がCBにプレスをかける

高い位置からプレスに来る
プレーエリア
攻撃方向
SB
SB
CB
CB
GK

1

ゴールキックからセンターバックがパスをつなごうとしている。相手が高い位置からプレスをかけようとしている。このままの位置でボールを受ければ、相手との距離が近いため、プレッシャーを受けやすい。

最終ラインからパスをつなごうとするチームや、GKのキックがあまり飛ばない育成年代では、ゴールキックで前に大きく蹴る代わりに、近くの選手にパスをつなぐことが有効なプレーになる。ただし、自陣の低い位置でボールを奪われたら大ピンチになるので、パスが来る前に動き出してフリーになることが重要だ。

ポイントは走りながらカラダの向きを変えるところ。最初からバックステップにするとスピードが出ないし、まっすぐにダッシュしたままパスを受けると相手を背負ってしまう。ダッシュからバックステップへ滑らかに移行することを心がけよう。

指導Point

ゴールキーパーのパスをペナルティーエリアの中で受けると、ルール上、ゴールキックのやり直しになることを伝えよう

CBはワイドに広がる

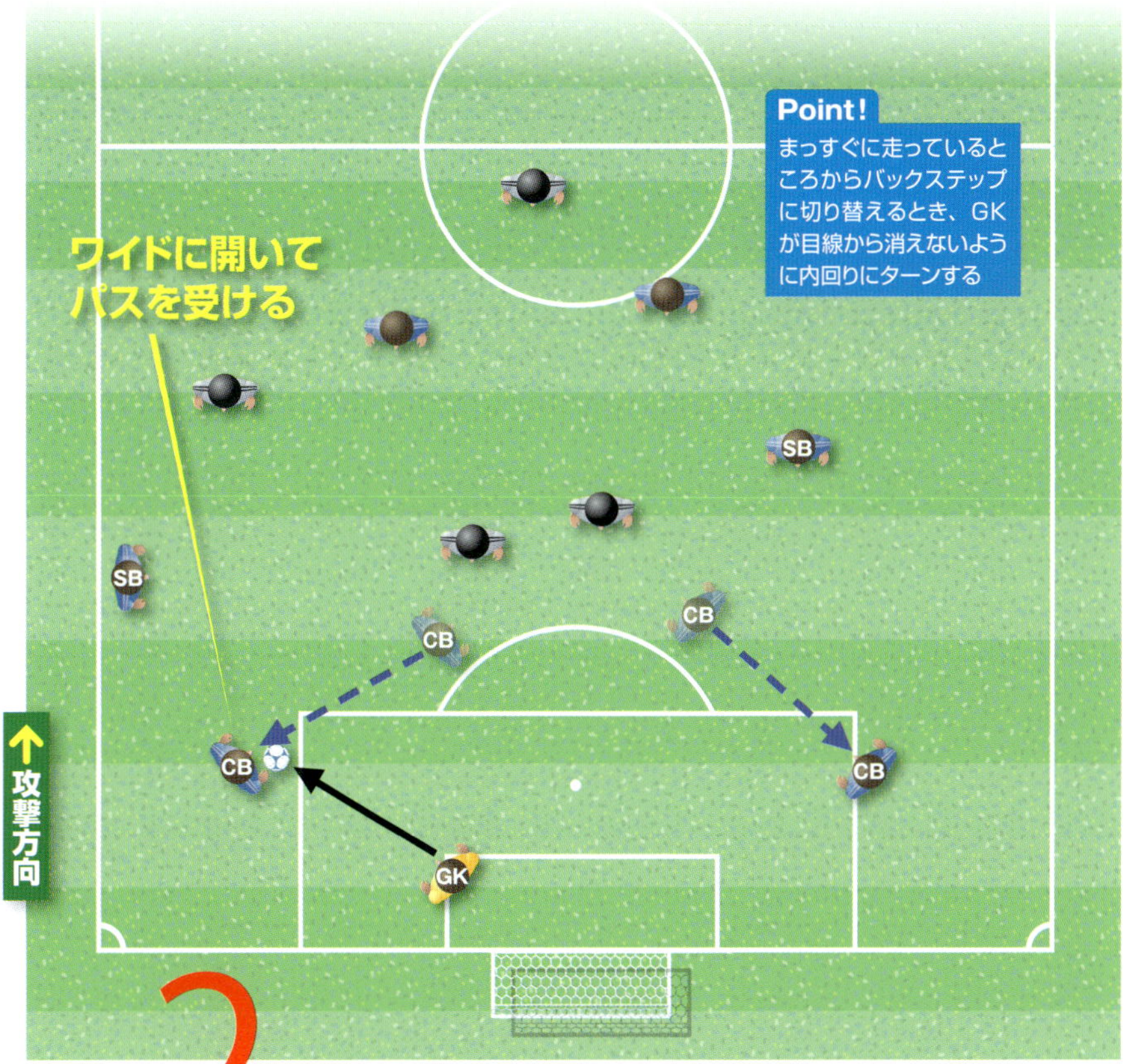
Point!
まっすぐに走っているところからバックステップに切り替えるとき、GKが目線から消えないように内回りにターンする
ワイドに開いて
パスを受ける
SB
SB
CB
CB
CB
CB
GK
攻撃方向

2

GKがボールを蹴ろうとするタイミングで、センターバックの2人が同時にペナルティーエリアの外に広がってワイドな位置をとる。ボールに近いセンターバックがGKからパスをもらう。

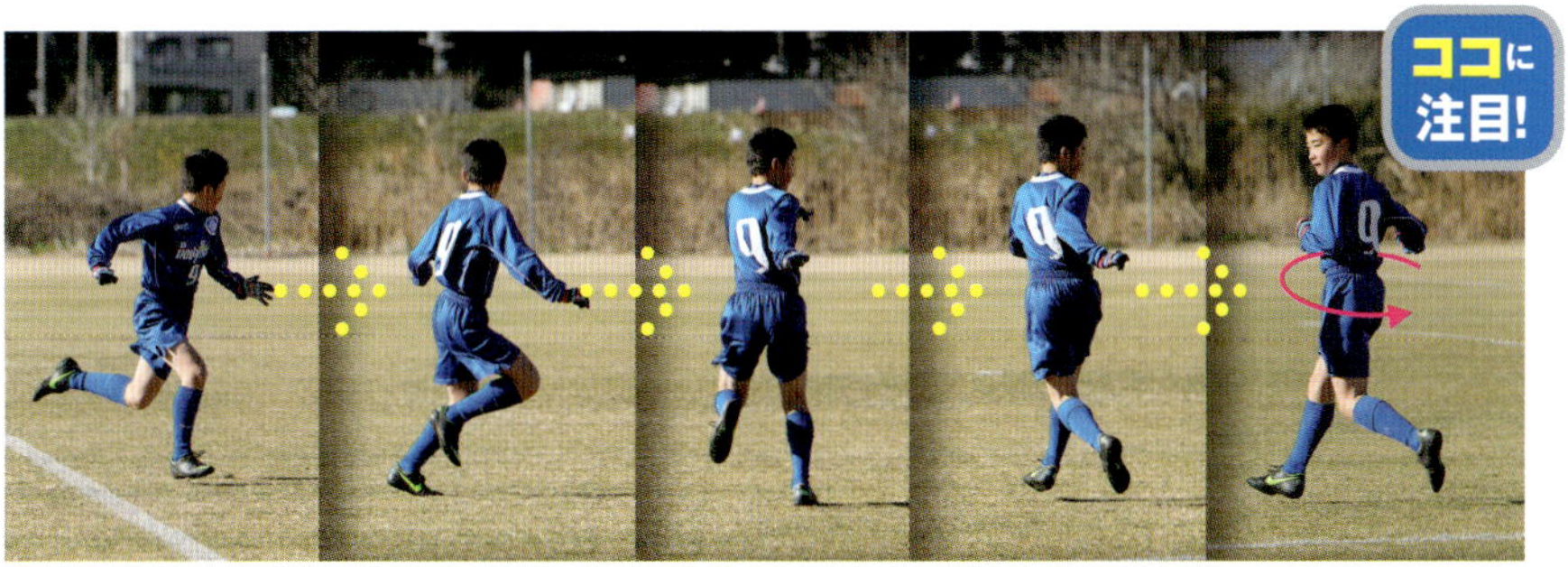
ココに注目!

ダッシュからバックステップになるとき、外回りにターンするとGKを一瞬見失うので内回りでターンする

ボランチがGKからパスをもらうときの動き

センターバックに出せなければボランチが下がって受ける

CBにパスが出せない

1

ゴールキックからグラウンダーのパスをつなごうとするシーン。センターバックの2人がワイドに開いて、パスを受けようとするが、相手はそれを読んでピッタリとマークしてくる可能性がある。

ゴールキックからパスをつなぐときの2つ目のパターン。ワイドに開いてパスを受けようとしたセンターバックに対し、相手のマークがタイトについてきたときは、真ん中のボランチが下がってパスを受ける。

　このプレーで大事なのはボランチの「判断力」だ。相手選手のマークの付き方を見て、サッとアクションを起こさなければ、ゴールキーパーはパスコースがなくなって困ってしまう。真ん中でパスをもらうときは、ワイドに開いて受けるセンターバックに比べて、垂直方向からのパスになるので、できるだけスムーズに前を向くことを意識しておきたい。

指導Point

高い位置にいる相手のセンターバックへのマークの付き方を見て、素早くアクションを起こすことを意識させる

ボランチがCBの間に落ちてくる

Point!
ボランチは下がりながら何度か首を振って、相手の寄せ方や距離感をつかんでおく。パスを受けた時点で相手との距離があれば前を向く
ボランチがCBの間に落ちる
VO
VO
VO
SB
SB
CB
CB
GK
攻撃方向

2

パスを受けに下がったセンターバックに対し、相手のマークがついている。このとき、ボランチはセンターバックが動いたことで空いた真ん中のスペースに下がって、GKからパスを引き出す。

VO
GK
VO
ココに注目!

ボランチは下がりながらボールを受けているので、ファーストタッチで前を向くことを意識したい

パスを出した後のGKの動き方

バックパスをもらって攻撃を組み立て直す

GKからCBにパスを出す

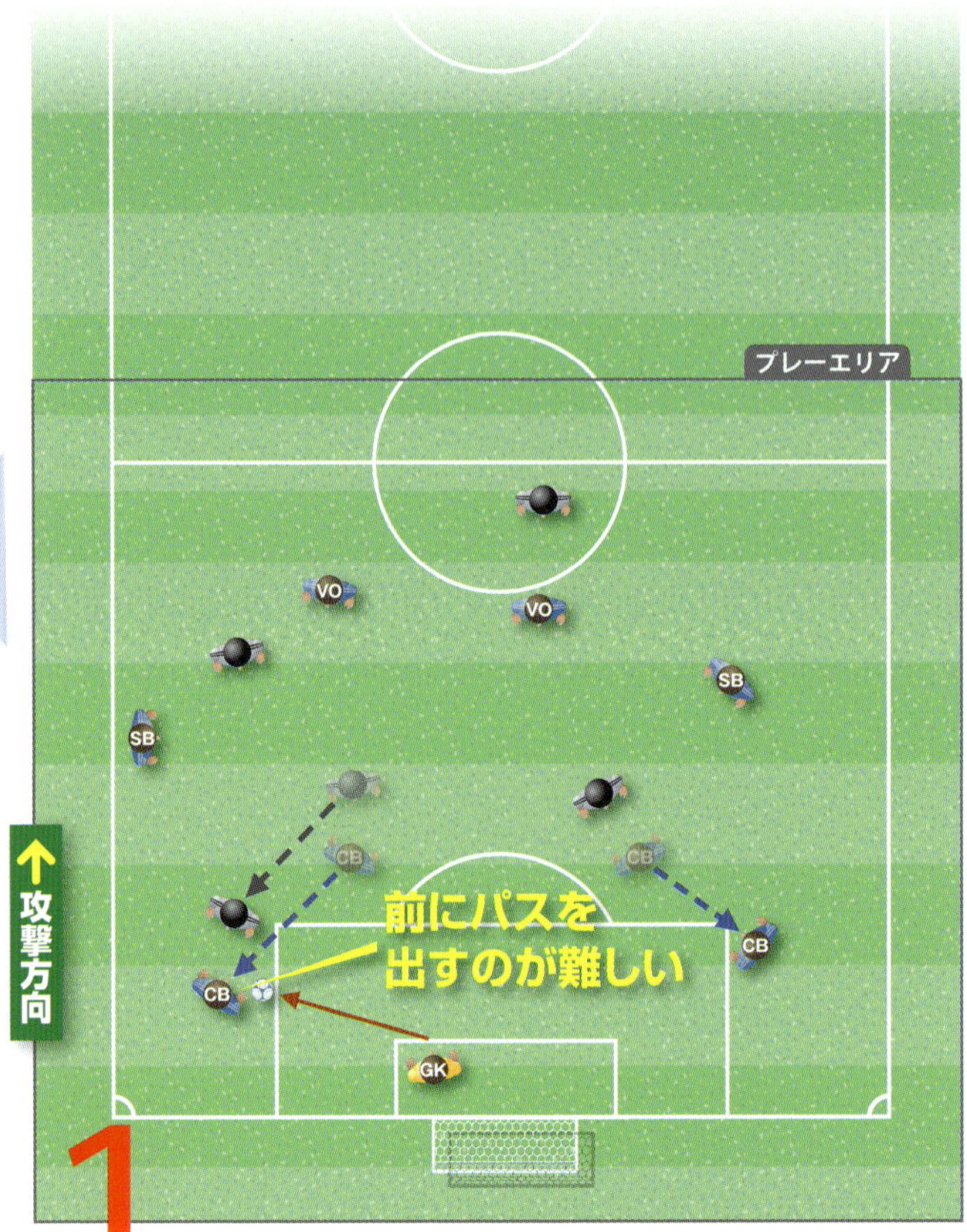
プレーエリア
VO
VO
SB
SB
CB
CB
CB
GK
前にパスを出すのが難しい
攻撃方向

1

ゴールキックでGKからワイドに開いたセンターバックにパス。ボールを受けたセンターバックに対して、相手のFWが素早くプレスをかけてくると、パスコースがないので前方につなぐのは難しい。

ゴールキックからショートパスをつないだが、プレッシャーが強くて前方へ展開できない場合、最後尾のGKにはバックパスを受けることが求められる。

バックパスを受けるときに気をつけたいのが「ボールとゴールを結んだライン上に立たない」ということ。GKがこのライン上にいれば、バックパスがずれたり、トラップミスをしたりすれば失点になってしまう。

GKはパスを受けたら〝広いほう〟へ展開するのがセオリー。この場面で言えば、右センターバックの選手はマークする相手から離れて、余裕を持ってパスを受けられるところへ動き直そう。

指導Point

ゴールキックの際はGKに対し、ボールをもらいやすいポジショニングをいつもとる習慣をつけるように指導しよう

GKはCBのナナメ後ろに移動

Point!
GKは相手のプレッシャーが強いと判断したら、ボールを持った選手のナナメ後ろに移動して、バックパスを受ける準備をする
ゴールを外した位置で
パスを受ける
ワイドに開いて
パスを受ける
SB
VO
SB
VO
CB
CB
GK
GK
攻撃方向

2

GKはボールを持った選手のナナメ後ろに移動する。GKがバックパスをもらったら、逆サイドのセンターバックは中に絞ったところからワイドに開く。GKを起点にしてサイドを変えて攻撃を作り直す。

SB
GK
ココに
注目!

サイドバックに対して、相手がプレッシャーをかけてきたら、GKはゴールを外したナナメ後ろの位置へ動く

CBからSBにパスを出した後の動き方
サイドバックを孤立させるのはNG

CBからSBにタテパスが入る

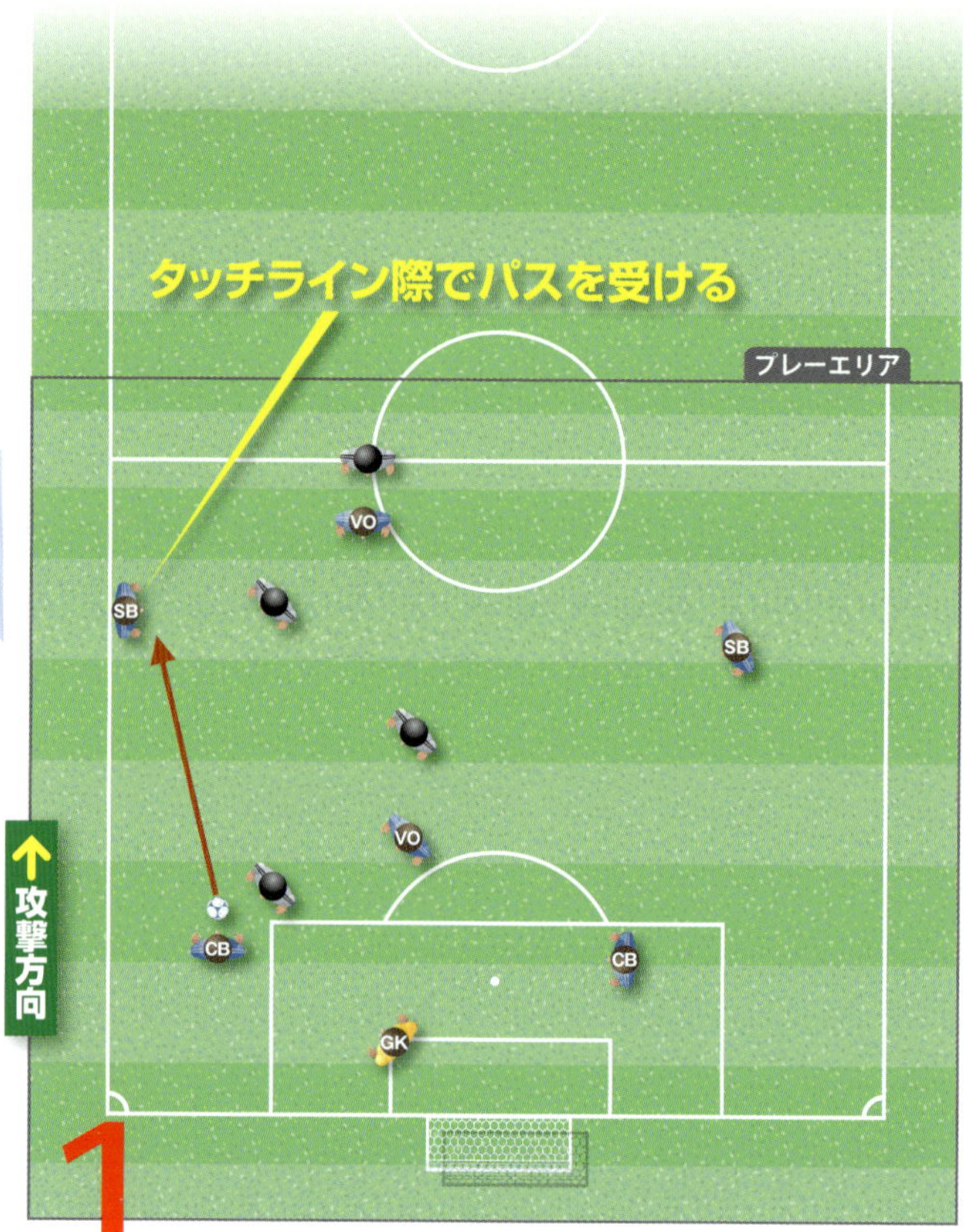

1
最終ラインでボールを持ったセンターバックから、タッチライン際に開いたサイドバックへタテパスが入る。サイドバックは前を向こうとするが、相手のサイドハーフがプレスをかけてくる。

センターバックがゴールキックのパスを受けたとき、サイドバックはタッチライン際に開いてボールを呼び込む。このとき、重要なのはサイドバック以外の選手。サイドは中央に比べてパスコースが限定され、孤立しやすい。そのため、周りの選手がパスをもらえる位置でサポートしなければならない。

パスコースは3つ以上作ることが望ましい。サポートの例としては、FWが中央からサイドに流れる、ボランチが横につく、センターバックが後ろにつくといったものがある。チーム全体でボールを前に運んでいくという共通イメージを持とう。

指導Point
タテを狙うことで横のパスコースが空くので、ボールを持ったら、まず「タテを見る」ことをプレーヤー全員に求めよう

ボランチがナナメ後ろにサポート

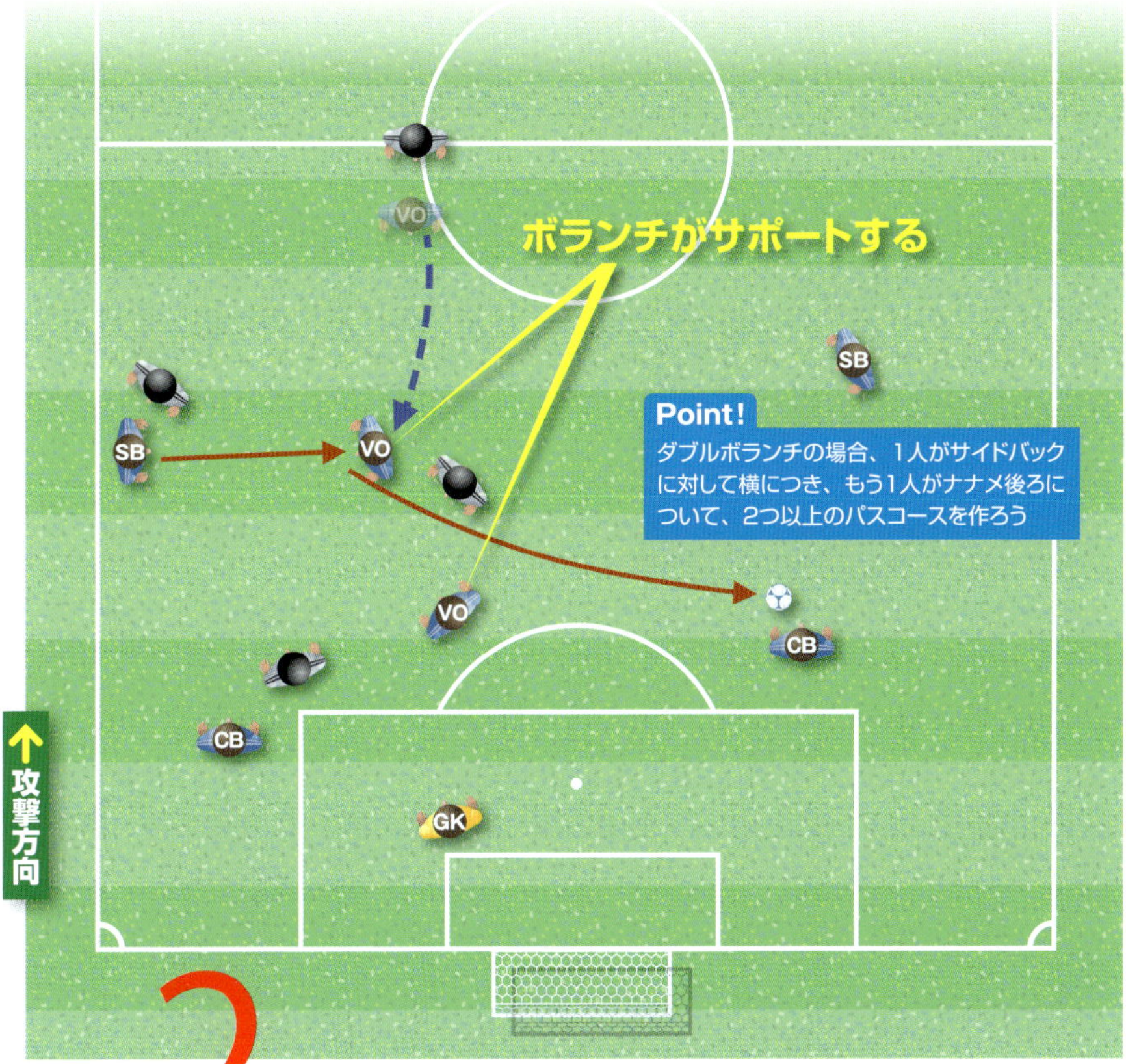
ボランチがサポートする
VO
SB
VO
SB
Point!
ダブルボランチの場合、1人がサイドバックに対して横につき、もう1人がナナメ後ろについて、2つ以上のパスコースを作ろう
VO
CB
CB
GK
攻撃方向

2

タッチライン際でボールを持っているサイドバックに対して、後ろのボランチがナナメ後ろでサポートにつく。サイドバックからパスを受けたボランチは、余裕のある後方の選手へパスをつなぐ。

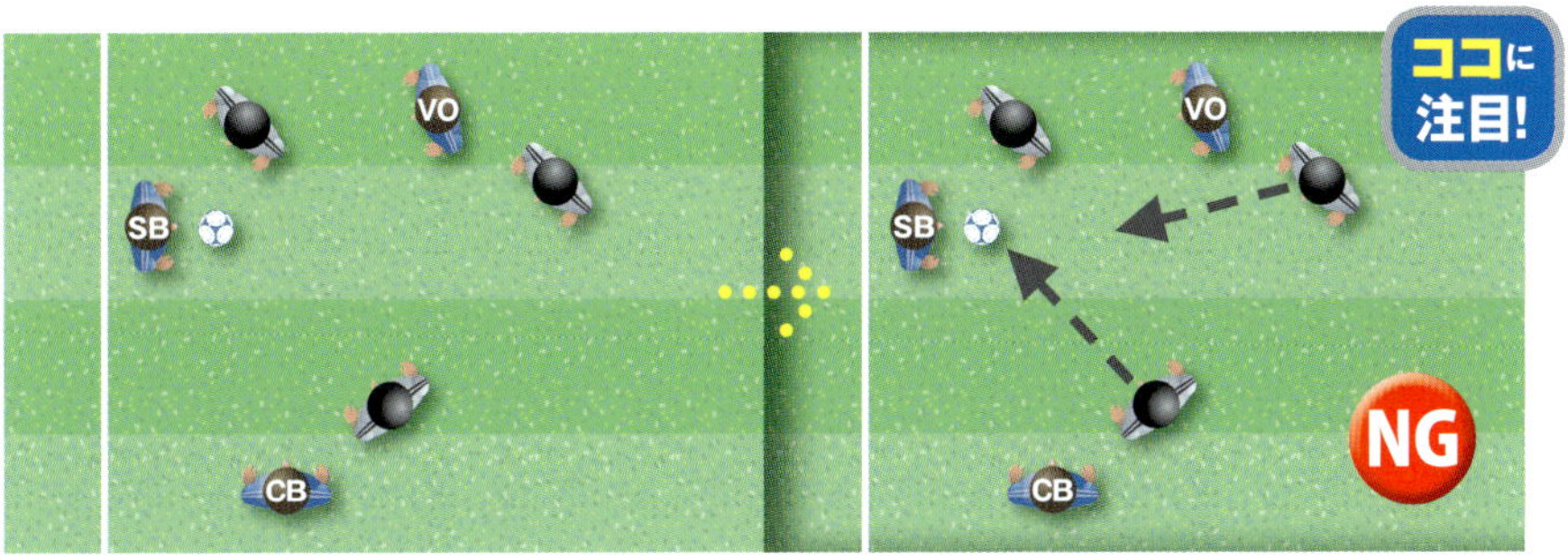
VO
SB
CB
ココに注目!
VO
SB
CB
NG

サイドバックに対して、周りの選手がサポートにいっていない状態。プレッシャーをかけられてボールを失う

ボランチの低い位置でのサポートの動き

ボランチが最終ラインの真ん中に下がってくる

CBからSBへタテパスが入る

1

ボールを持っているセンターバックが、タッチライン際にいる左サイドバックへタテパス。相手が高い位置からプレスをかけてきたので、真ん中にいるボランチが最終ラインまで下がっていく。

前方へのパス展開が難しいとき、ボランチが最終ラインまで下がってくることで、後方の数的優位を確保するビルドアップのパターン。ボール保持率を重視して、セーフティーにパスをつなぐチームにおいては頻繁に見られる。

ポイントはセンターバックがワイドに開いて、中央のスペースを空けること。ボランチの下がる動きに対し、相手のマークがついてこなければフリーでパスを受けることができる。

ボランチはビルドアップを担いながら、もしも味方がボールを奪われたときは3人目のセンターバックとなる。

指導Point

ビルドアップではボールを失わずにプレーすることが大切。そのためにもバックパスの有効性をきちんと説明しよう

ボランチが下がってパスを受ける

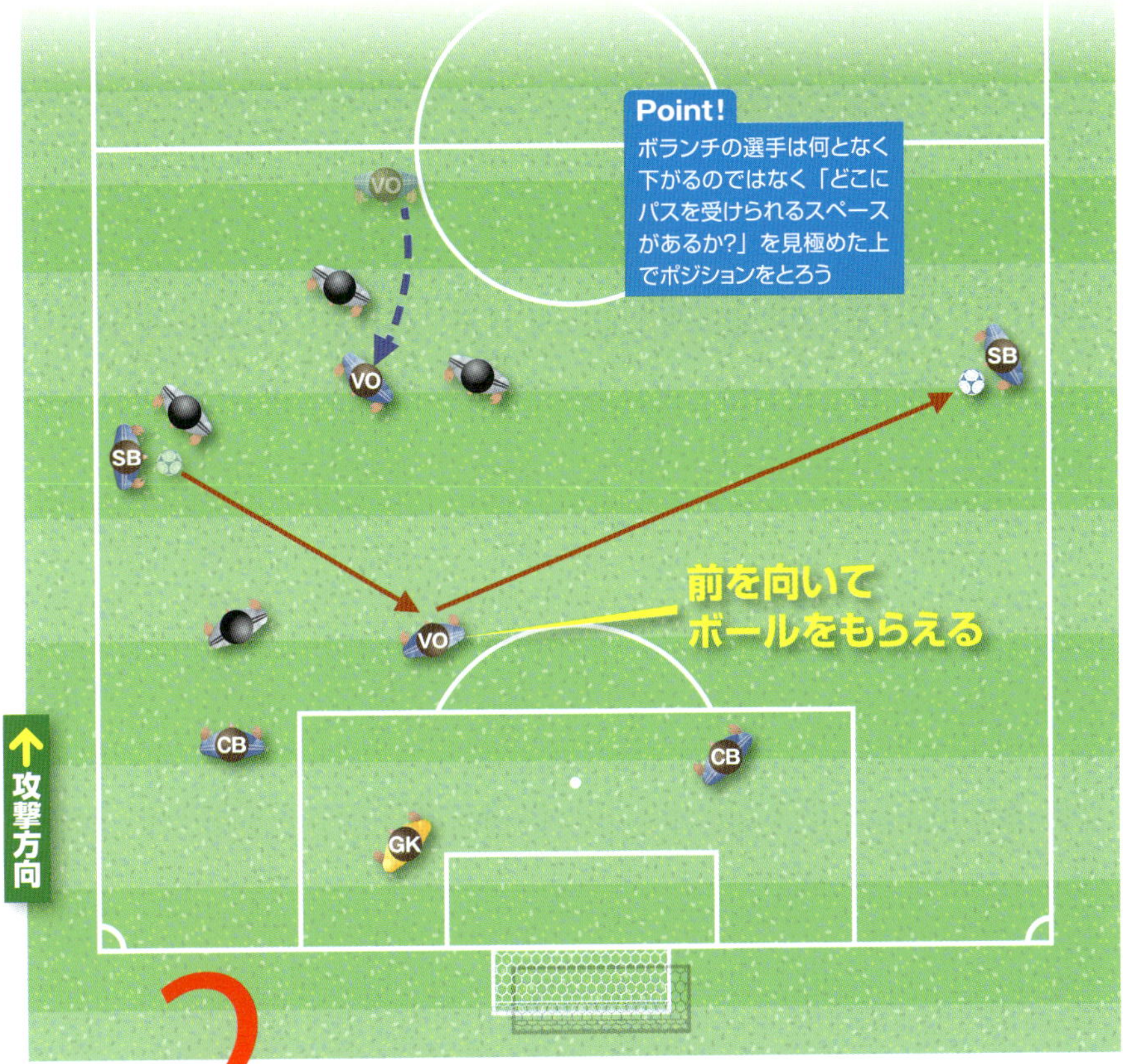
Point!
ボランチの選手は何となく下がるのではなく「どこにパスを受けられるスペースがあるか?」を見極めた上でポジションをとろう
VO
VO
VO
SB
SB
CB
CB
GK
前を向いて
ボールをもらえる
攻撃方向

2

ボランチは2人のセンターバックの間にポジションをとる。プレッシャーをかけられた左サイドバックが後ろに下げる。フリーでパスをもらったボランチが前に運んでから右サイドに展開する。

SB
VO
ココに注目!

ボランチはセンターバックの間に下がる。ボールを受ける前にあらかじめ逆サイドの状況を確認しておこう

CBからのサイドチェンジ

相手を引きつけて逆サイドに〝飛ばす〟

CBが相手をサイドに引きつける

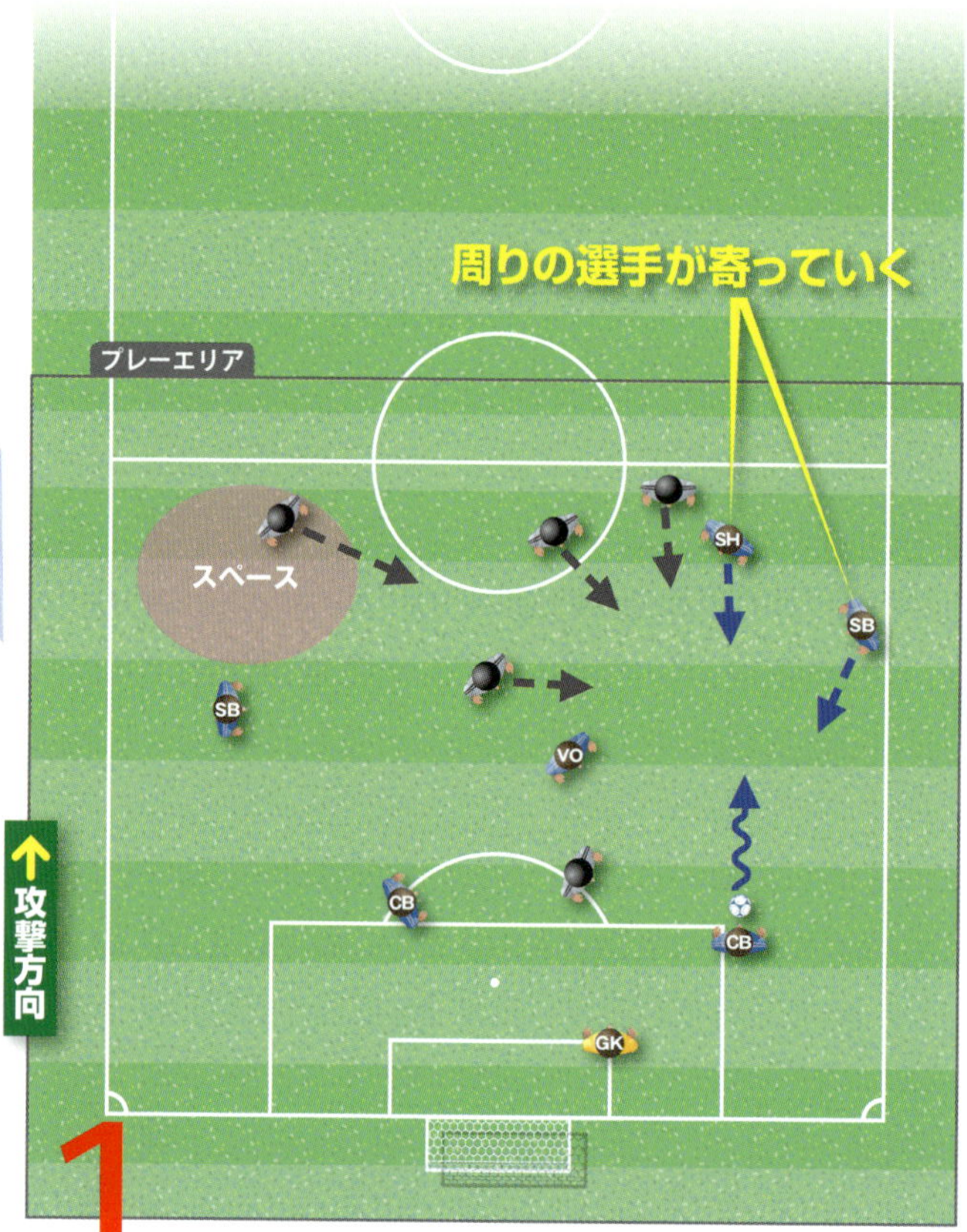
周りの選手が寄っていく
プレーエリア
スペース
SH
SB
SB
VO
CB
CB
GK
攻撃方向

1
センターバックが最終ラインからボールを運んでいく。ボールを持っていない選手はサポートの動きや、相手と相手の間（ギャップ）に入る動きをして、ディフェンスを右サイドに引きつける。

サッカーの攻撃パターンの一つ、サイドチェンジを最終ラインからの組み立てに活用する。サイドチェンジの目的は広いスペースでプレーすることだ。同じサイドでボールを回すようなフリをして相手を食いつかせ、プレッシャーをかけてきたところで空いている逆サイドのスペースを使う。

ボールの位置が大きく変われば、相手は長い距離を移動してポジションを修正しなければならない。

ボールを受けたサイドの選手はスペースと時間がある状況でプレーできるので、サイドチェンジをした後は前方への展開がスムーズになる。

指導Point

パスを受けるためにはボールホルダーに「寄る」だけでなく、「離れる」という選択肢もあることを理解させる

CBからSBへサイドチェンジする

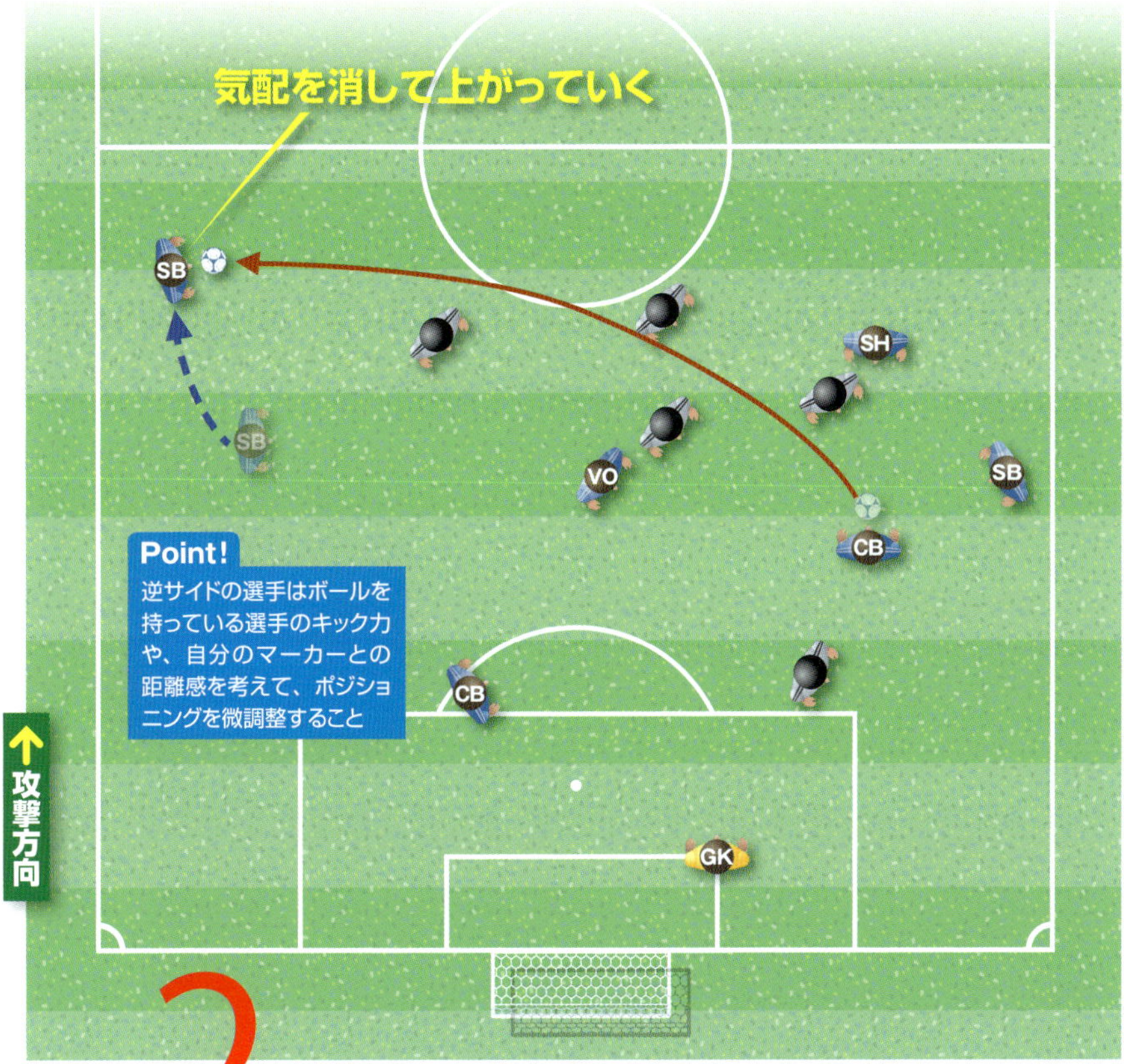
気配を消して上がっていく
SB
SB
SH
VO
SB
CB
CB
GK
Point!
逆サイドの選手はボールを持っている選手のキック力や、自分のマーカーとの距離感を考えて、ポジショニングを微調整すること
攻撃方向

2

逆サイドのサイドバックは相手のマークがボールに寄っていくことによってフリーになる。センターバックはゆっくりとドリブルをしたところから、ロングボールをサイドバックまで“飛ばす”。

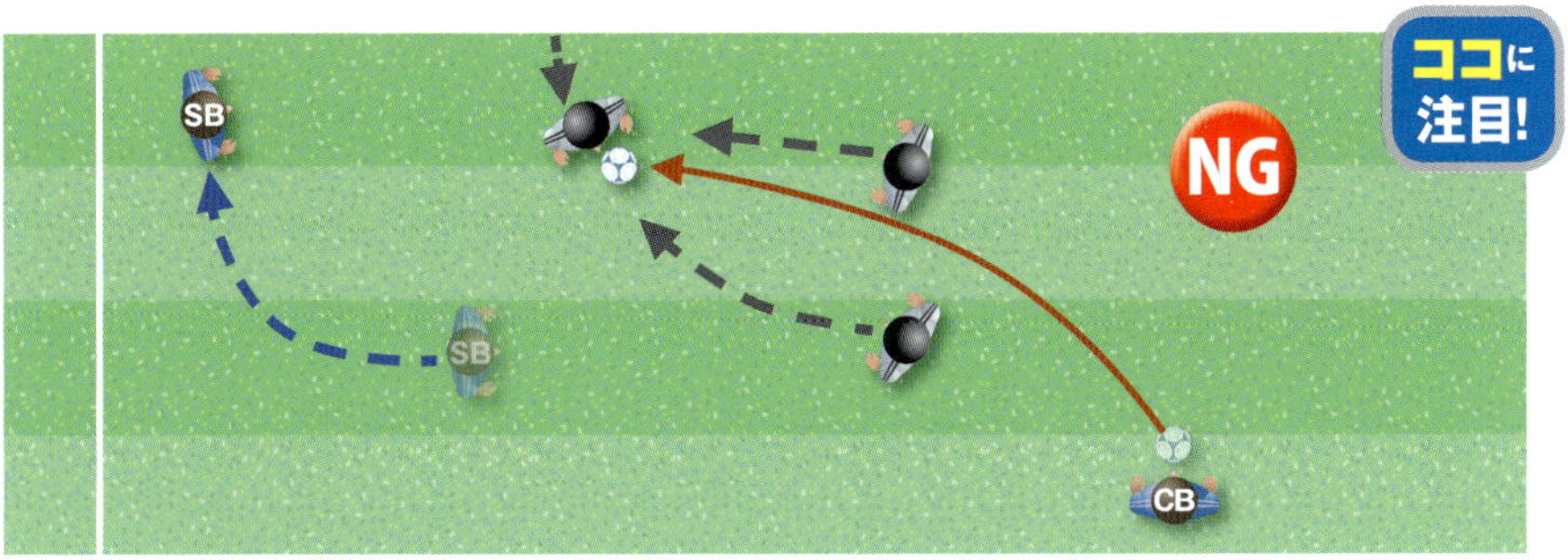
ココに注目!
SB
SB
NG
CB

センターバックの選手にキック力がない場合、逆サイドの選手が外に開き過ぎるとインターセプトされやすい

CBとSBの入れ替わりの動き

CBが上がったときは SBが下がってカバー

CBがドリブルで持ち上がる

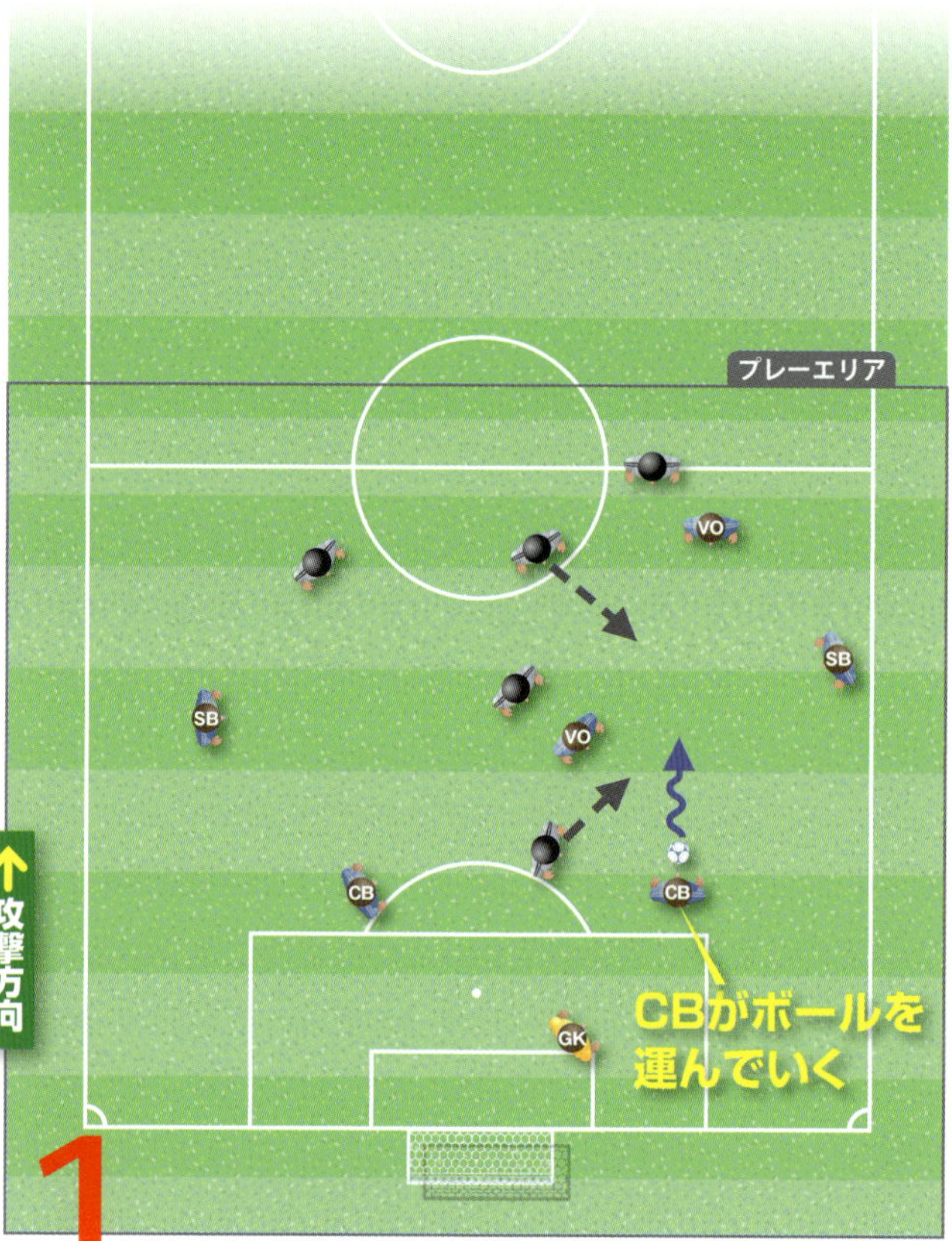
プレーエリア
攻撃方向
VO
VO
SB
SB
CB
CB
GK
CBがボールを
運んでいく

1

センターバックが最終ラインでボールを持っている。ディフェンスを食いつかせることで、新しいパスコースを作り出すために、センターバックは前方のスペースにドリブルで運んでいく。

センターバックがドリブルで持ち上がったとき、サイドバックが入れ替わるように後ろのスペースに下がり、バックパスの選択肢を作る。もしも、センターバックとサイドバックが同時に上がっていけば、ボールを失ったときにカバーリングがいない状態になってしまう。また、サイドバックが下がることで後ろに下げるという選択肢が生まれる。

ビルドアップではボールを失わずに複数のパスコースを作りながら、確実に前に運んでいくことが最優先。ボールを持っていない選手は、ボールを奪われたときのリスク管理を考えながら動かなければならない。

指導Point

「ここでボールを奪われたらどんな状況になるか?」を選手に考えさせる。自陣で相手ボールになったらピンチがおとずれる

CBが上がったらSBが下がる

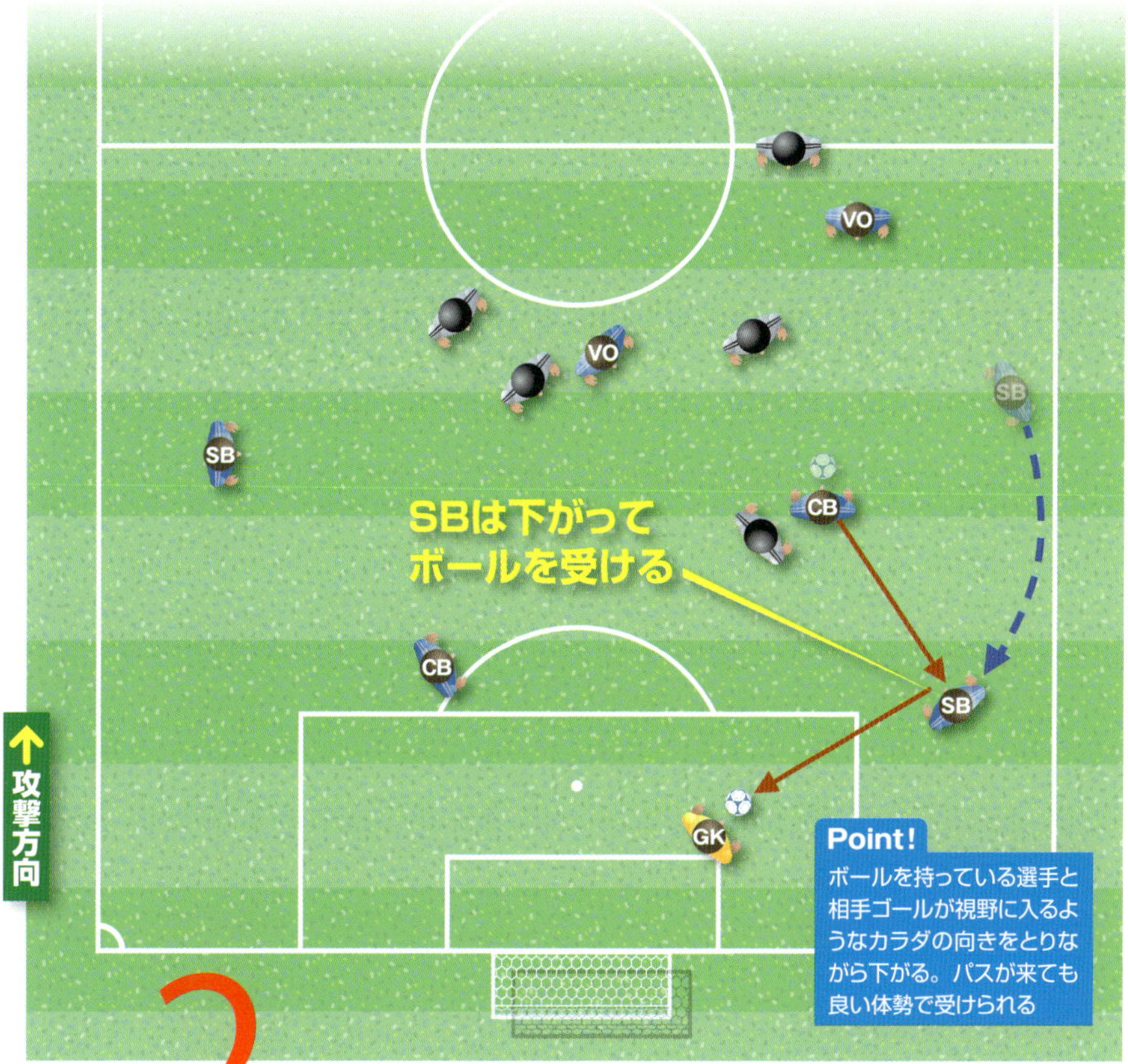
VO
VO
SB
SB
CB
SBは下がって
ボールを受ける
CB
SB
GK
攻撃方向
Point!
ボールを持っている選手と
相手ゴールが視野に入るよ
うなカラダの向きをとりな
がら下がる。パスが来ても
良い体勢で受けられる

2

センターバックが持ち上がったところへ、相手がプレッシャーをかけてくる。サイドバックはセンターバックがボールを奪われたときにカウンターを受けないように下がってバランスを保つ。

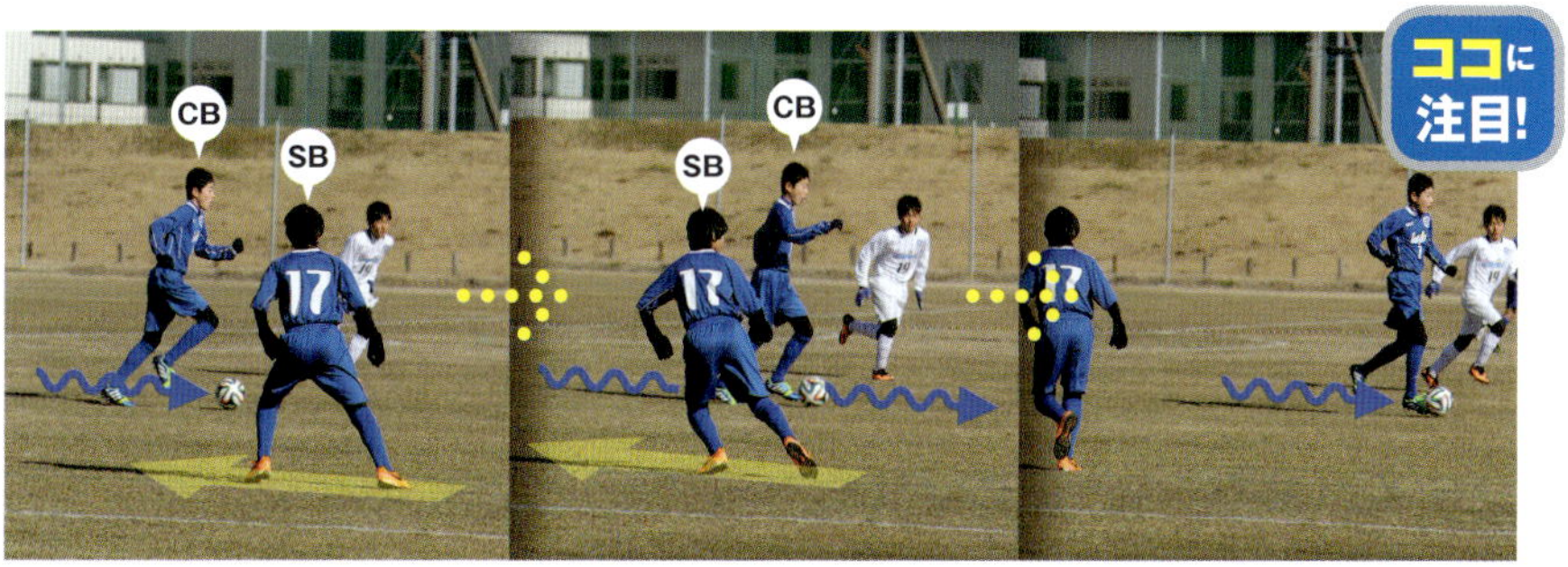
CB
SB
SB
CB
ココに
注目!

センターバックがドリブルで持ち上がっていくスピードに合わせて、手前側のサイドバックが後ろのカバーに下がる

ボールから離れるボランチの動き

ボールから離れて中盤にスペースを空ける

CBとボランチが接近する

プレーエリア
距離が近くて
パスを受けにくい
SH
SH
VO
VO
SB
SB
CB
CB
GK
CBがドリブルで
ボールを運ぶ
攻撃方向

1

センターバックがドリブルで持ち上がる。センターバックとボランチの距離が詰まっているので、パスを出しづらい。このとき、もう1人のボランチは最終ラインにできたスペースを埋める。

センターバックが最終ラインからボールを持ち出したときに起こりがちなのが、ボランチとスペースが重なってしまうこと。ボランチが動かずに自分のスペースに留まっていれば、センターバックがドリブルするスペースをつぶすことになる。最悪な場合、センターバックとボランチがぶつかってしまうことも……。

大切なのは、味方同士がプレースペースのイメージを共有しながら、ポジションをとること。最終ラインからセンターバックが持ち上がってきたときは、ボランチの選手がスーッと離れて、ドリブルする〝道〟を空けるとプレーがスムーズになる。

指導Point

センターバックがドリブルでボールを運んできたときは、スペースを空けるため、あえて離れることも必要だと教える

ボランチが離れてスペースを空ける

SHが中に入って受ける
Point!
ボランチはセンターバックのドリブルのスピードに合わせて動く。近づいてくる前に動き出すと、かえって孤立させてしまう。
ボランチが上がりスペースを空ける
攻撃方向
SH
SH
SH
VO
VO
VO
SB
SB
CB
CB
GK

2

距離感が詰まってきたらボランチは自分の位置に留まらず、センターバックから離れる。これによって、センターバックはドリブルでスムーズに運ぶことができ、パスコースを見つけやすくなる。

CB
VO
ココに注目!

センターバックがドリブルで持ち上がっていく。前方のボランチが相手を連れて前に動き、スペースを空ける

サイドでロングパスを受ける動き
中に引きつけて外のスペースを空ける

CBがドリブルで持ち上がる

1

相手がそれほどプレッシャーをかけてこないので、最終ラインの選手には顔を上げてボールを持つ余裕がある。相手はタテパスを通させないために、ボールサイドにディフェンスが密集している

ディフェンスがボールサイドに絞ってきたときは、ショートパスをつなぐのは難しくなる。その分、逆サイドやDFラインの背後にスペースが空く。逆サイドへのロングパスが通れば、ビルドアップの手順を飛ばして一気にシュートにつなげることができる。

　大事なのは逆サイドのサイドハーフの動きだ。外から中に入っていくことで、ディフェンスを中に絞らせて、サイドのスペースを空ける。もし、サイドに開きっぱなしになっていると、相手のマークが中に絞ってこない。サイドバックが上がるスペースができないので気をつけよう。

指導Point

サイドの裏にスペースがあれば、思い切ってサイドチェンジを狙っていく意識を植え付ける。常に逆を見ておくように

SHが中に入ってSBをフリーにする

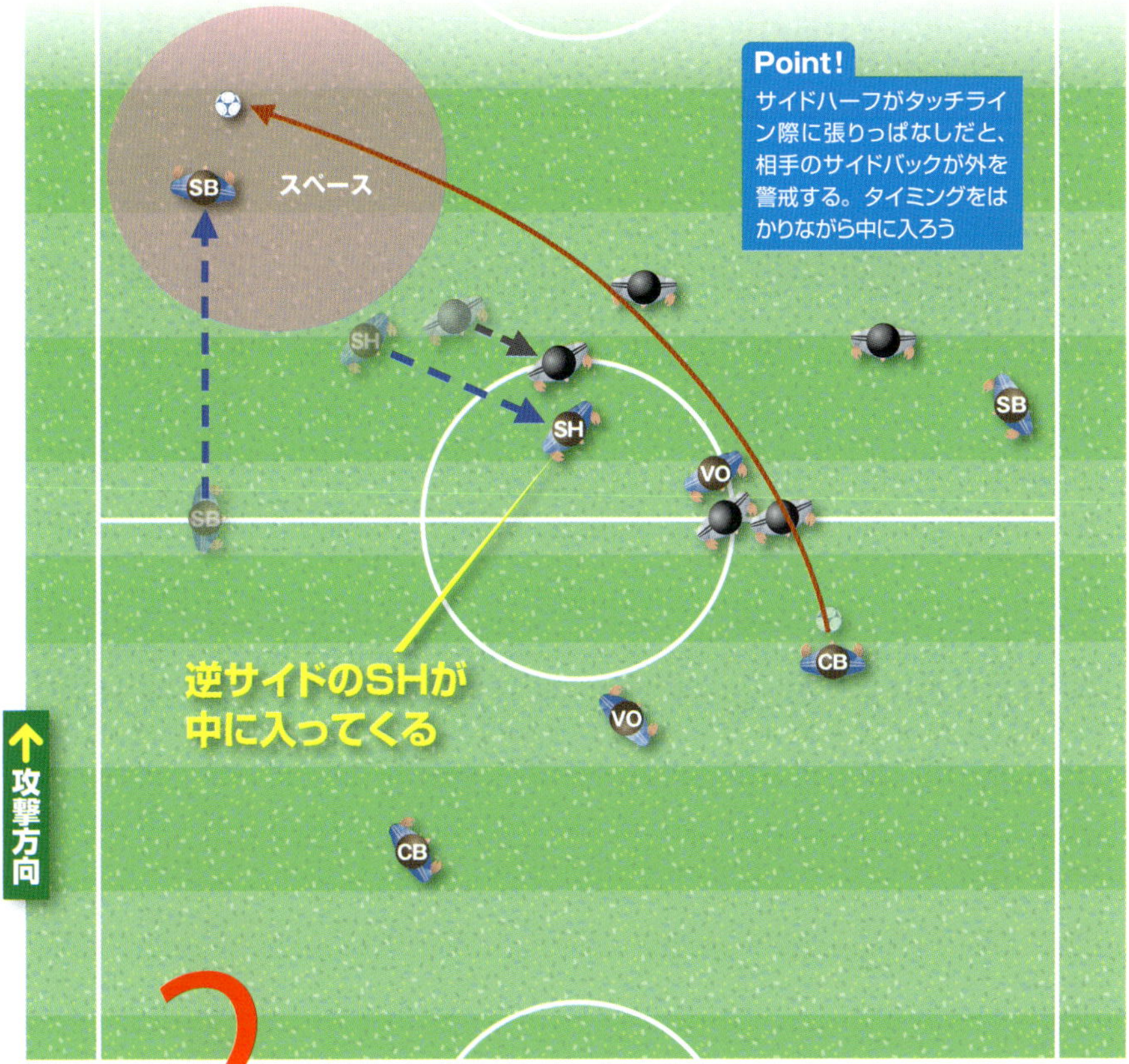

Point!
サイドハーフがタッチライン際に張りっぱなしだと、相手のサイドバックが外を警戒する。タイミングをはかりながら中に入ろう
スペース
SB
SH
SH
SB
VO
VO
CB
CB
SB
逆サイドのSHが中に入ってくる
攻撃方向

2

サイドハーフが外から中へ入って相手を引きつけ、空いたスペースにサイドバックが上がっていく。フリーになったサイドバックへセンターバックが1発でサイドを変えるボールを飛ばす。

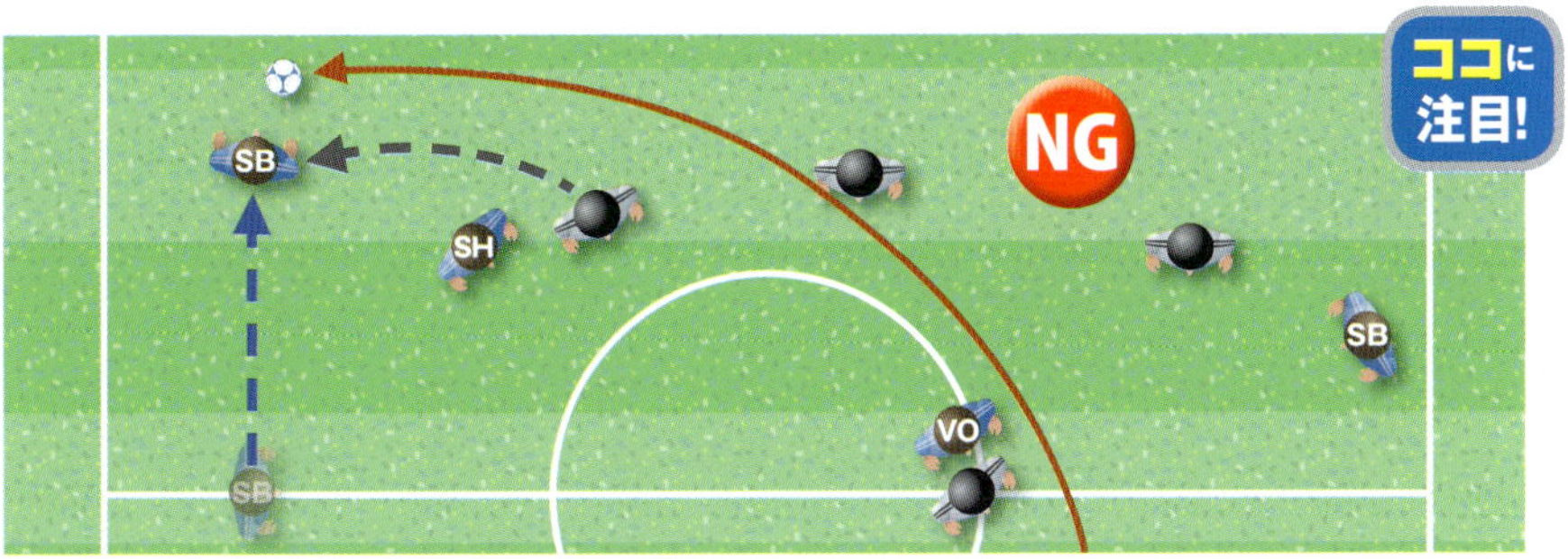

ココに注目!
NG
SB
SH
SB
VO
SB

逆サイドのサイドハーフが中に入らずに残っている。相手のマークも中に絞らないので上がるスペースがない

寄る動きと抜ける動きの組み合わせで裏にボールを運ぶ

ＤＦラインの背後でロングパスを受ける動き

CBがドリブルで持ち上がる

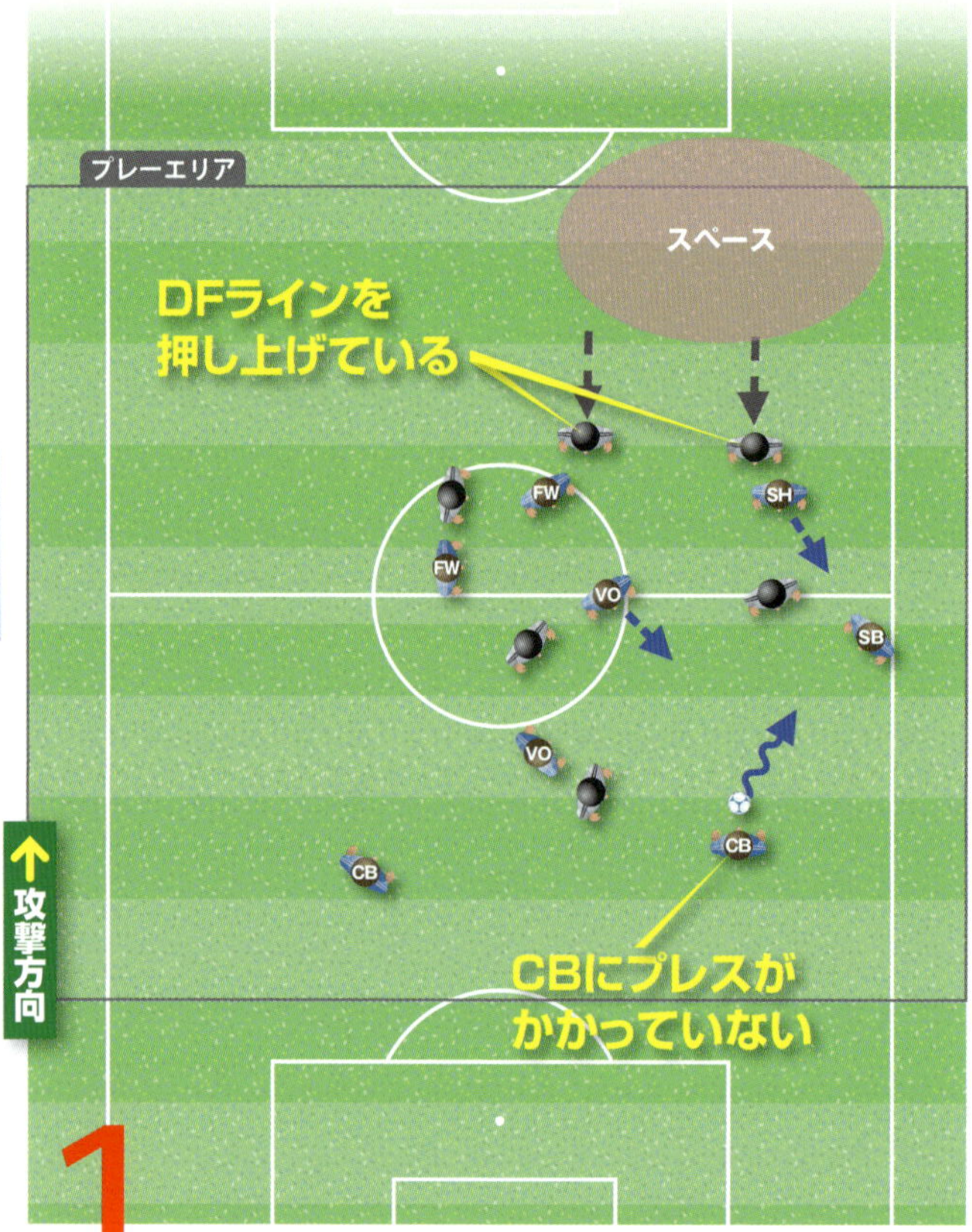
プレーエリア
スペース
DFラインを押し上げている
FW
SH
FW
VO
SB
VO
CB
CB
CBにプレスがかかっていない
↑攻撃方向

1

相手がＤＦラインを押し上げてくるが、前線の選手のプレッシャーが甘く、ボールを持ったセンターバックにあまりプレッシャーがかかっていない。センターバックは精度の高いパスを狙える。

ビルドアップから1発でＤＦラインの裏をとるプレー。サッカーでは、このようにシンプルにゴールを目指すことを〝ダイレクトプレー〟と呼ぶ。だが、単純に裏に走ってボールを受けようとするだけでは、相手に読まれてしまうし、パスが通る確率も低くなる。ＦＷにとっても体力のロスが大きい。

ロングボールの成功率を高めるためには、ディフェンスをおびきだすための〝オトリ〟の動きが大事になる。ボールと同サイドにいる選手はボールを持った選手に対し、サポートのポジションをとったり、自陣方向に下がってディフェンスを食いつかせよう。

指導Point

キック力がない選手でも、遠くのスペースを見る習慣をつけることが大事。相手ゴールに近づくことを常に意識しよう

FWはDFラインの背後に飛び出す

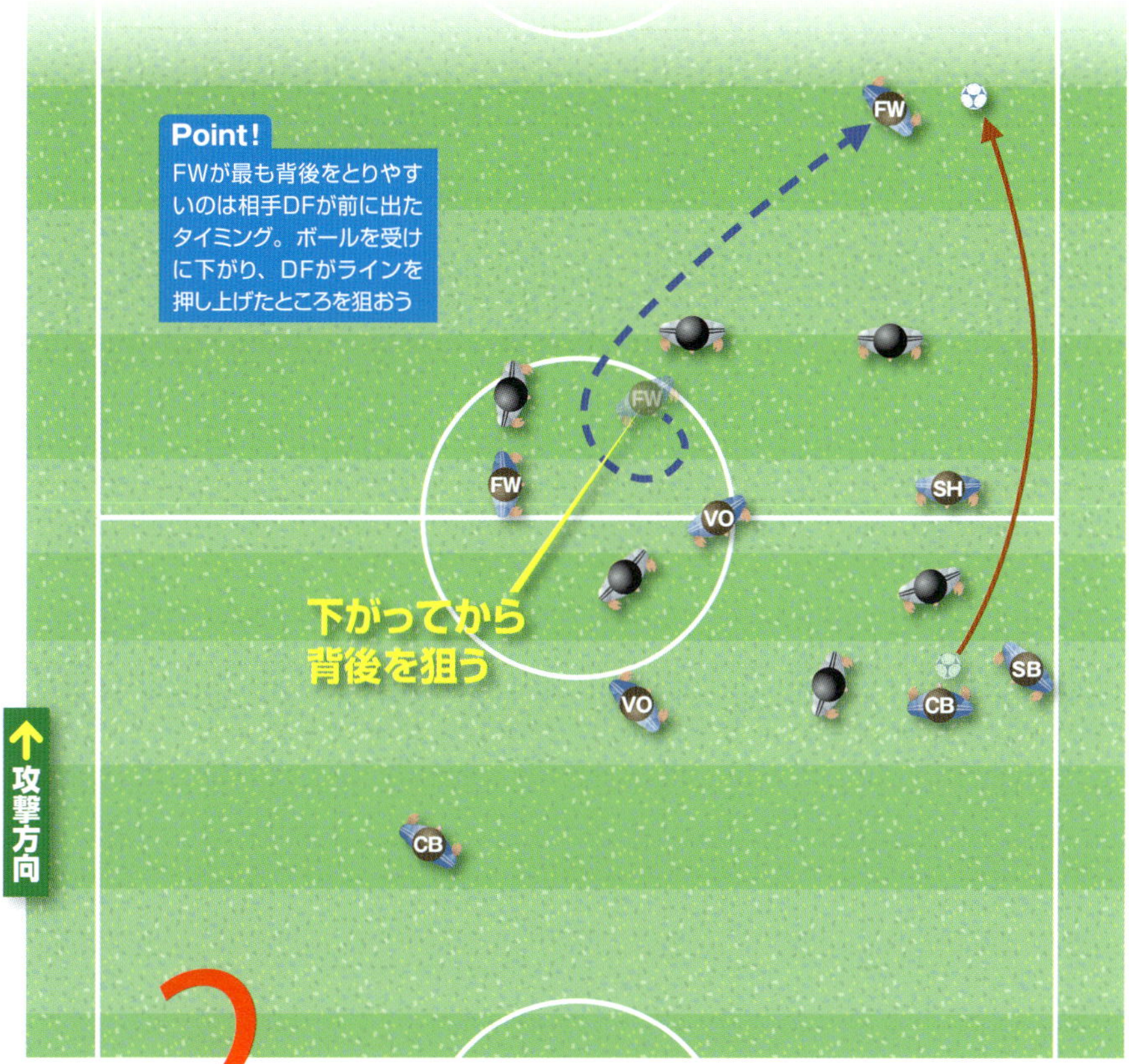
Point!
FWが最も背後をとりやすいのは相手DFが前に出たタイミング。ボールを受けに下がり、DFがラインを押し上げたところを狙おう
FW
FW
FW
SH
VO
VO
SB
CB
CB
下がってから
背後を狙う
攻撃方向

2

相手のディフェンスがラインを押し上げようとしている。このタイミングでＦＷがマークの視野から消える動きをして裏をとる。センターバックはＤＦラインの背後へロングボールを入れる。

ココに注目!

相手がボールウォッチャーになった瞬間が動き出すタイミング。背後のスペースに走り込んでボールを受ける

Column 02

ボランチが“ムダなパス”を出す理由

DFラインと前線、右サイドと左サイド、その真ん中に位置するのがボランチだ。ポゼッションサッカーではボランチがどれぐらいボールに触っているかが、パス回しがうまくいっているかどうかの一つの目安になる。ボールに触る回数が多いということは、ボランチを起点にチーム全体がオフ・ザ・ボールの動きをして、ボールを回しているということ。

試合中、ボランチが一見意味のないパスを出している場面を見たことがあるはずだ。例えば、近くにいる味方にパスを出して、リターンをもらう。「あのパスは何の意味があるんだろう？」「ムダじゃないの？」と思う人もいるかもしれない。

だが、このようなパスにはれっきとした理由がある。

1つが相手を食いつかせること。もう1つがフリーになる時間を作ること。相手がパスに対して食いつけば、ディフェンスのバランスが崩れる。それによって新たなパスコースが生まれて、タテパスやサイドチェンジなどが出しやすくなる。また、ディフェンスの目線を味方に集めている間に、ボランチはスッとマークから逃れる。そうすることで1秒前までマークされていたボランチはフリーになるため、リターンパスを受けたときに前を向いてボールを持つことができる。一見「ムダに見えるパス」には、このような深い意図が隠されているのだ。

PART 3

中盤エリアでのつなぎ方

この章では中盤エリアでのボールのつなぎ方を紹介。ボールを大切につなぎつつ、良いタイミングで前線へ、ゴールにつながる質の高いパスを出すことが重要だ。

つなぎ＝ポゼッションの考え方

Possession

ビルドアップから良い形で前線に運んでいく！

つなぎをスムーズにする要素

ボールを受ける前の
予備動作

パスを受ける前に
次のプレーをイメージ

ボールを受ける前の予備動作が決め手

中盤では相手の人数が増えてプレッシャーも強くなるため、より質の高いオフ・ザ・ボールの動きが求められる。特に、中盤のセンターエリアは360度をディフェンスに囲まれているので、ボールが来る前にスペースがどこにあるのかを見極めておかなければ、良い形でボールを受けることができない。

中盤でパスをつなぐ目的は前線へ良い形で運んでいくこと。そのためには、ボールを受ける前の予備動作が大事になる。相手の視野から消えて、自分がボールをもらうためのスペースを作り出し、素早く前を向ければ、次のプレーを展開しやすい。とはいえ、がむしゃらに動き回ってもパスをもらうことはできない。ボールを持った選手にマークが気をとられた瞬間に、タイミング良く動き出そう。

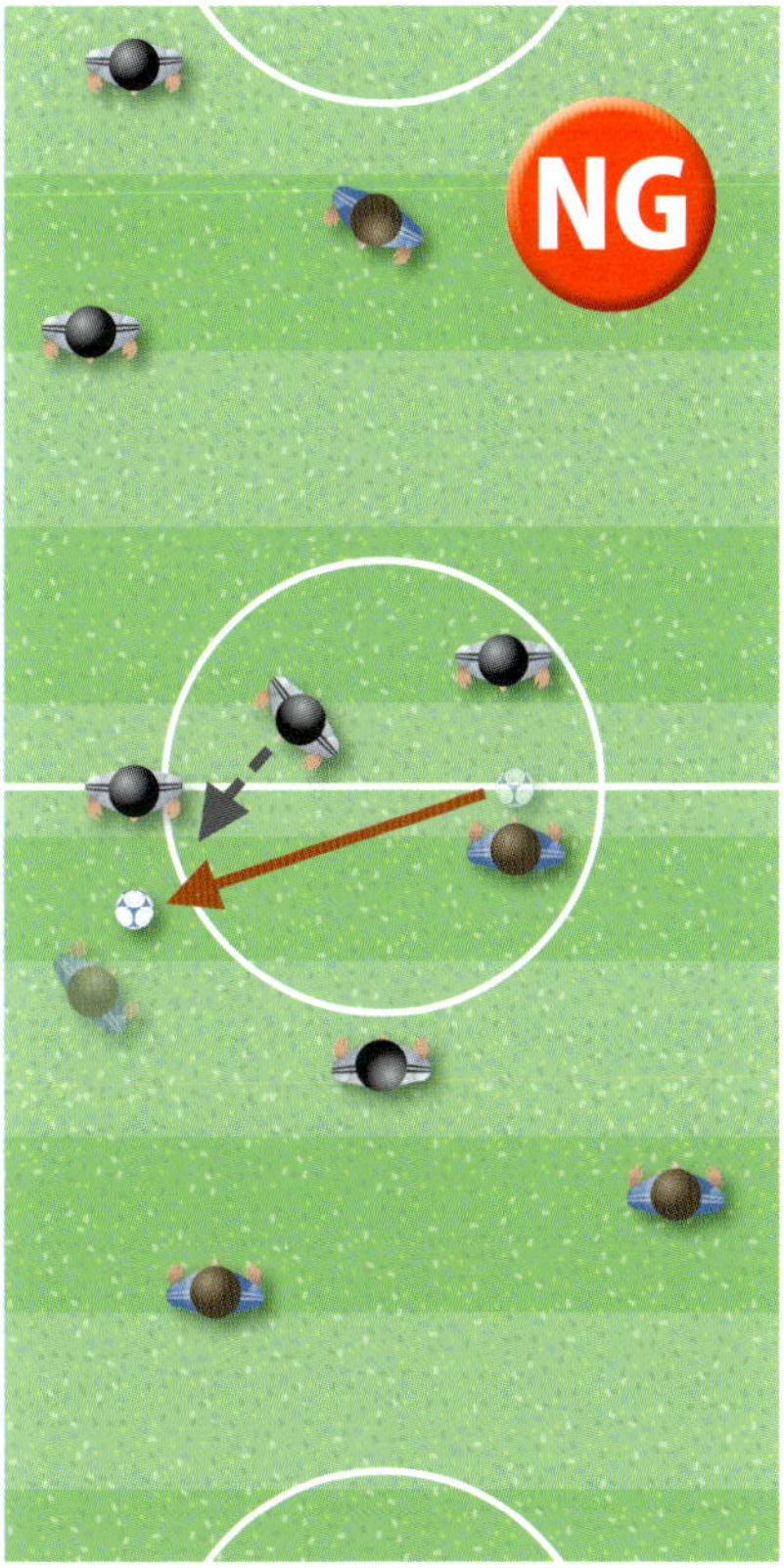

止まってパスをもらうとマークをまともに受ける

中盤の選手が止まってパスを受けようとすると、相手のマークにつかまりやすい。ボールを受けても前を向くことができずに後ろに下げるか、無理にキープしようとしてボールを奪われてしまう。

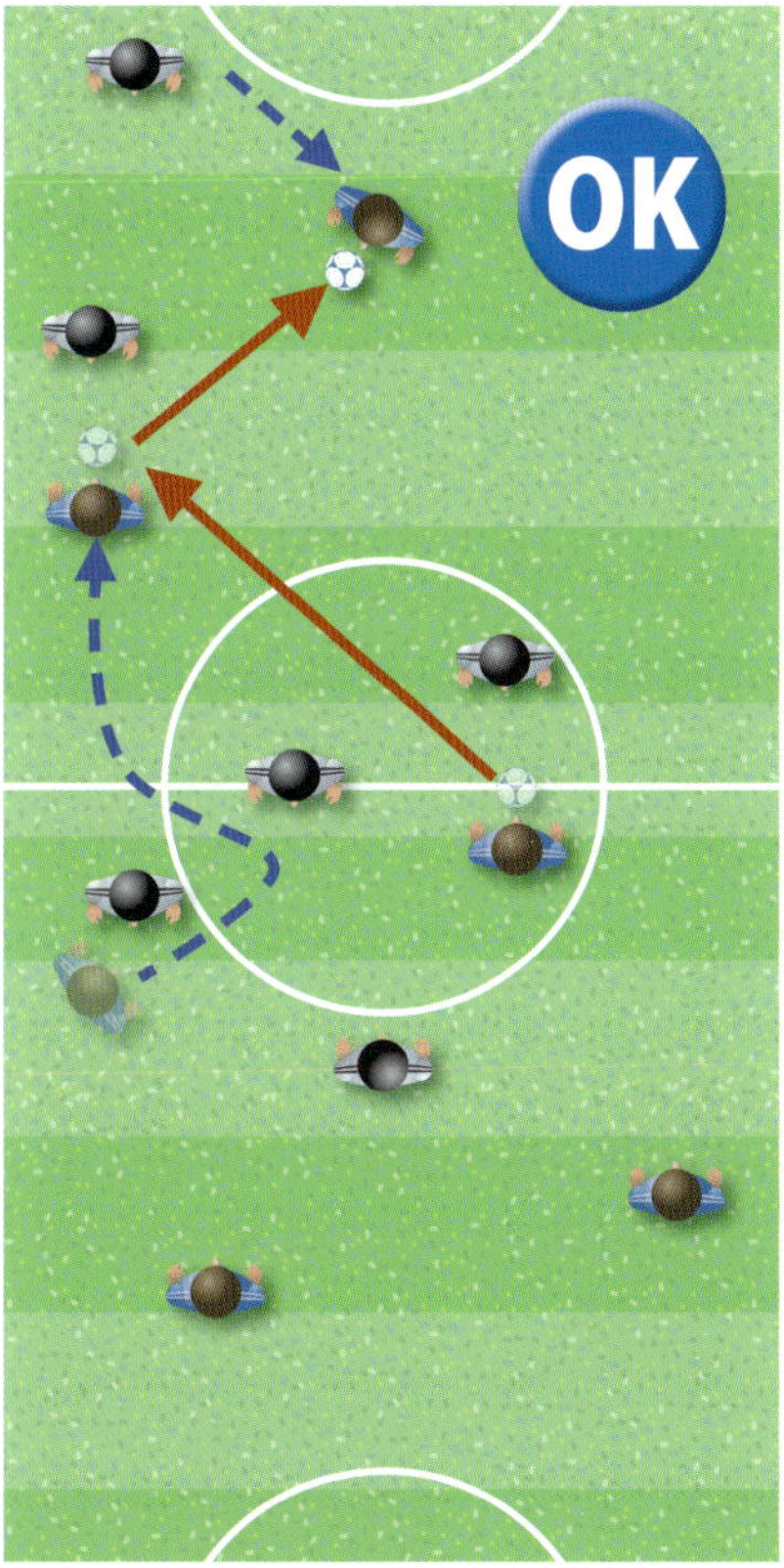

相手の視野から消えて“自分の時間”を作る

中盤の選手がボールを受ける前に、マークしている相手の視野から消える動きをする。ボールを受けると同時に前を向くことができるので、前線の選手の動き出しに合わせて、良い形でパスを送る。

つなぎ＝ポゼッションの考え方

Possession

攻撃が詰まったときは無理をせずにやり直す！

つなぎをスムーズにする要素

パスの選択肢を複数持つ
ポジショニング

ボールホルダーの
ナナメ後ろのサポート

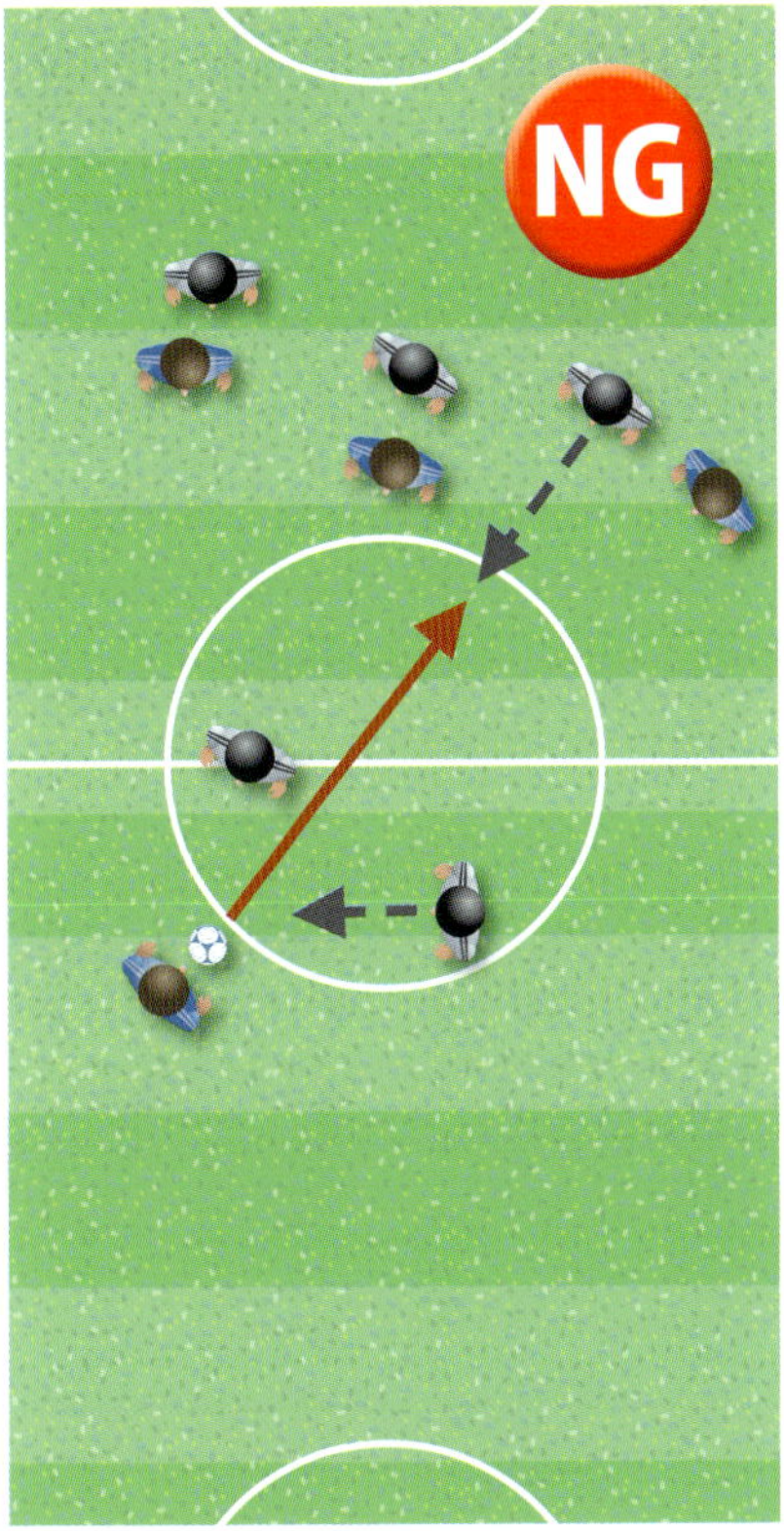

パスの選択肢が「前」のみだとボールを失いやすくなる

周りの選手が前でボールを受けることしか狙っていないので、ボールホルダーのパスの選択肢は「前」しかなくなる。守備側にとってはパスコースを読みやすいので、インターセプトを狙いやすい状況。

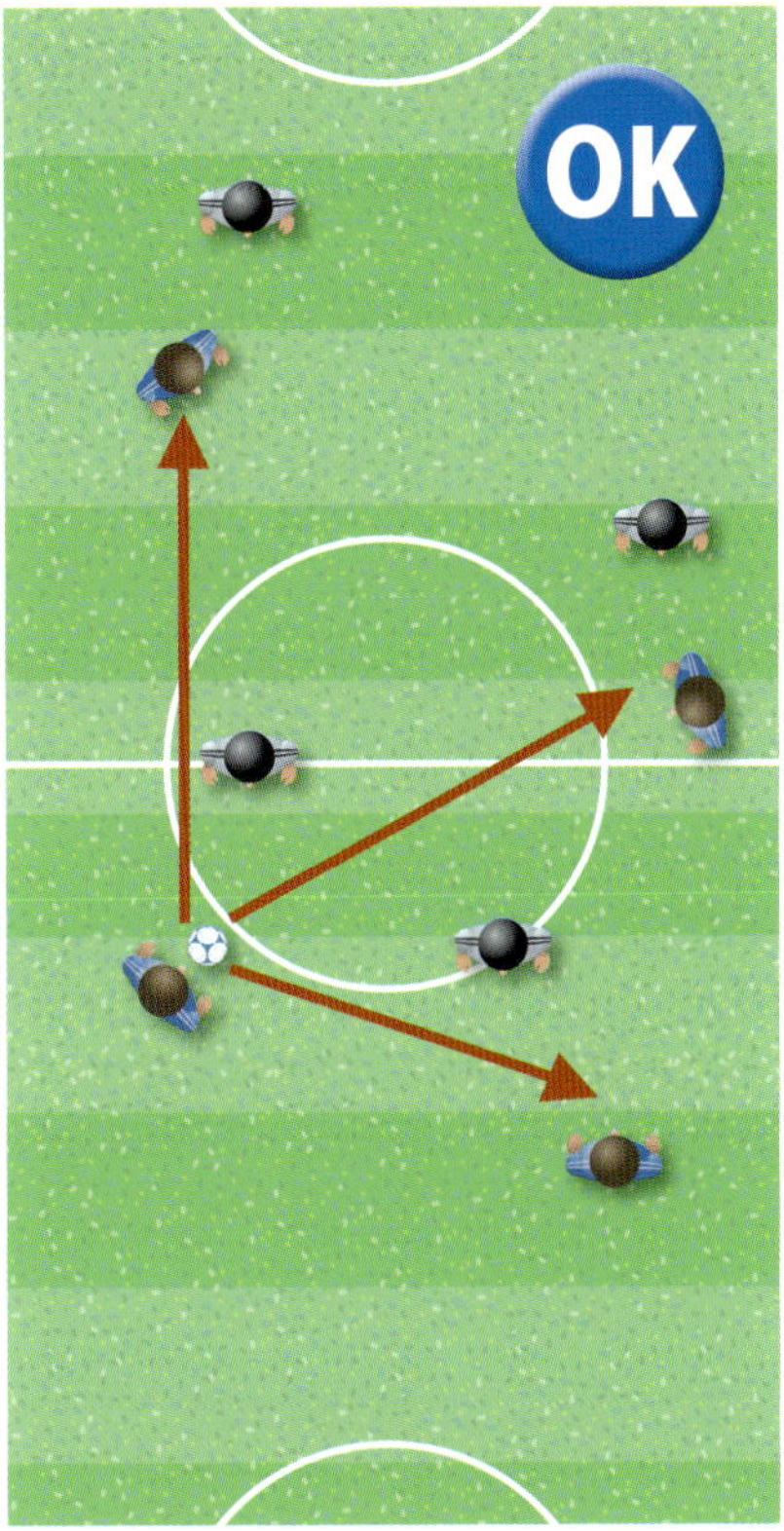

パスの選択肢が複数できるポジショニングを心がける

ボールホルダーに対して、周りの選手が前、ナナメ前、ナナメ後ろと複数の位置で受けられるようにポジションをとっている。相手のディフェンスが分散するので、結果的に前へのパスも通りやすくなる。

確実にボールをつなげるポジションをとる

サッカーでは相手ゴールに近づければ近づくほどプレッシャーが強くなって、ボールを受けた選手が前を向くのが難しくなる。そのため、中盤から前線へのパスは最終ラインから中盤に出すよりも通りづらい。また、相手がガッチリとディフェンスを固めているときは、前方へのパスコースがないときもある。

　このようなときは、無理にパスを出してもカットされてしまうので、確実にボールをつなげるようにナナメ前やナナメ後ろのサポートの位置にポジションをとる。とにかく前に蹴るだけでなく、ボールを失わないように確実にキープするプレーを覚えよう。何度もやり直すことによって、ディフェンスのマークがズレたり、フリーの選手ができたところで、タテパスや、スルーパスなどを狙っていこう。

CBからパスを受けるFWの動き
チェックの動きから タテパスをもらいに下がる

CBがドリブルで持ち上がる

1

センターバックがパスコースを探している。相手はプレッシャーを積極的にかけるのではなく、人につくような形で引いている。センターバックはドリブルでボールを運んでマークを引きつける。

ボールを受ける前にフェイントを入れて、相手をだましてからもらいにいく。これを〝チェックの動き〟と言う（チェックマークを描くように動くため）。クサビのパスを受けるとき、ＦＷはチェックの動きを入れなければ、タテパスが入ったところをＤＦに狙われてしまう。

　相手がピッタリとマークについてきているときは、闇雲に裏を狙ったりするのではなく、前方にクサビのパスを入れて、他の選手が前向きの状態で受けられる状況を作り出したほうがパスがつながる確実性は高い。ＦＷがワンタッチで落とせるように、他の選手はパスをもらえる位置に動く。

指導Point

パスをもらいにいくときは、フェイクを入れてディフェンダーを食いつかせてから動く。こうすることでフリーになれる

CBからFWにくさびのパスを出す

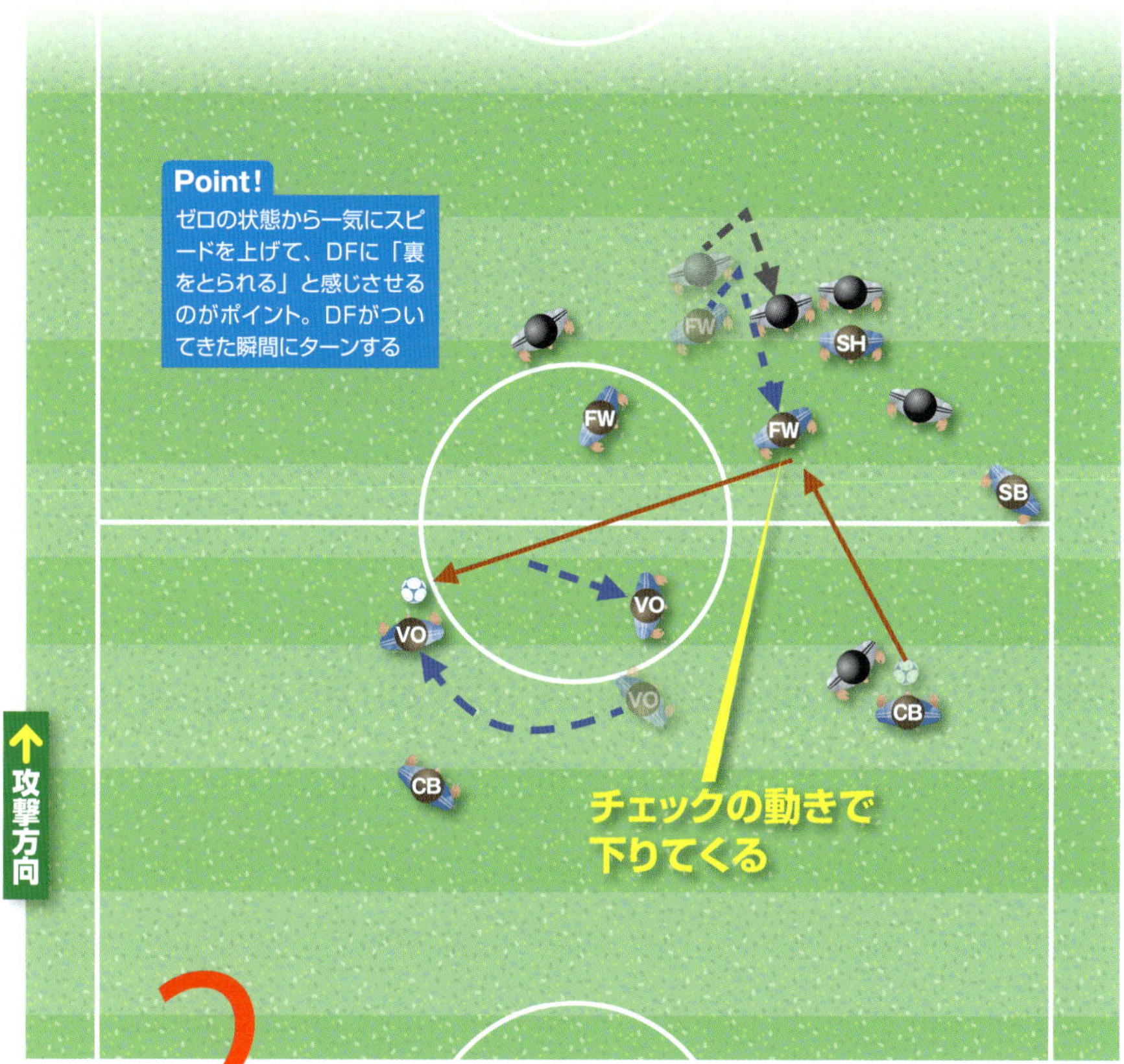
Point!
ゼロの状態から一気にスピードを上げて、DFに「裏をとられる」と感じさせるのがポイント。DFがついてきた瞬間にターンする
FW
SH
FW
FW
SB
VO
VO
VO
CB
CB
チェックの動きで下りてくる
攻撃方向

2

DFが裏を狙う動きにつられたら、FWは下がりながらタテパスをもらいにいく。センターバックは足元にパスをつける。FWにタテパスが出たら、他の選手は素早くパスを受けられる位置に動く。

ココに注目!

ボールを受けるFWは裏のスペースに走り込む動きで相手を引きつける。相手が下がった瞬間に方向転換する

CBからパスを受けるボランチの動き

前に抜ける動きで パスコースを空ける

CBの近くにパスコースがない

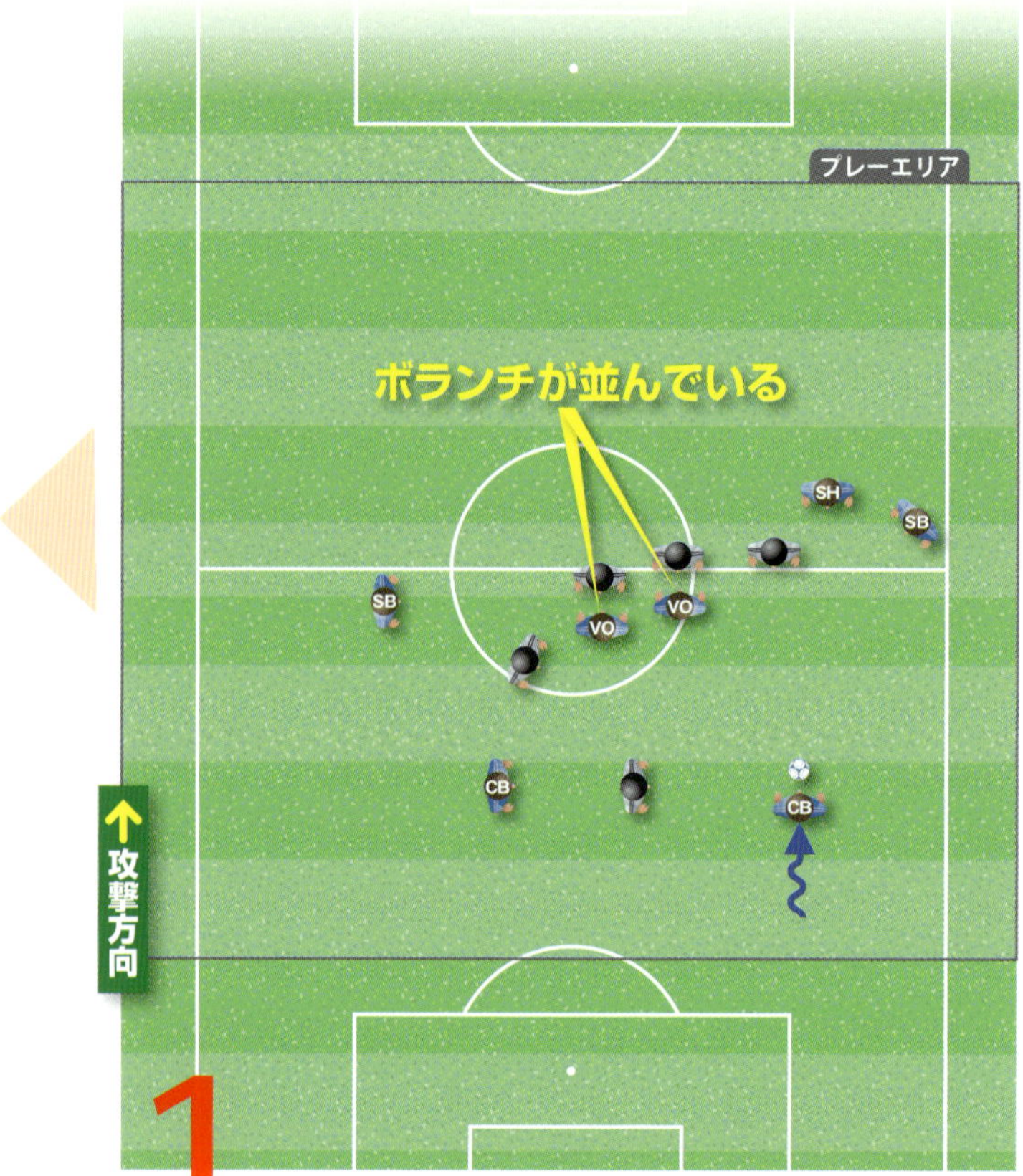

1

センターバックがボールを持っている。前方にボランチ２人が並んでいる。相手のマークがついているので、このままではパスを受けることは難しい。ボールが来る前にアクションを起こす必要がある。

相手が高い位置からプレッシャーをかけてきたときは、自陣でパスを受けるためのスペースが少なくなる。そのため、自分がボールをもらう動きだけでなく、スペースを作り出す動きをしなければならない。

このプレーのポイントはボールを持ったセンターバックに対し、ボランチが近づいていくのではなく、あえて遠ざかっていくこと。それにより、ボランチをマークしていた相手を動かし、新たなパスコースを生み出す。

最終ラインから中盤、ゴール前へと進むにつれてスペースはなくなるので、このようなスペースを作る動きは必要不可欠だ。

指導Point

味方プレーヤーがどこに動いたのか、それに対して相手ディフェンダーがどう反応したかを敏感に察知してプレーしよう

ボランチが前に抜けてパスコースを作る

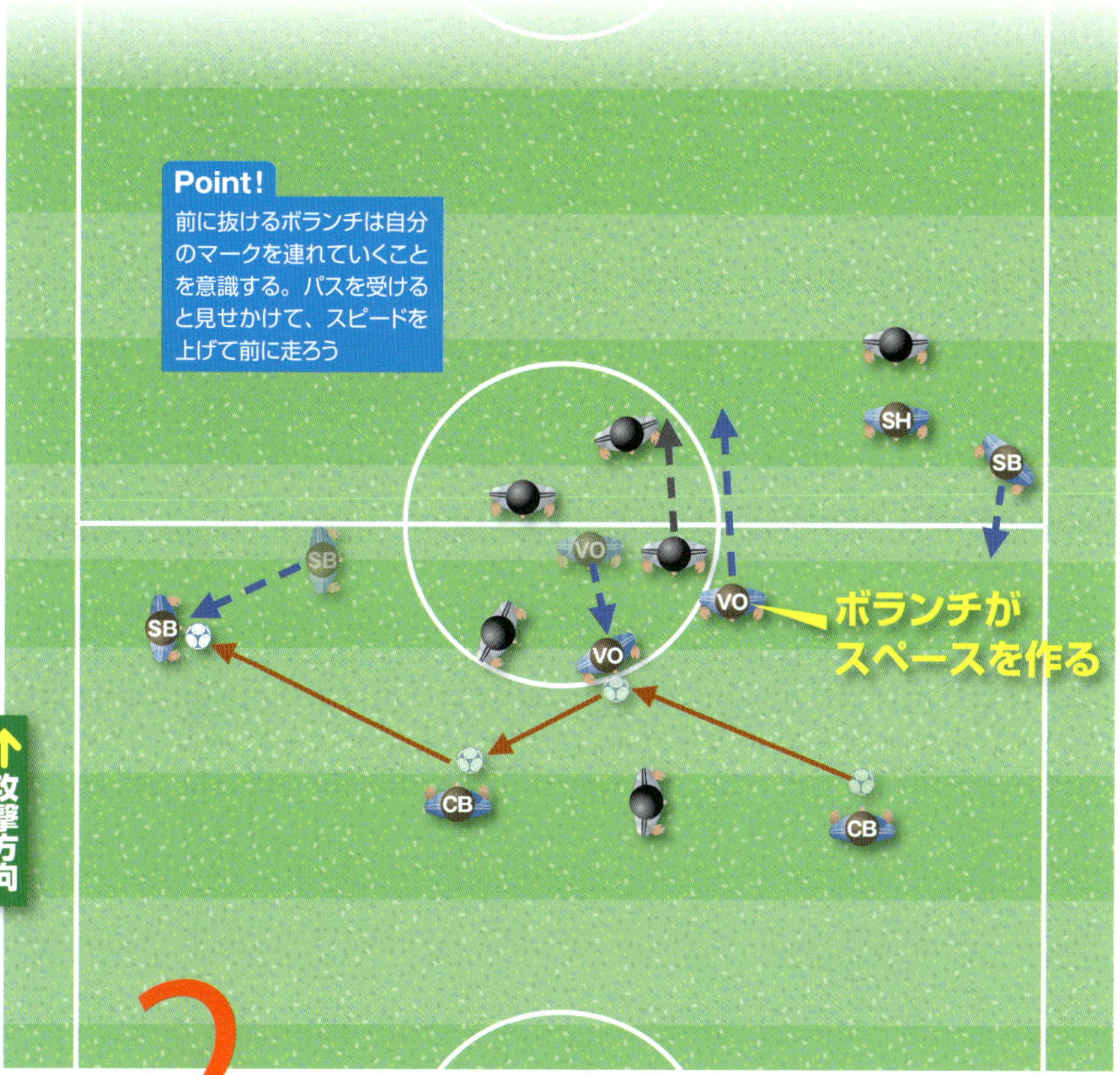
Point!
前に抜けるボランチは自分のマークを連れていくことを意識する。パスを受けると見せかけて、スピードを上げて前に走ろう
SH
SB
SB
SB
VO
VO
VO
CB
CB
ボランチがスペースを作る
攻撃方向

2

右のボランチが自分のマークを連れて前方のスペースへ走っていく。中央のパスコースができたので、左のボランチが下がりながらスペースに入って、センターバックのパスを受けてつないでいく。

A
B
A
B
ココに注目!

ボランチⒷが前方に上がる。前に上がっていたもう1人のボランチⒶが中盤に下がってくる

パスを引き出すボランチの動き

ボールウォッチャーになった瞬間に動き出す

CBはマークを引きつける

1

センターバックがハーフライン付近までボールを持ち出す。ボランチのマークについている相手はパスコースを消すのか、ボールを奪いにいくのか迷っている。ボランチはまだ動き出さない。

センターバックが高い位置までボールを運んで、相手の注意を引きつけた隙に、ボランチが視野から消える動きでパスをもらう。このプレーのポイントはボランチが焦って動かないこと。ボールをもらう直前までは止まっていて、マーカーの目線や状態を観察しながら、センターバックに対して寄った瞬間にスッと離れる。

中盤エリアは相手が密集しているため、パスを受ける前のスペースメイクが大事になる。ボールを受けられるスペースは常に一定ではなく、味方や相手の動きによって変わるので、ピッチ内でこまめに情報収集をしながら、ベストなポジションをとろう。

指導Point

相手マーカーが自分から目線を切った瞬間に動けば簡単にフリーになれる。相手のことを観察しながらプレーしよう

ボランチは相手の視野の外に消える

FW
FW
FW
SH
VO
VO
VO
SB
SB
CB
CB
視野から消える
動きをする
Point!
ボランチは相手がボールを
持っている選手に寄せ始め
た瞬間、視野から消える動
きをしてフリーになる
攻撃方向

2

ボランチをマークしていた相手がセンターバックのドリブルのコースに入ってくる。それを見た瞬間、ボランチはマークの視野から外れるように膨らみながら、中央のスペースでパスを受ける。

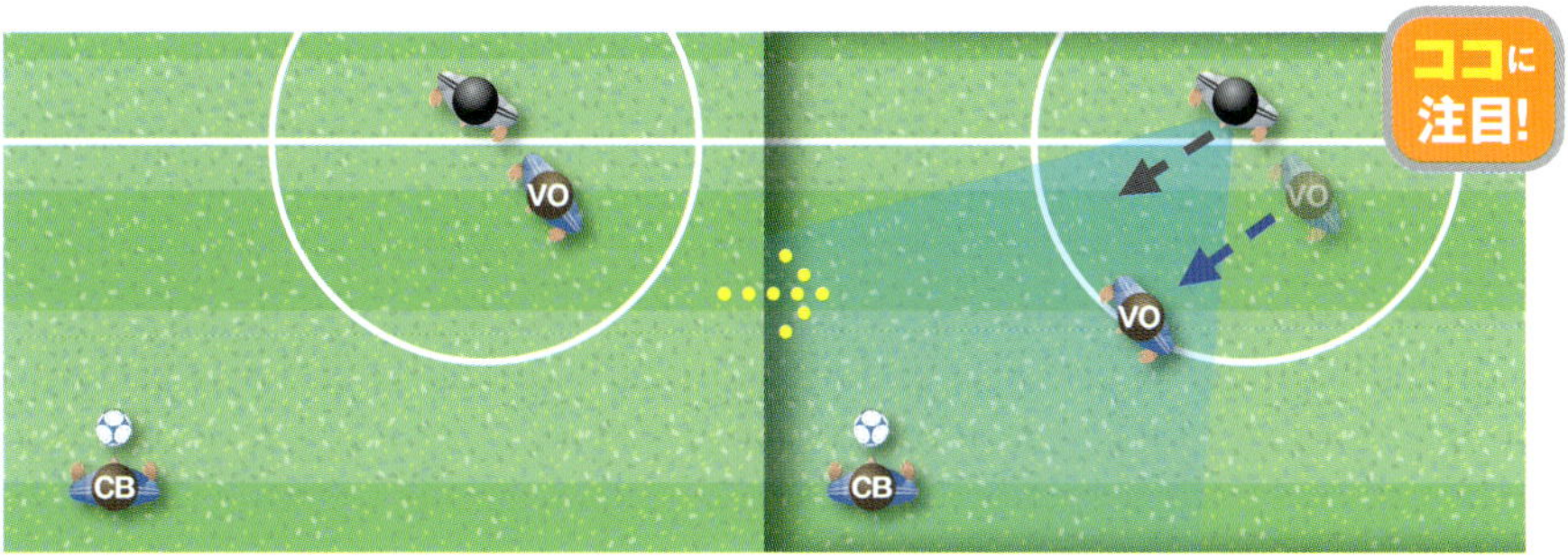
ココに
注目!
VO
VO
VO
CB
CB

ボランチがボールを持ったセンターバックに近づいていくと、相手の視野に入るのでフリーになれなくなる

後ろに下がりサポートするボランチの動き

ボランチが最終ラインの緊急避難所になる

相手がラインを押し上げてくる

1

センターバックがボールを持っている。相手の前線の選手が両センターバックに対してプレッシャーをかけてくる。低い位置でボールを失ったらピンチになるので、サポートにいく必要がある。

相手がDFラインに対してプレッシャーをかけてきたとき、後方で数的優位を作って安全にボールを保持するプレー。センターバックからセンターバックにパスが出せない状況では、ボランチは素早く最終ラインまで下がって、パスコースを作り出す。

通常、守備側は前線の2人がプレッシャーをかけてくる。ボランチが下がることによって、最終ラインの人数が2人から3人に増えるので1人余ることができ、セーフティーなパスコースができる。ボランチが下がったら、もう1人のセンターバックはワイドに開いて、プレッシャーを受けづらい位置でパスをもらう。

指導Point

相手のプレッシャーを受けて味方が困っているときは、ボールの近くにいる選手がサポートの位置に必ず入るようにする

ボランチがCBの間に下がる

Point!
まっすぐ下がってセンターバックの間に入る直前に、カラダを180度ターンさせて前を向く。後ろを向いた状態でもらうのはNG
SH
VO
SH
SB
VO
SB
CB
CB
CB
VO
ボランチが下がって
パスを受ける
攻撃方向

2

センターバックがプレッシャーをかけられそうになったのを見て、ボランチが最終ラインまで下がる。相手のプレス2人に対し、3人にすることでパスコースを作り、ボールポゼッションする。

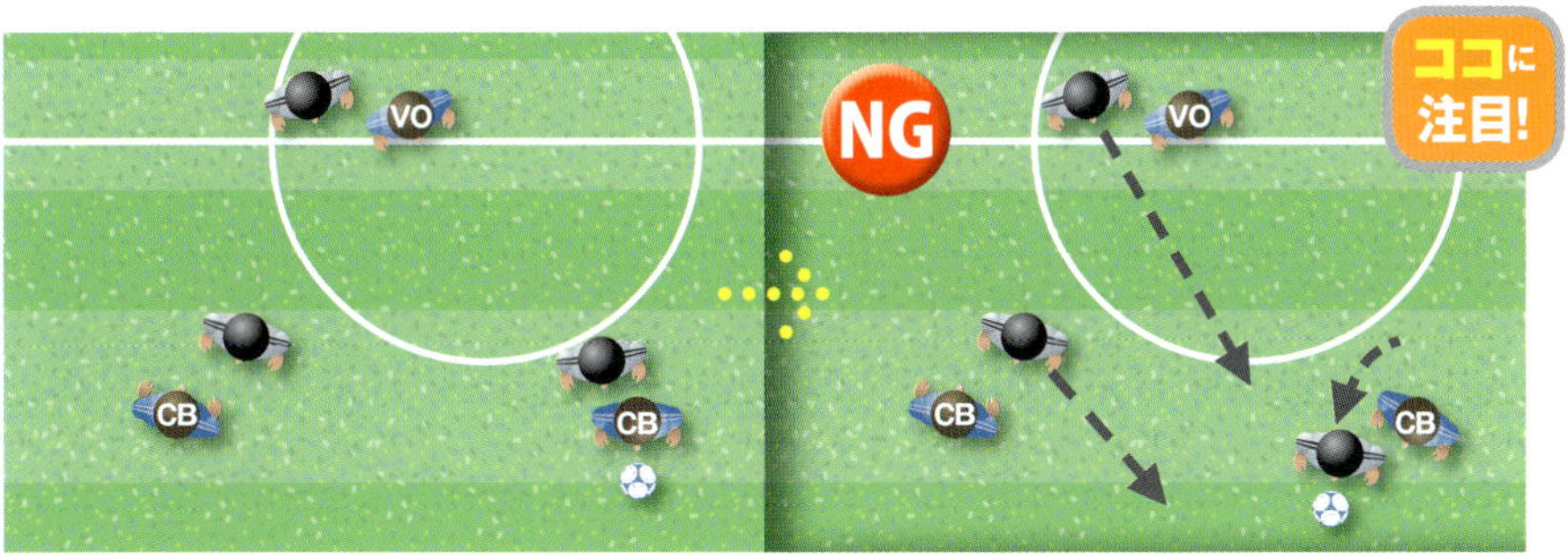
VO
CB
CB
NG
VO
ココに
注目!
CB
CB

ボランチが下がらずにセンターバックを孤立させる。最終ラインでボールを奪われればGKとの1対1になる

3人目のプレーヤーがボールを受ける動き

“間接的”にパスの受け手になる

ボランチの近くにパスコースがない

プレーエリア
FW
FW
SH
SH
VO
VO
CB
CB
ボランチがマークされている
攻撃方向

1

中盤の低い位置でボランチがボールを持っている。もう1人のボランチの近くには相手のマークがついていて、ショートパスをつないだとしても、プレスをかけられてボールを失う確率が高い。

一つ目のポイントはＦＷが下りてくる動き。2トップの場合、1人が下がるときは、もう1人は裏を狙う動きをしよう。2人が同時にボールをもらいに下がってくると、相手のＤＦラインが押し上げてくるので、ボールを受けるスペースがなくなってしまう。

二つ目のポイントはクサビのパスが入った後、落としをもらう選手の動き。ＦＷからのパスを、前を向いた状態で受けることができれば、ワンタッチでサイドに展開したりスルーパスを出したりできる。もちろん、そのときの距離にもよるが、ＦＷが下がってくるので、中盤はあえて前にいかないほうがいいこともある。

指導Point

動き回ることだけが正解ではない。時には「動かない」ことが最善のオフ・ザ・ボールの動きになることもあると教える

クサビの落としをボランチが受ける

FW
FW
FW
FW
SH
SH
VO
VO
VO
CB
CB
FWが下りてパスを受ける
Point!
ボランチはあえて動かず、FWとパスを出す選手の中間地点にポジションをとって、タテパスからの落としを前向きな状態で受ける
マークされているボランチはあえて先に動かない!
↑攻撃方向

2

2トップのうち、1人が裏に飛び出して、もう1人が下がってくる。ボランチが下がってきたFWにタテパス。FWに対して相手の目線が集まるので、もう1人のボランチはFWからの落としのパスを受けやすい。

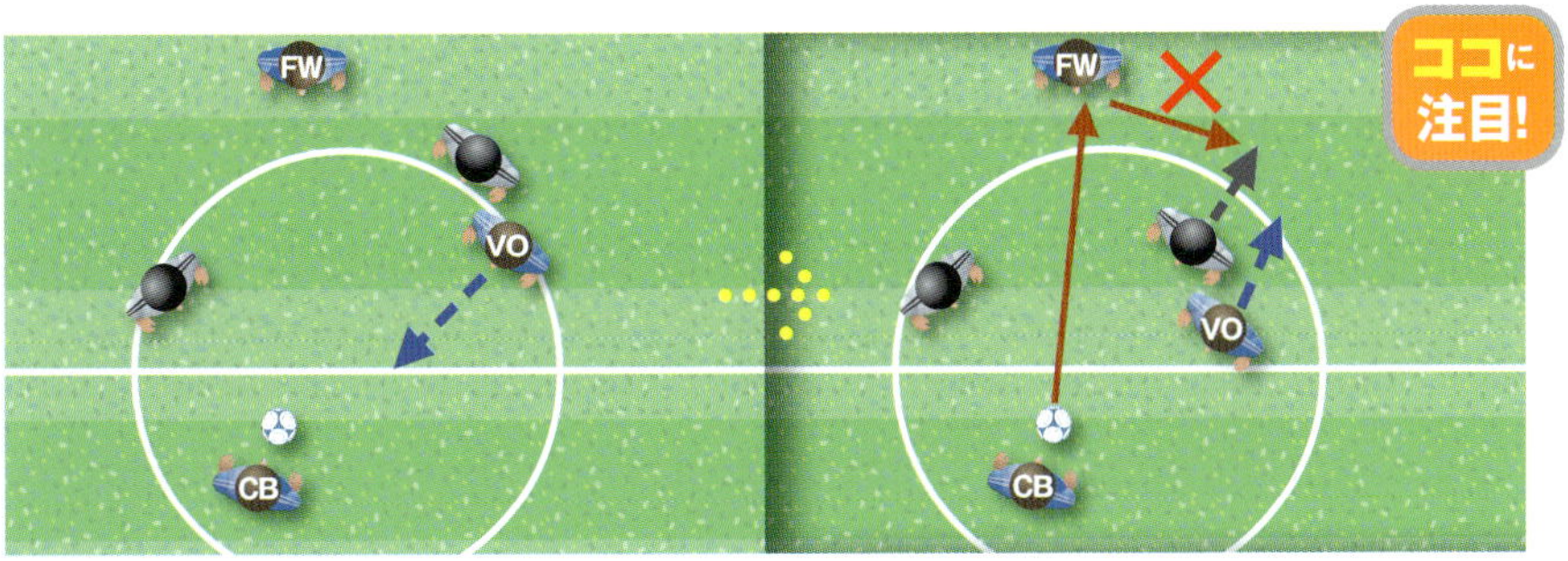
FW
VO
CB
FW
VO
CB
ココに注目!

ボランチがボールを受けようとして動き回ると、相手のマークにつかれてしまうのでフリーになりにくい

中盤のスペースを空ける動き

前線の選手が下りてくる スペースを空ける

ボランチがボールを持つ

1

ボランチがボールを持っている。相手がコンパクトな状態で守っているので、中盤にスペースがない。右前方のボランチは自分のマークを引きつれることによって、パスを受けるスペースを空ける。

相手陣内に人が密集してスペースがないときは、パスを受けにくくなる。パスを受けるスペースを作るために、あえて自分の持ち場を離れてマークを引きつける動きをしよう。ボランチが前に動く、FWがサイドに流れる、サイドの選手が裏を狙うといった具合に、同時にアクションを起こせば、相手のマークに混乱が生じ、スペースができやすくなる。

空けたスペースに入ってくるのは基本的に1人。スペースに入ってくる人数が増えると、その分、マークの人数も増えて密集してしまう。スペースを空ける選手と、スペースを使う選手。この役割分担をハッキリさせることが大事だ。

指導Point

パスコースがないときは、味方同士が協力し合ってパスを受けるための、スペースを空ける作業をすることを心がける

空けたスペースをSHが使う

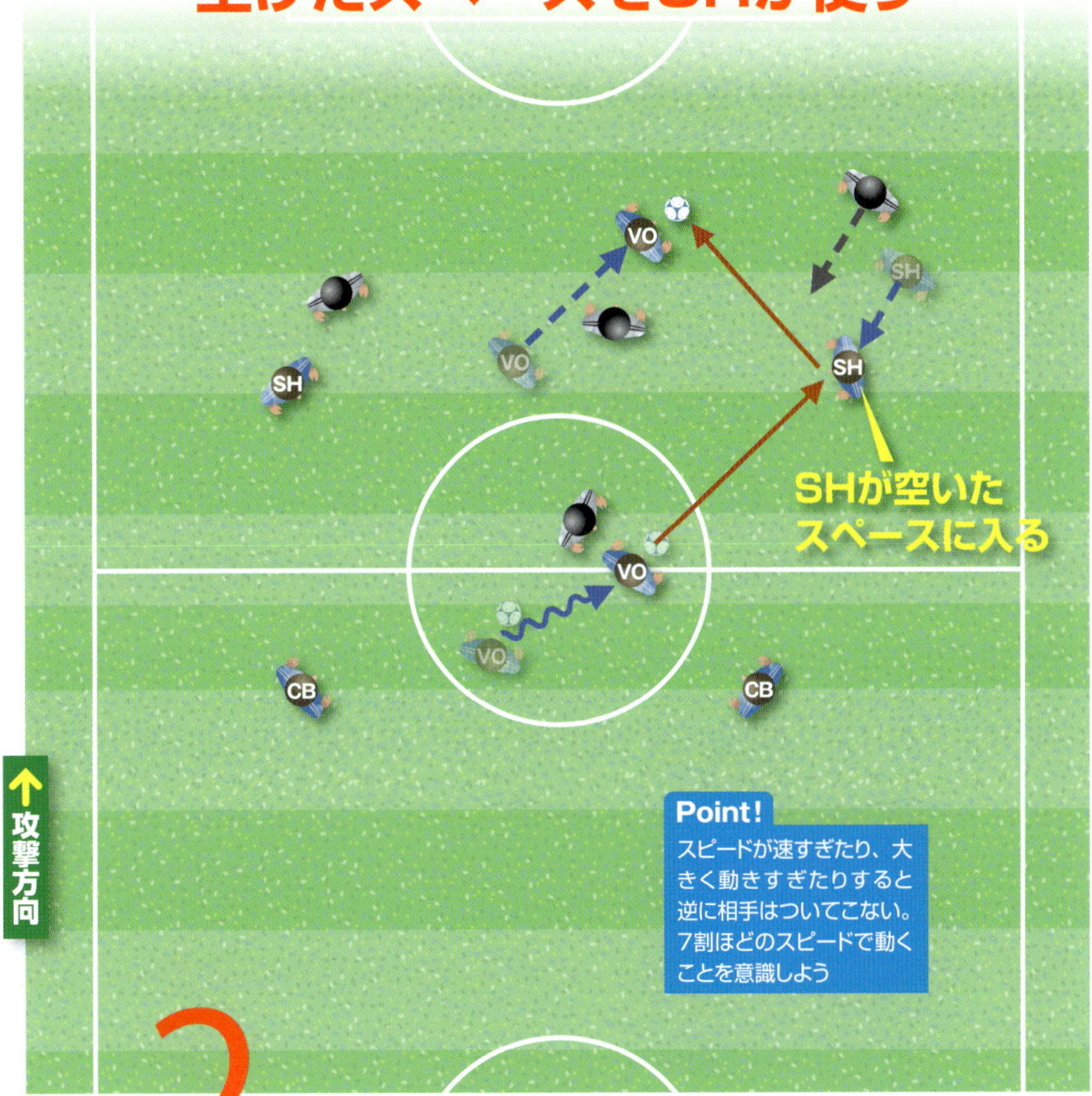
VO
SH
VO
SH
SH
VO
VO
CB
CB
SHが空いたスペースに入る
攻撃方向
Point!
スピードが速すぎたり、大きく動きすぎたりすると逆に相手はついてこない。7割ほどのスピードで動くことを意識しよう

2

ボランチがいなくなったことで空いたスペースへ、サイドハーフが下がってきてパスを受ける。ボランチ以外の選手もスペースを空けるために、それぞれがマークを引きつける動きを行う。

VO
ココに注目!

ボランチはあえて相手の視野に入るように動く。相手がマークについてくるので、自分がいた場所が空く

SBとSHのタテの入れ替わりの動き
前後のスイッチでフリーを作り出す

CBからボランチにパスを出す

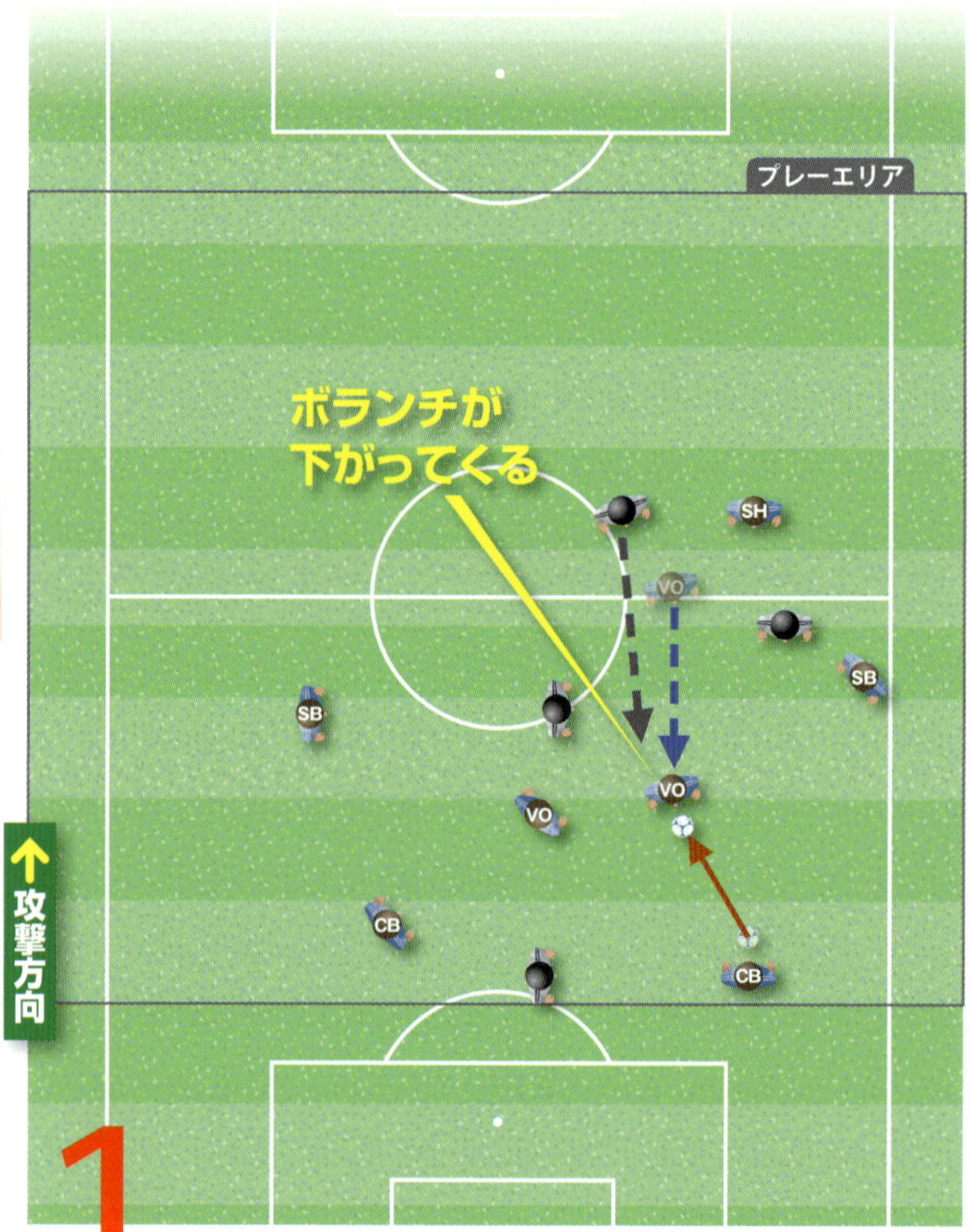

1

センターバックがボールを持っている。ボランチが自陣方向に下がってきてパスを受ける。ボランチに対して、相手が前を向かせないようにプレスをかけてくるので、サポートが必要な場面。

ボールを回しながら、サイドバックが前に上がっていき、サイドハーフが後ろに下がってくる。前後の関係が入れ替わるタイミングで、マークしている相手は受け渡しを行うのか、そのまついていくのか迷うので、どちらかの選手はフリーになる確率が高い。ポイントはトップスピードで動くのではなく、ゆっくりと動くこと。マークの受け渡しが曖昧になる〝グレー〟な時間を作り出そう。

ここでは下がってきたサイドハーフがパスを受けるパターンを紹介したが、上がっていったサイドバックがフリーになっていれば、裏へのパスを狙ってもいい。

指導Point

ボールを受けようとするときなど、常に全力で動いてしまうプレーヤーには、ゆっくり動くことの有効性を教える

CBとSHが入れ替わりパスを引き出す

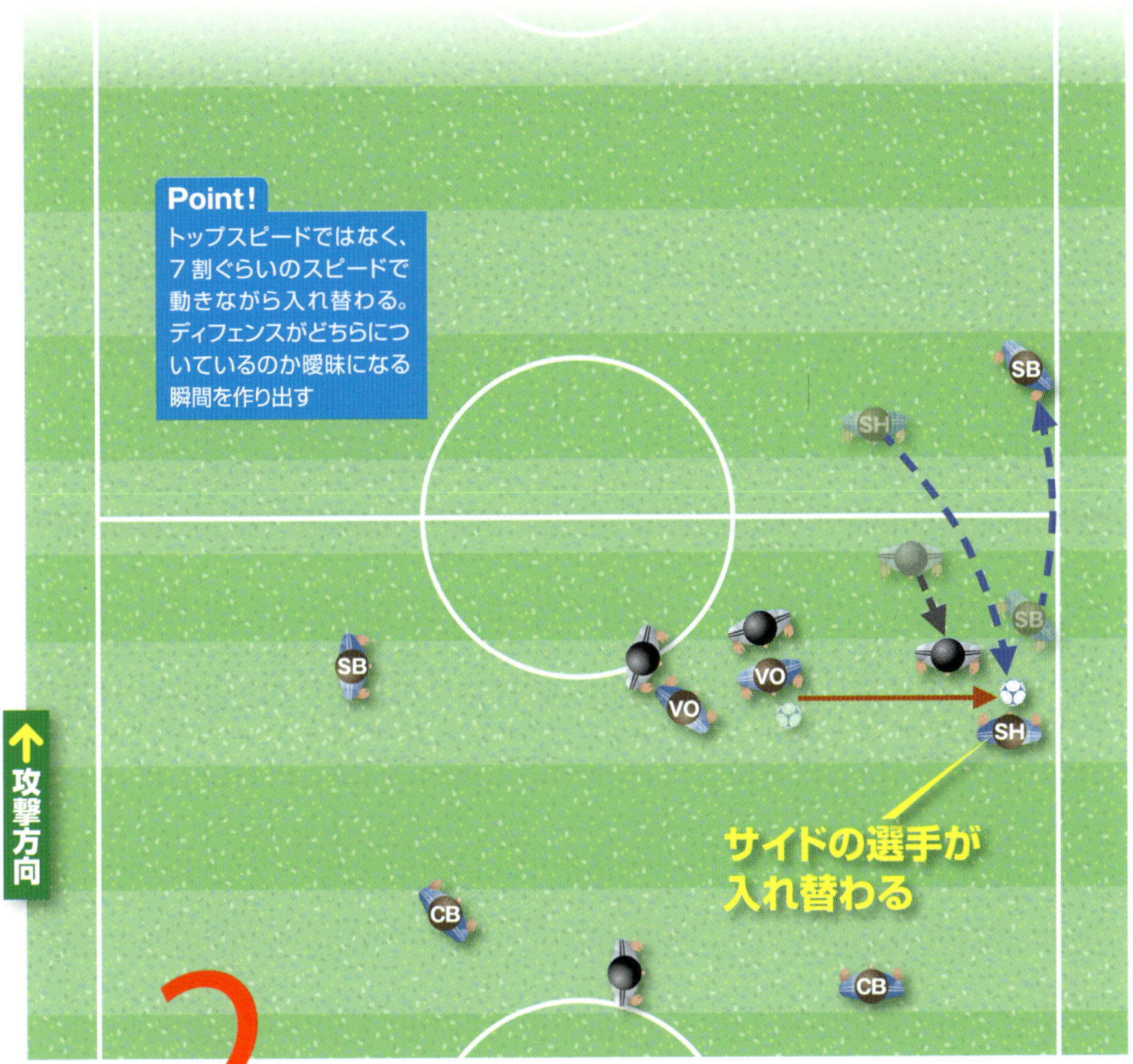
Point!
トップスピードではなく、7割ぐらいのスピードで動きながら入れ替わる。ディフェンスがどちらについているのか曖昧になる瞬間を作り出す
SB
SH
SB
VO
VO
SB
SH
サイドの選手が入れ替わる
CB
CB
攻撃方向

2

ボランチがボールを持ったとき、右のサイドハーフとサイドバックがタテに入れ替わる。相手がマークの受け渡しをしている間にフリーになったサイドハーフが低い位置でパスをもらう。

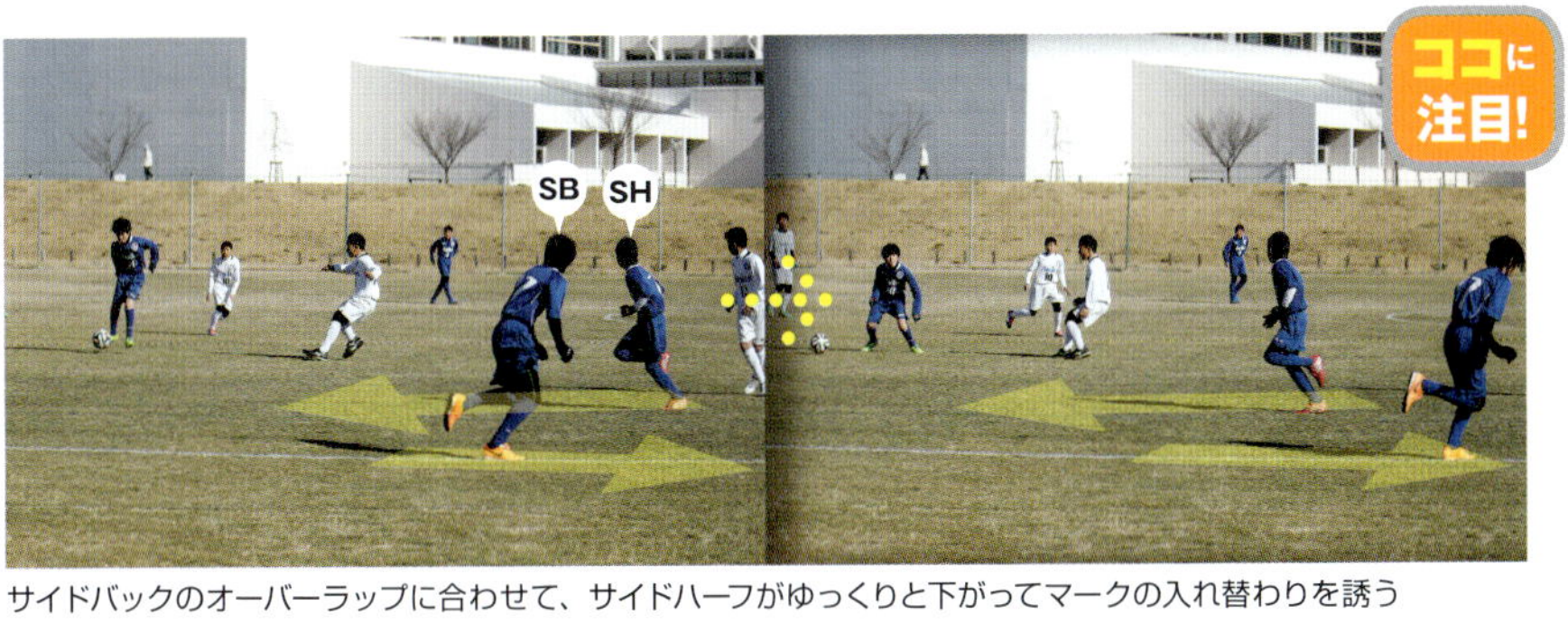
SB
SH
ココに注目!

サイドバックのオーバーラップに合わせて、サイドハーフがゆっくりと下がってマークの入れ替わりを誘う

SBの裏への飛び出し

SHが引きつけて SBが裏を突く

CBがボールを運び SHが下がってくる

1

センターバックがボールを運んでいく。サイドハーフはサイドバックが上がりやすくするために、タテのスペースを空ける。相手のDFラインが高いので、裏でボールをもらえればチャンスだ。

一つ前のパターンと同じく、サイドバックとサイドハーフのタテの入れ替わりを使ったパターン。相手がマンツーマンでついてきた場合、マークの受け渡しを行わないので、このように長い距離を走るプレーが有効になる。

足の速さが同じぐらいだとしても、前を向いた状態でスプリントしているサイドバックのほうが勝つ確率は高い。

なおかつ、相手が高い位置からプレッシャーをかけてきていれば、サイドの裏には広いスペースが空いているので、そこにパスを通すことができれば、ビルドアップを省略して1発でチャンスを作り出せる。

指導Point

ショートパスでつなぐことが基本コンセプトにあっても、裏が空いていれば積極的に裏へのロングパスを狙わせる

SBがDFラインの背後を突く

SBがスペースで
ボールを受ける
Point!
相手のDFラインが高いとき、サイドバックが飛び出すのが速すぎるとオフサイドになってしまうので、タイミングを調節しよう
SB
SH
SB
VO
CB
SH
SHは後ろでカバー
CB
攻撃方向

2

タテに走ったサイドバックへ、センターバックがスルーパスを通す。このとき、サイドハーフはＤＦラインまで下がって、後方のサポートと上がった選手たちのカバーリングを行う。

SB
SH
ココに注目!
スペース

サイドハーフがサイドから中に入っていく。空いたタテのスペースにサイドバックが走り込んでパスをもらう

前方のプレーヤーのサポートの動き

前線の選手が下がってパスコースを作る

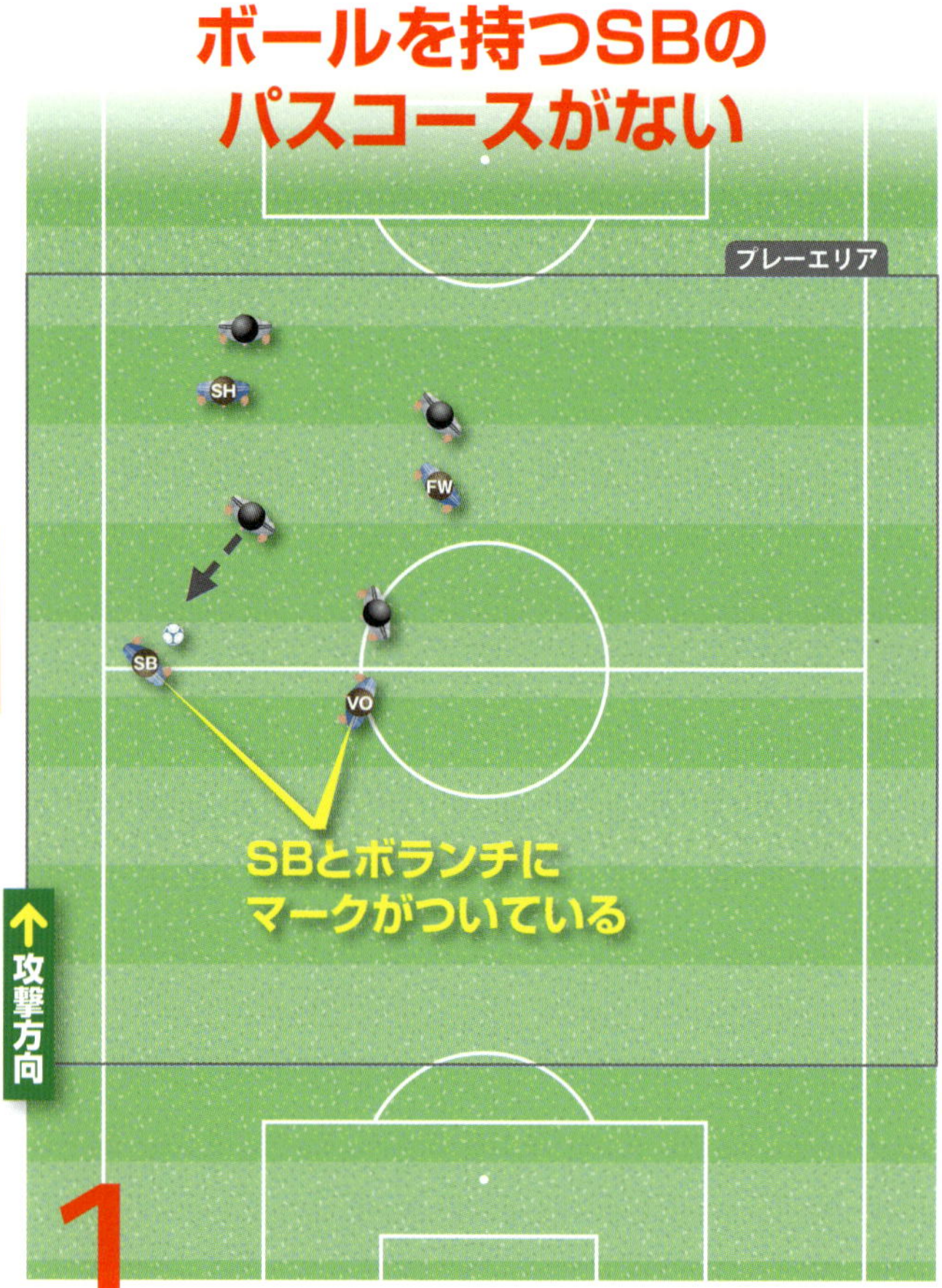
ボールを持つSBのパスコースがない
プレーエリア
SH
FW
SB
VO
SBとボランチにマークがついている
攻撃方向

1

サイドバックがボールを運ぼうとしている。タテのパスコースには相手が立っている。左のボランチにもピッタリとマークがついていて、サイドで2対2の数的同数になっている状況。

サイドバックがボールの出しどころがなくて困っているとき、同サイドにいるサイドハーフが下がってきてパスの受け手になる。サポートのオフ・ザ・ボールの動きだ。サイドハーフが下がって、サイドの局面で数的優位な状況を作ることによって、ボールを下げずに攻撃の組み立て直しができる。

サイドハーフはボールを持った選手のナナメ後ろにつく〝セーフティープレーヤー〟の位置まで下がってもいいし、パスがもらえるなら下がり切らずに横の位置で受けてもいい。ボールを持った選手の状況を見ながら、動きを微調整しよう。

指導Point

ボールホルダーからパスが出てこないときは、自分が受けられる位置を探して動き、味方を助ける習慣をつける

サポートで下がってきたSHへパス

SH
FW
ボランチはスペースを
空ける動きをする
VO
SB
Point!
ボールを持った選手がかなりプレスをかけられている状態なら、サイドハーフはセーフティープレーヤーの位置まで下がる
SH
SHが下がって
パスコースを作る
攻撃方向

2

高い位置にいたサイドハーフが自陣方向に下がってくる。サイドバック+サイドハーフ+ボランチで瞬間的にサイドで3対2の数的優位ができる。サイドハーフがボールを受けて組み立て直す。

SB
ココに
注目!

前方の選手はサイドバックがボールを出せるナナメ後ろ、もしくは横のラインまで下がってボールを受ける

GKにバックパスをしたときの動き

ワイドに開いて〝100%〟のパスコースを作る

ボールを持つCBがプレッシャーを受ける

プレーエリア
VO
SB
SB
CB
CB
GK
相手のプレスが厳しい
↑攻撃方向

1 センターバックが相手から執拗なプレッシャーをかけられる。目の前の相手をドリブルでかわすのはリスクが大きい。また、相手との距離が近いため、前方にボールを蹴り出すのも難しい状況。

中盤でプレッシャーをかけられて、どこにもパスコースがない……。そんなとき、有効な手段になるのがGKへのバックパスだ。GKまでプレスをかけてくるチームは少ないので、GKへのパスコースは100%に近い確率で通る。前方のフィールドプレーヤーへのパスが危ないと思ったら、GKまで迷わず下げて、攻撃をイチから組み立て直すことも選択肢として持っておきたい。

バックパスで大事なのはGKがボールを持ったときに、周りの選手がどれだけパスコースを作れるか。ゴールキックの場面と同じように、100%確実にパスを受けられるポジションをとるように。

指導Point

フィールドプレーヤーにGKへのバックパスは「最後の手段」ではなく、「攻撃を作り直すために必要な手段」だと教える

両サイドが開いて幅を作る

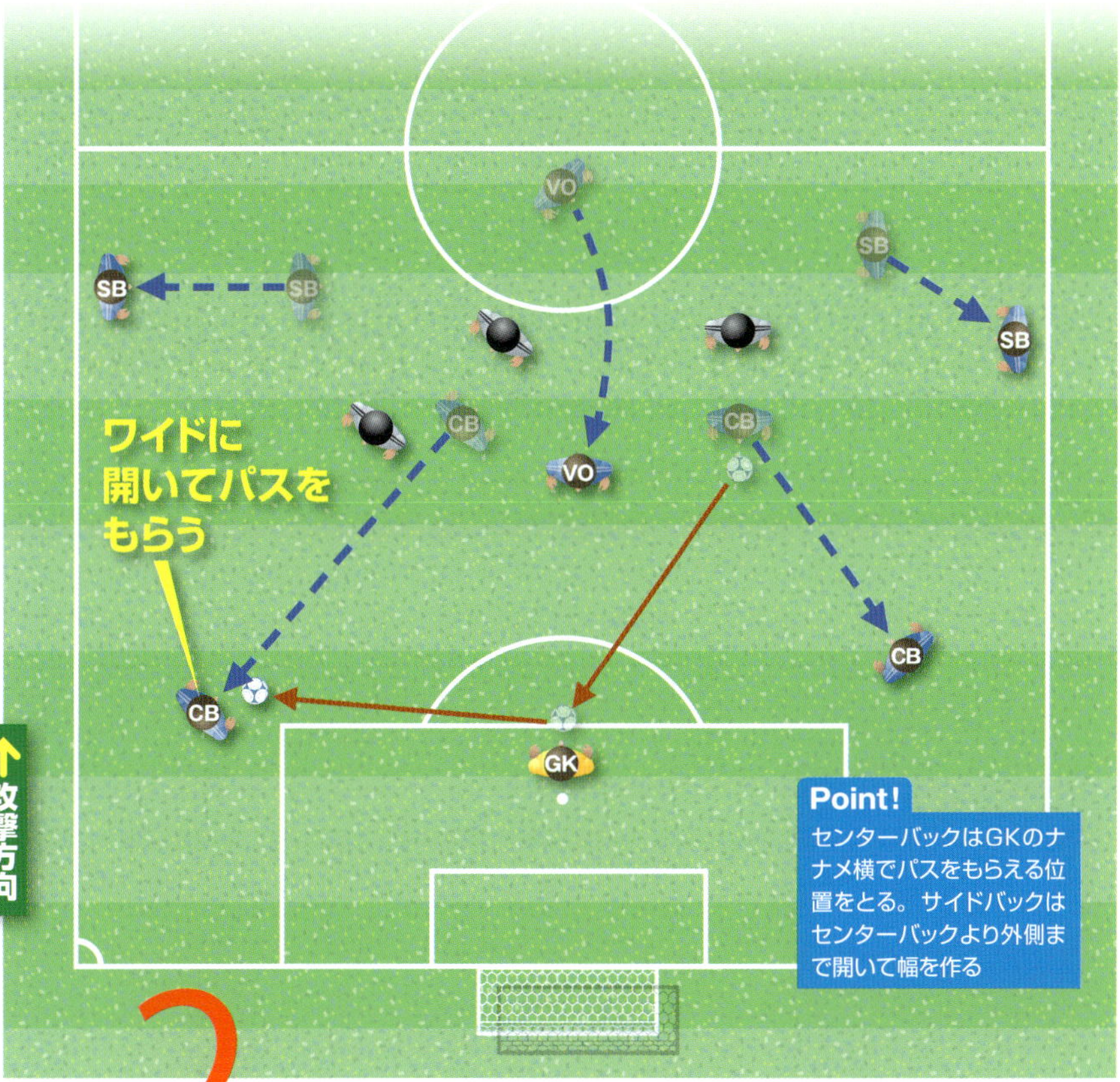

VO
SB
SB
SB
SB
CB
CB
VO
CB
CB
GK
ワイドに
開いてパスを
もらう
攻撃方向
Point!
センターバックはGKのナナメ横でパスをもらえる位置をとる。サイドバックはセンターバックより外側まで開いて幅を作る

2

センターバックがGKにバックパス。GKがコントロールする前にセンターバックが下がって、サイドバックがタッチライン際に開く。相手は追いかける距離が長くなるのでプレスをかけづらい。

GK
CB
ココに注目!

ゴールキックのときと同じように、センターバックはワイドに開いて、相手のマークを受けない位置に移動する

Column 03

サイドの選手は“スピード勝負”じゃない？

サイドアタッカー＝スピードがあって、ドリブルがうまい選手。そうしたイメージは強いだろう。もちろん、スピードやテクニックがあるのに越したことはない。とはいえ、それだけがサイドアタッカーの必要条件ではない。

中央の選手がボールを持っていて、サイドでボールを受けようとしている場面をイメージしてほしい。もしも、サイドの選手が足元でボールを受ければ、目の前にいるDFをドリブルで抜き去らなければいけない。これではスピードやドリブルが必要になる。

だが、自分のマークがボールに目線を向けた瞬間、相手の視野から消えて背後に飛び出して、スペースでボールを受ければ、ドリブルでかわしたときと同じ状態になる。

しかも、オフ・ザ・ボールの動きでかわしたほうが、ボールに触らない分、失敗が少ない。DFに仕掛ける時間も短縮されるので、ゴールに向かって行くスピードも上がる。守備のレベルが上がった現代サッカーでは相手の攻撃が整う前に仕掛けるのが鉄則なので、サイドアタッカーにとってオフ・ザ・ボールの重要性はどんどん高まっている。

サイドアタッカーを目指しているけど足が遅い、テクニックがないと悩んでいる選手はオフ・ザ・ボールの動きを磨くことがレギュラーになる近道かもしれない。

PART 4

サイドからの攻撃

この章ではサイドからの攻撃の組み立て方を紹介。
中央よりもサイドのほうがフリースペースが
生まれやすいので、サイド攻撃はとても効果的だ。

※PART4は攻撃方向が下向きになります。

サイド攻撃＝ワイドアタックの考え方

Wide attack

守備が手薄な サイドを 効果的に攻撃する!

サイド攻撃をスムーズにする要素

片側に相手を寄せて
逆サイドで勝負する

サイドの選手が
高いポジションをとる

サイドで数的優位を作って ボールホルダーを活かす

　ピッチの中央に比べてスペースがあり、ディフェンスの人数も少ないサイドから攻めるのは攻撃の有効な手段だ。サイドにボールを展開することで相手のディフェンスを広げて、中央から攻めやすくするという効果もある。

　ディフェンスにとってはサイドにボールがあると、カラダを外側（サイドライン側）に向けるため、中央にいる相手プレーヤーの動きを確認しづらい。そのため、サイドを崩してからのクロスは得点に結びつきやすい。

　サイド攻撃の代表的なプレーがサイドチェンジだ。この際に重要なのが、サイドチェンジを受ける選手のオフ・ザ・ボールの動き。ボールが逆サイドにある間に、視野から消えながら高い位置をとることで、サイドチェンジの効果を高めることができる。

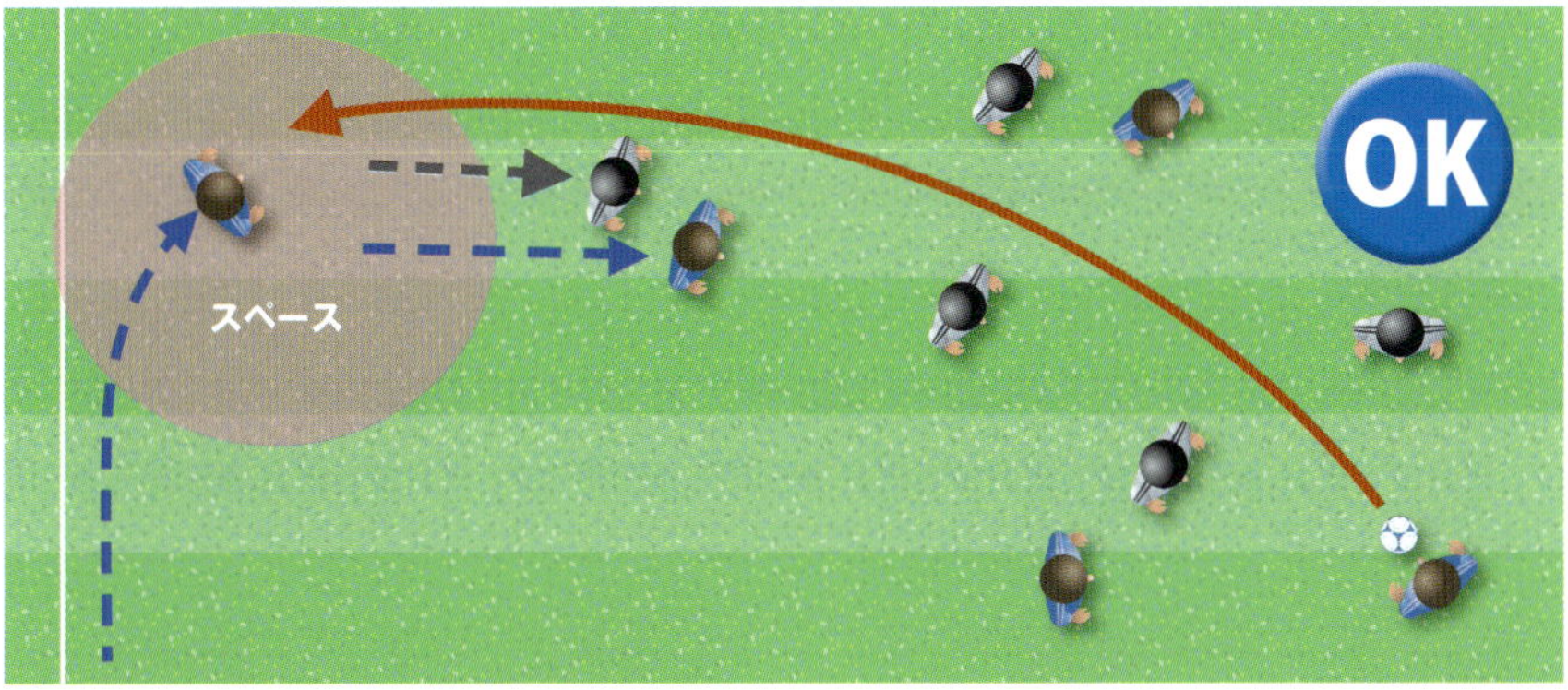

サイドにある広いスペースから攻める

相手の守備陣をサイドに引きつける。その間に、逆サイドの選手が高い位置まで上がる。サイドに広いスペースができたタイミングでサイドチェンジ。相手の守備が遅れて寄せてきたところを突く。

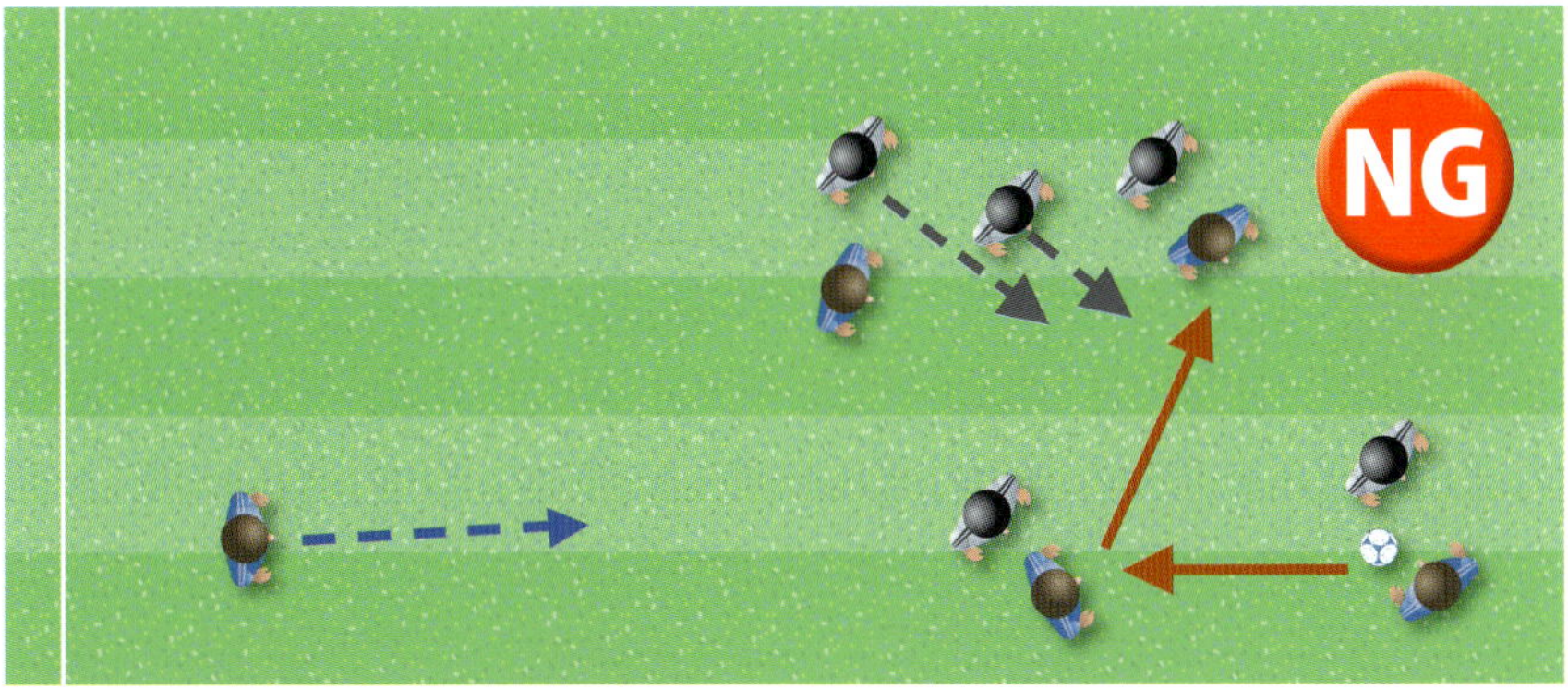

同サイドの狭いスペースから攻める

同じサイドでボールを回していると、守備側も集まってくるので、相手との距離が近い状態でプレーする。狭いスペースでボールをつなぐのは技術的なハードルが高く、効率的に攻められない。

サイド攻撃＝ワイドアタックの考え方

Wide attack

サイド攻撃の代名詞 サイドバックのオーバーラップ！

サイド攻撃をスムーズにする要素

タイミング良く
オーバーラップする

サイドで数的優位な
シーンを作る

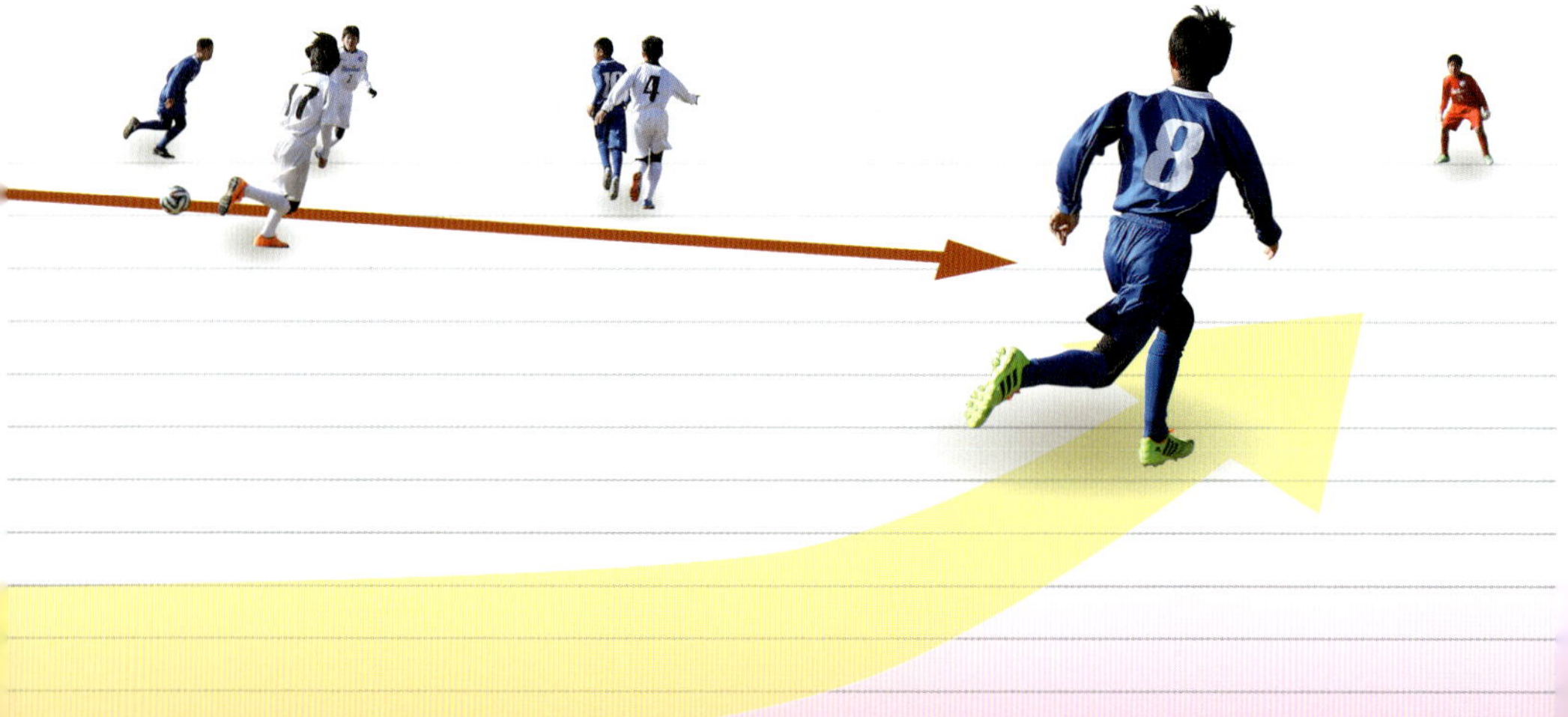

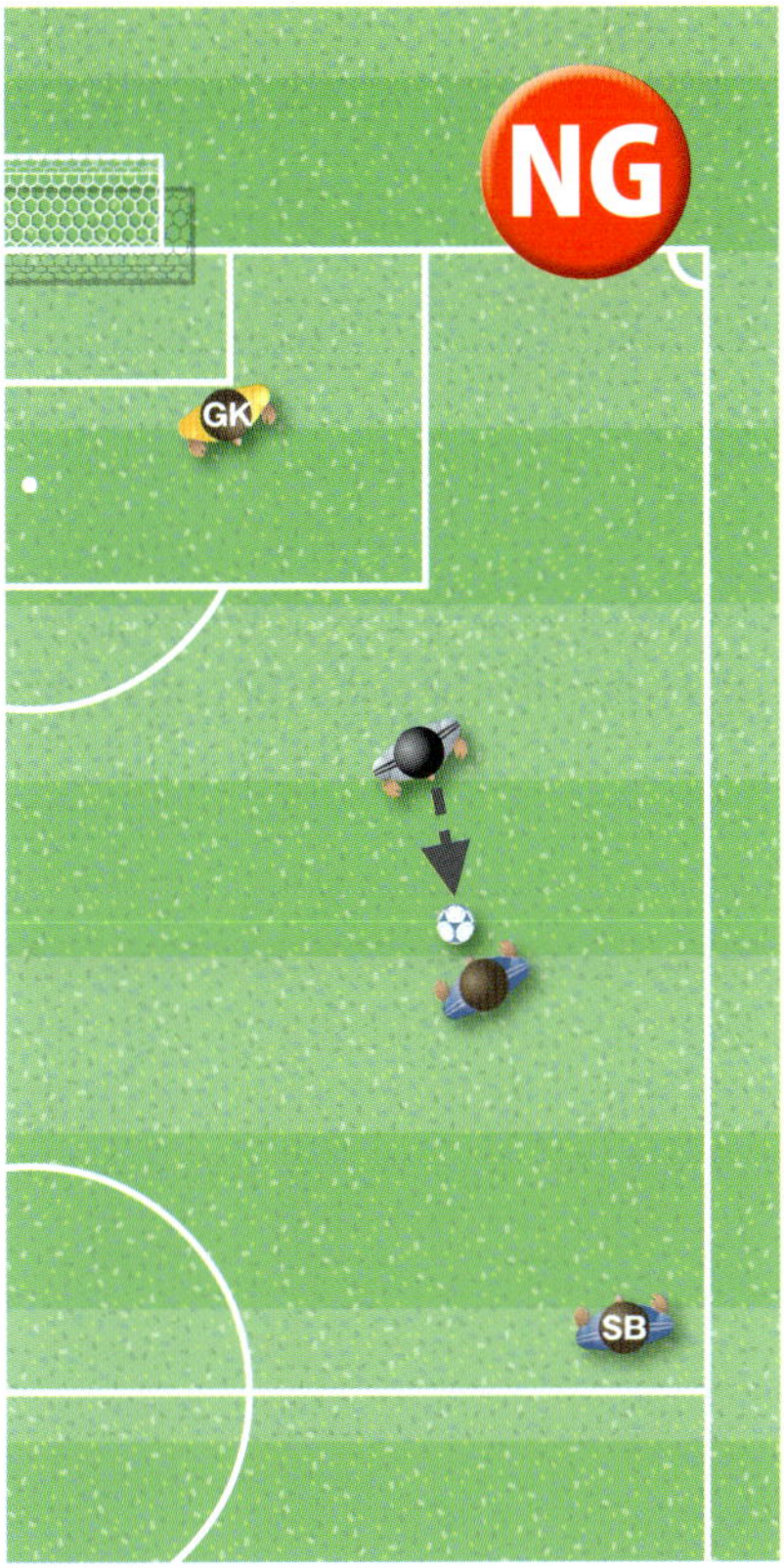

数的優位を作らずにサイドを仕掛ける

サイドでボールを持った選手に対して、周りの選手がオフ・ザ・ボールのアクションを起こさず完全な1対1になっている。守備側としてはボールを持った選手へのディフェンスに集中しやすい。

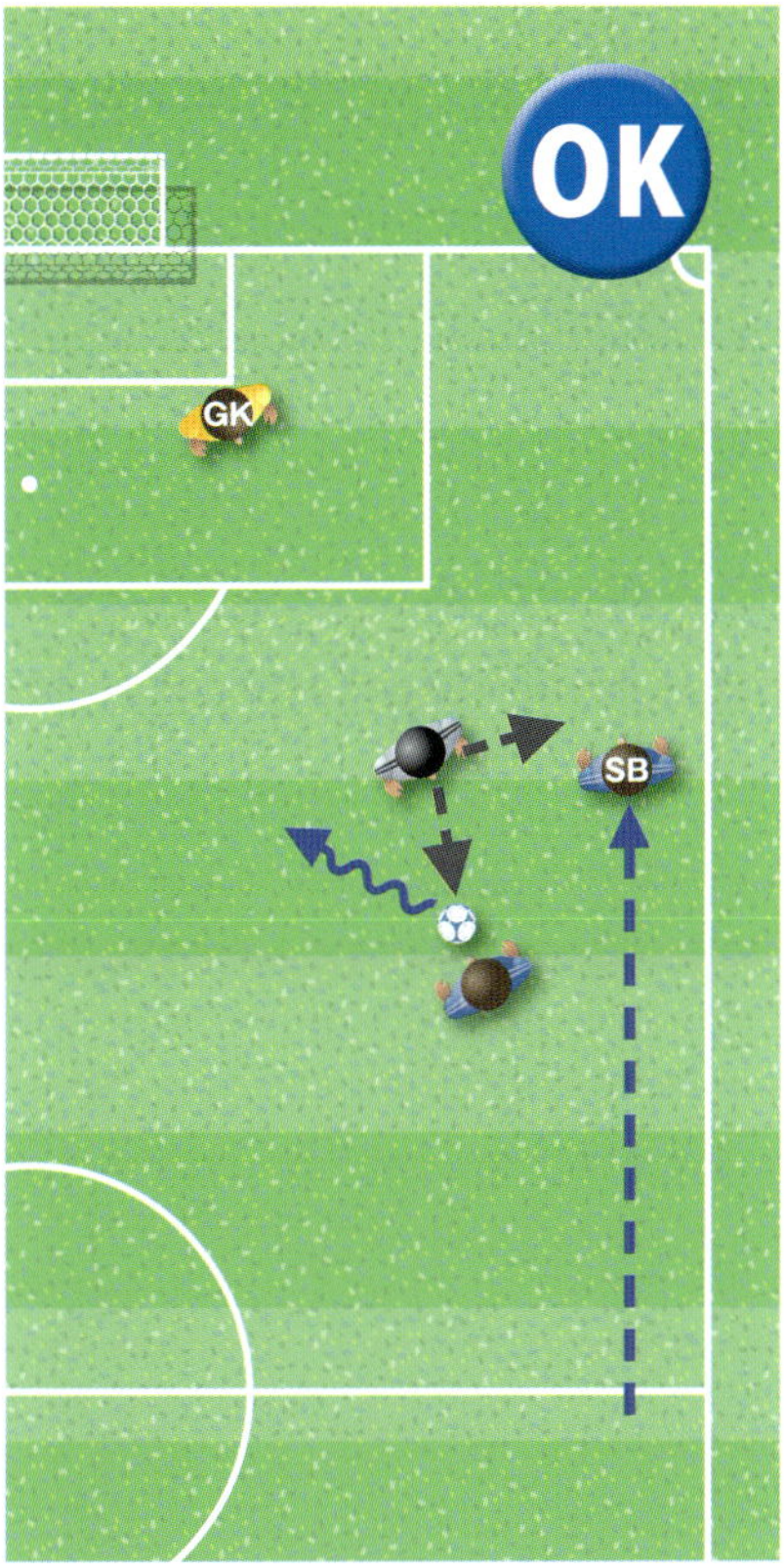

数的優位を作ってサイドを仕掛ける

サイドでボールを持った選手をサイドバックがオーバーラップで追い越し、守備側に数的優位な状況を作る。相手のディフェンスを迷わせることによって、ドリブルでの仕掛けがしやすくなる。

効果的なオーバーラップは局面を数的優位にする

サイド攻撃で最も多く見られるのが、サイドバックがボールを持った選手を追い越していく、いわゆるオーバーラップだ。

オーバーラップのメリットは守備側に〝選択〟を迫ること。ボールを持っている選手についていくのか、それとも、サイドバックについていくのか、相手が迷ったところを突いていく。

オーバーラップで大事なのは、動き出して上がるタイミングだ。ボールを持った選手が前を向いて仕掛け始めたところで、スッと追い越すと相手にとって守りづらい。そのため、サイドバックはどのタイミングで上がるのかを常にうかがっておかなければならない。

オーバーラップに限らず、サイド攻撃では局面における数的優位をいかに作り出すかが大事になる。

SBがサイドチェンジを受ける動き

サイドチェンジを予測してできるだけ高い位置をとる

タテパスで相手を食いつかせる

SBは低い位置にいる
プレーエリア
SB
VO
VO
FW
FW
GK
スペース
攻撃方向

1

右サイドにスペースがある。だが、この時点でサイドに出しても効果は薄い。あえてムダに思えるタテパスの出し入れを行うことで、相手の注意を引きつけ、真ん中に意識を寄せておくことがポイント。

サイドチェンジはボールを受ける前にどれぐらい高いポジションをとれているかがカギだ。サイドチェンジが出てから動き出しているようでは、ボールをもらう位置が低くなる。これでは攻撃するサイドを変えただけで、相手に怖さを与えるものにはならない。

テレビ画面では見えていないことも多いが、優れたサイドバックは逆サイドでゲームを作っているとき、スルスルと上がっている。そして、サイドチェンジが出た瞬間にスピードを上げて、高い位置でボールを受けて決定的なシーンを作っている。試合を見るときに注目してみよう。

指導Point

ボールを受けてから何かをするのではなく、ボールが来る前に準備しておく。事前準備をしないと現代サッカーでは通用しない

サイドチェンジを スピードに乗って受ける

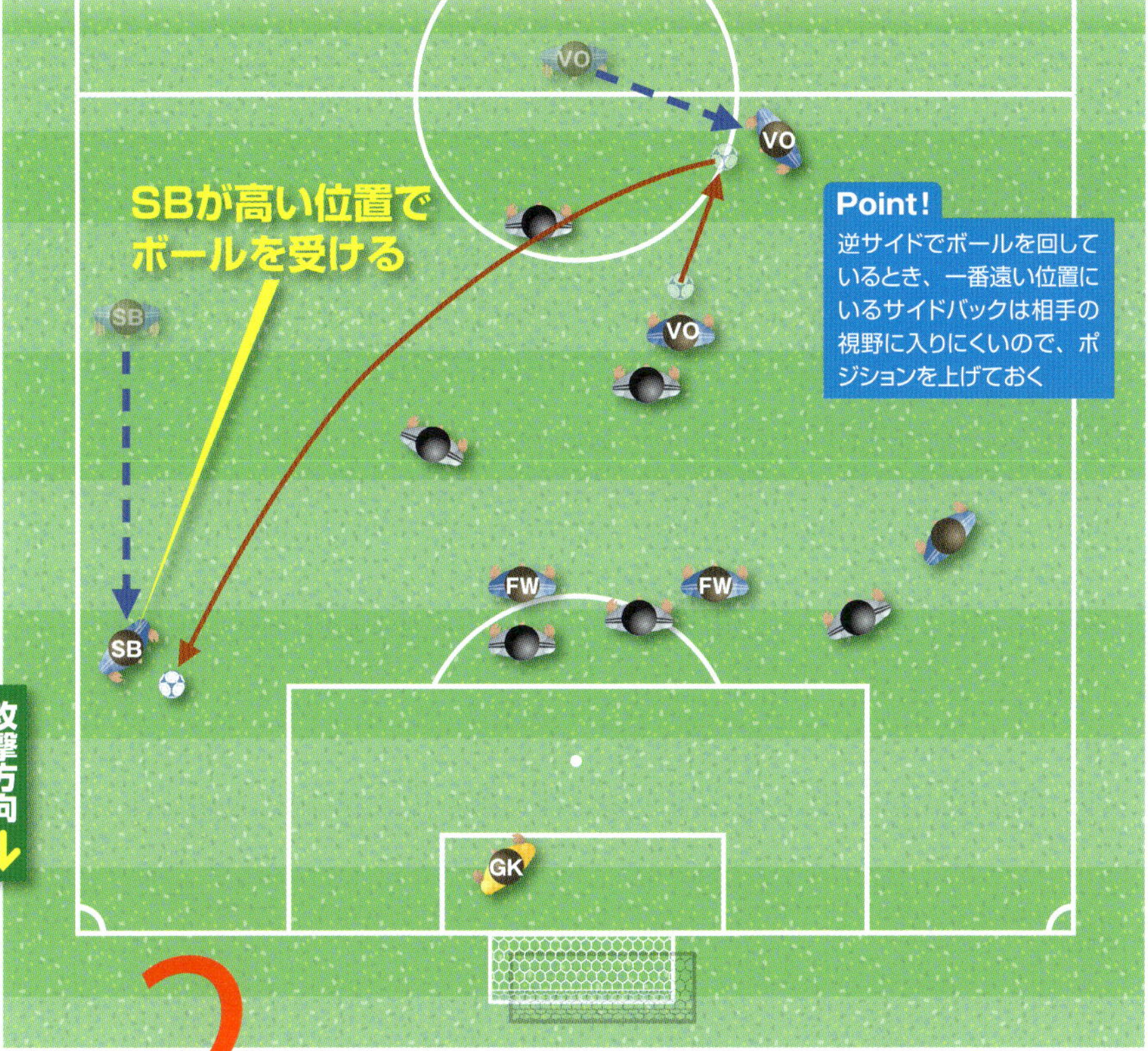
VO
VO
SBが高い位置で
ボールを受ける
Point!
逆サイドでボールを回しているとき、一番遠い位置にいるサイドバックは相手の視野に入りにくいので、ポジションを上げておく
SB
VO
FW
FW
SB
攻撃方向
GK

2

逆サイドでパスを回している間に、サイドバックはジョギング程度で走りながら高い位置をとっておく。そして、サイドチェンジが出てきたら、スペースにダッシュしながらボールをコントロールする。

ココに
注目!
SB

逆サイドのサイドバックはパスが来る前に高い位置をとっておくことで、サイドチェンジの効果を上げる

SBのオーバーラップ①

FWはサイドに流れず SBのためのスペースを空ける

SBが高い位置をとる

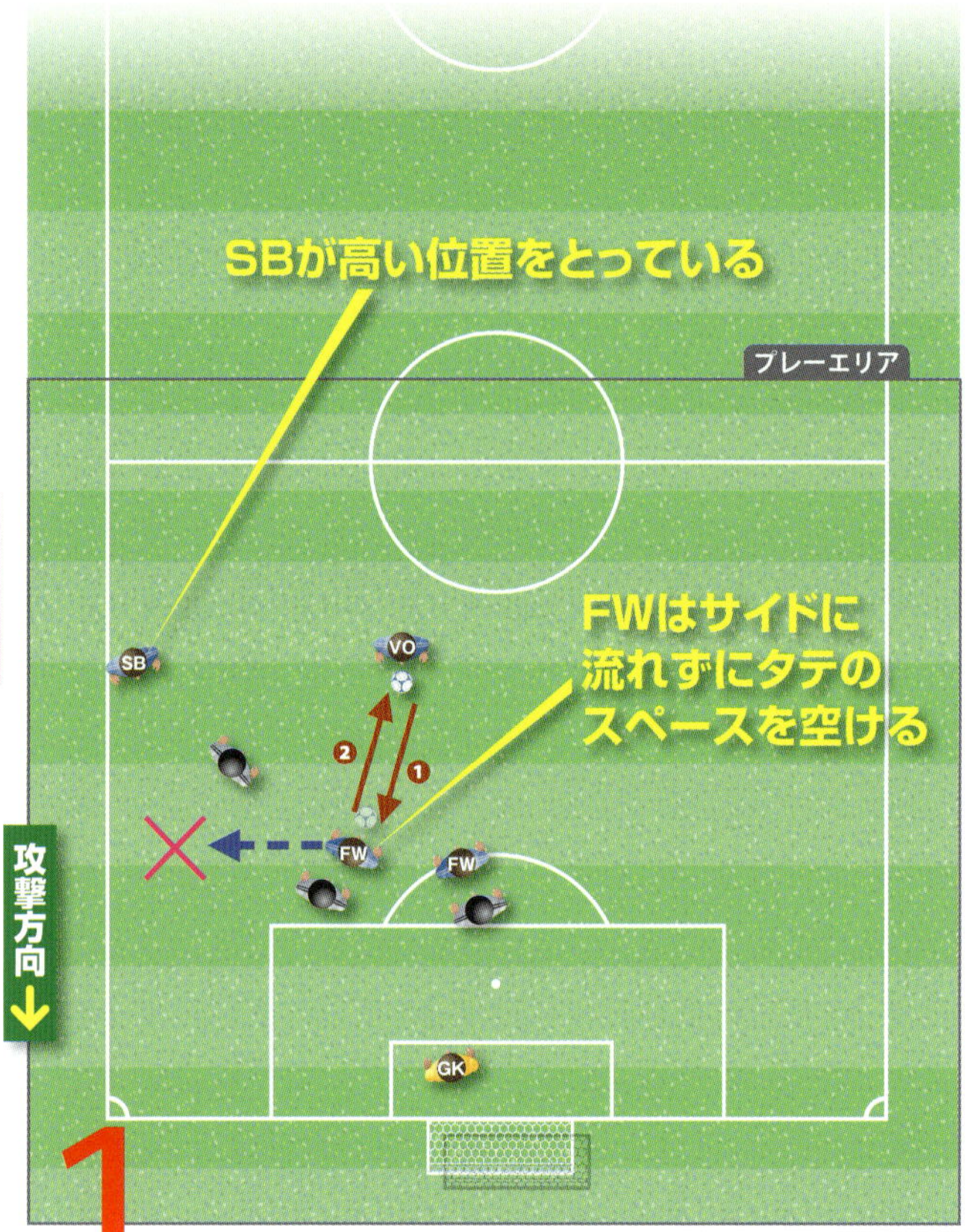

1 相手陣内の深い位置まで押し込んでいる。右サイドバックは高い位置をとっている。このとき、右のFWはサイドに流れず、中央付近でポストプレーをして、相手の注意をできるだけ引きつけておく。

相手を押し込んだ状態でのサイドバックのオーバーラップで重要になるのが、周りの選手がサイドバックが上がるためのスペースを空けてあげること。2トップの場合、FWがサイドに流れてボールをもらうことが多いが、サイドバックのオーバーラップを活かすために、FWは中央で相手を引きつける役割を担う。

また、サイドバックはパスが出てから走り出すのではなく、次のプレーを予測し、パスが出るよりも先に動き出して、なるべく高い位置でボールを受けることが大事になる。ただし、オフサイドにかからないようにDFラインを見ながら上がろう

指導Point

ディフェンスの選手であっても、相手陣内の高い位置では、常にゴールを意識したプレーをするよう心がけさせる

SBはサイドの裏を突く

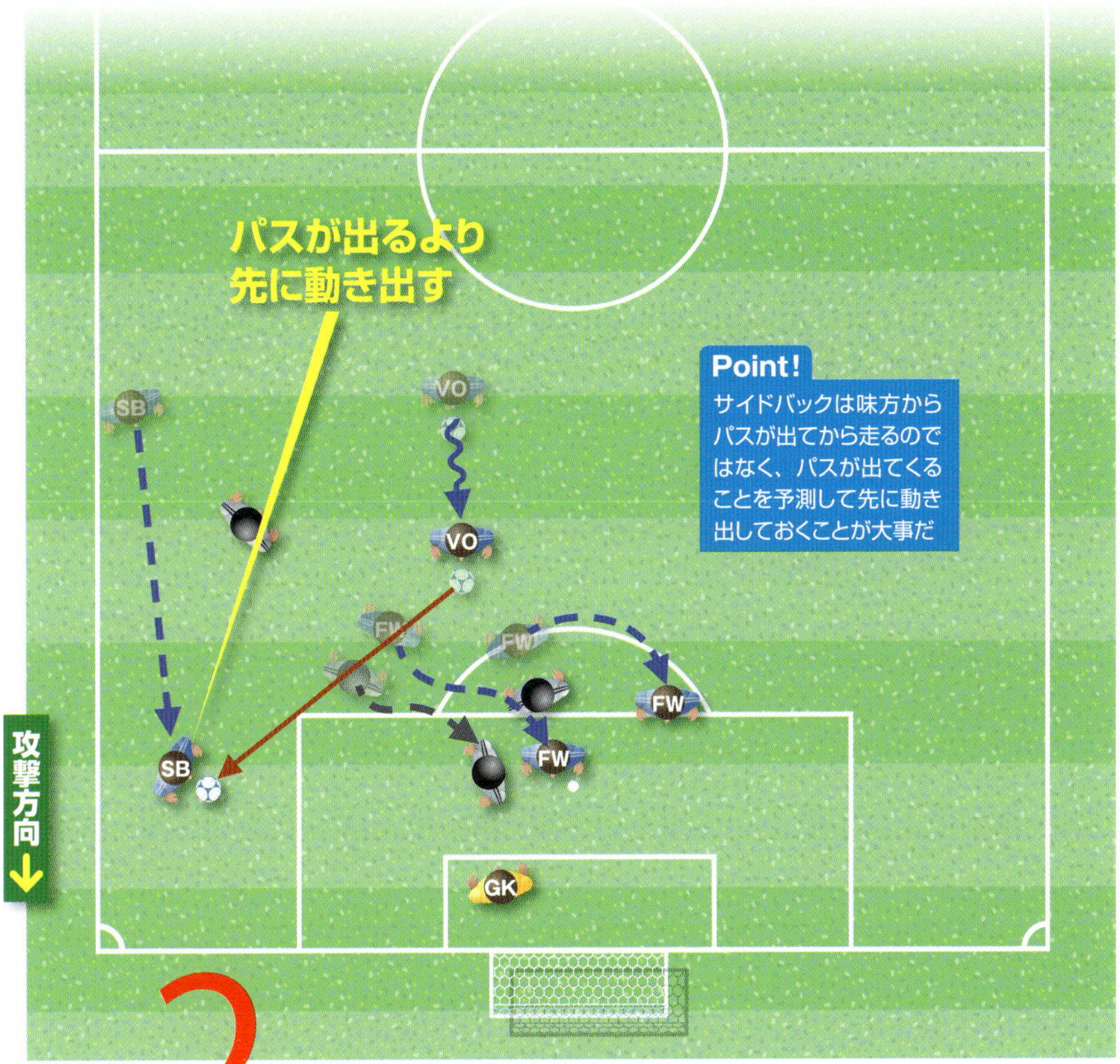
パスが出るより
先に動き出す
Point!
サイドバックは味方から
パスが出てから走るので
はなく、パスが出てくる
ことを予測して先に動き
出しておくことが大事だ
SB
VO
VO
FW
FW
FW
FW
SB
GK
攻撃方向

2

中盤の選手がＦＷからのリターンパスをもらうと同時に右サイドバックが走り出す。スペースに出たボールをサイドバックが中へ折り返す。ＦＷは動き直してペナルティエリア内で合わせる。

ココに
注目!
FW
SB

ＦＷがサイドのスペースに流れると、サイドバックの上がるスペースがなくなるのでゴール前に留まること

SBのオーバーラップ②

FWのポストプレーに連動し 3人目の動きで裏をとる

FWがサイドに流れ ボールを受ける

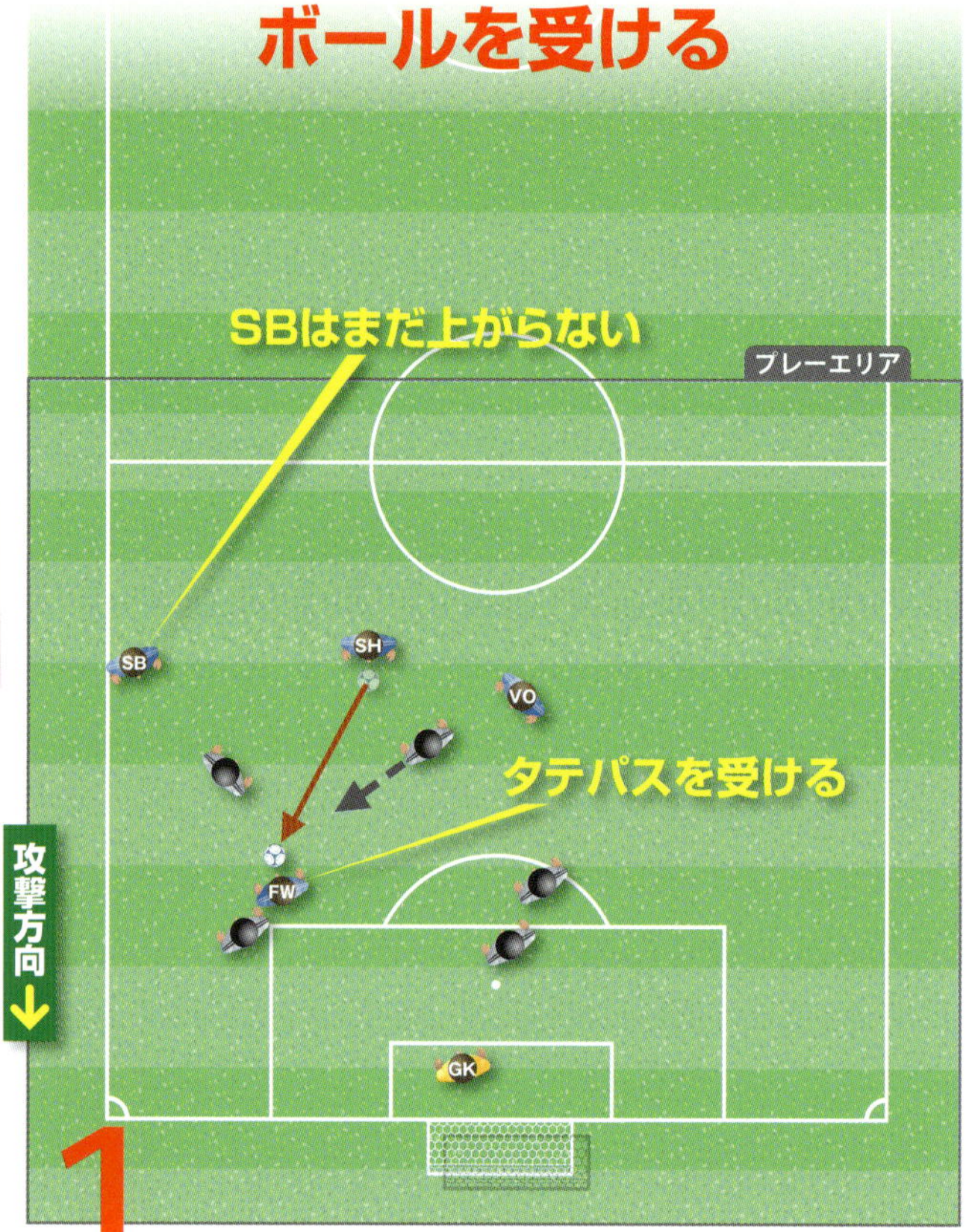
SBはまだ上がらない
プレーエリア
SB
SH
VO
タテパスを受ける
FW
GK
攻撃方向

1
2トップの1人がサイドのスペースに流れながら、タテパスを受ける。ディフェンスはFWのところにプレッシャーをかけてくる。このタイミングでは、サイドバックは後ろで上がらずに待機している。

前のページで紹介したオーバーラップの発展型だ。

まずFWがタテパスを受けて攻撃の起点を作るところからスタートする。このとき、サイドバックはポジションが〝重複〟しないように攻め上がらず、後方で待機しておくこと。FWがポストプレーをしてから中に入っていき、サイドのスペースがポッカリと空いたところに飛び込んでいく。

こうしたプレーはパターン化しやすい。だが、大事なのは自分の感覚でスペースができる瞬間を見極め、ベストなタイミングでスペースを活用すること。パターン化してしまうと、ダメだったときの選択肢がなくなってしまう。

指導 Point

最初はオーバーラップのためのスペースがなくても、空いたタイミングを狙えるように気を抜かないよう意識する

SBの攻め上がりを引き出す

SBが3人目の動きで裏をとる
Point!
FWが流れたときは、サイドバックは後方で“待機”する。ある程度走り込む距離があったほうが、並走するDFを振り切りやすい
SH
SB
VO
FW
FW
SB
FW
FW
GK
攻撃方向

2

FWは、ボランチにリターンを出すと同時にゴール前へ。この動きに相手が引きつけられ、右サイドにスペースが空く。ボランチからのパスを受けたサイドバックが中にクロスを入れる。

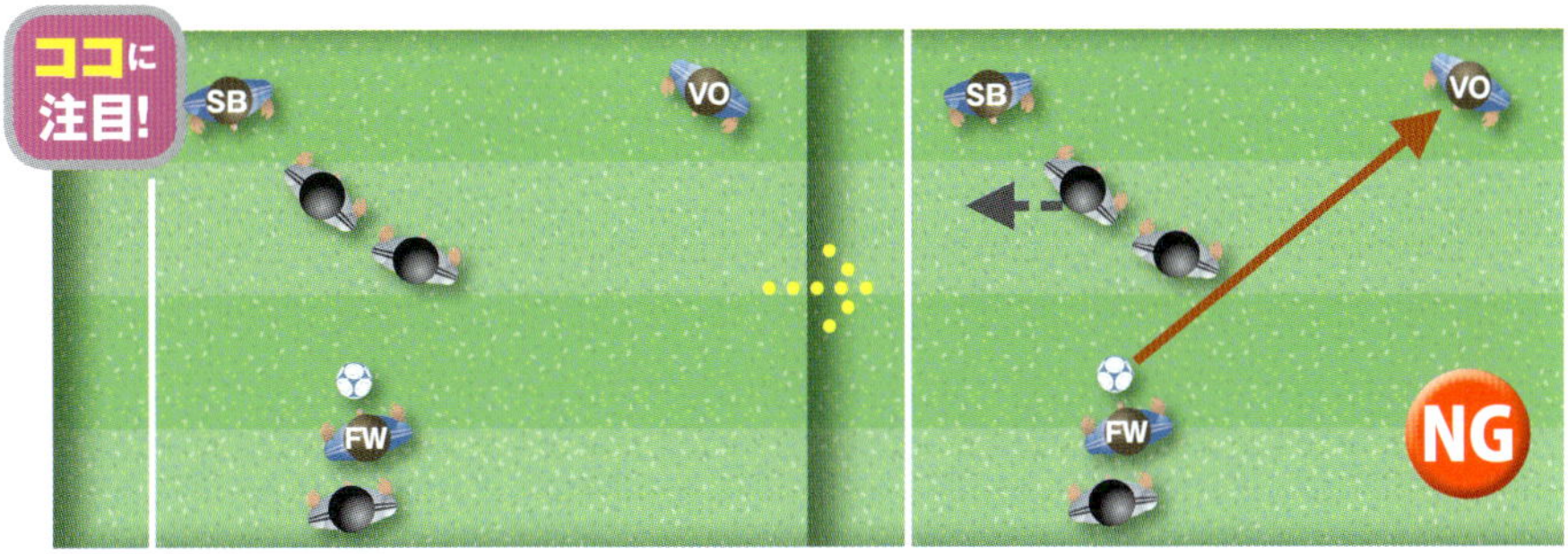
ココに注目!
SB
VO
FW
SB
VO
FW
NG

FWにパスが入った後の、サイドバックの動き出しのタイミングが遅いと、対面のマークを振り切れない

SBのインナーラップ①

SHが高い位置で受けたら SBは中のコースへ動く

SHがサイドの高い位置にいる

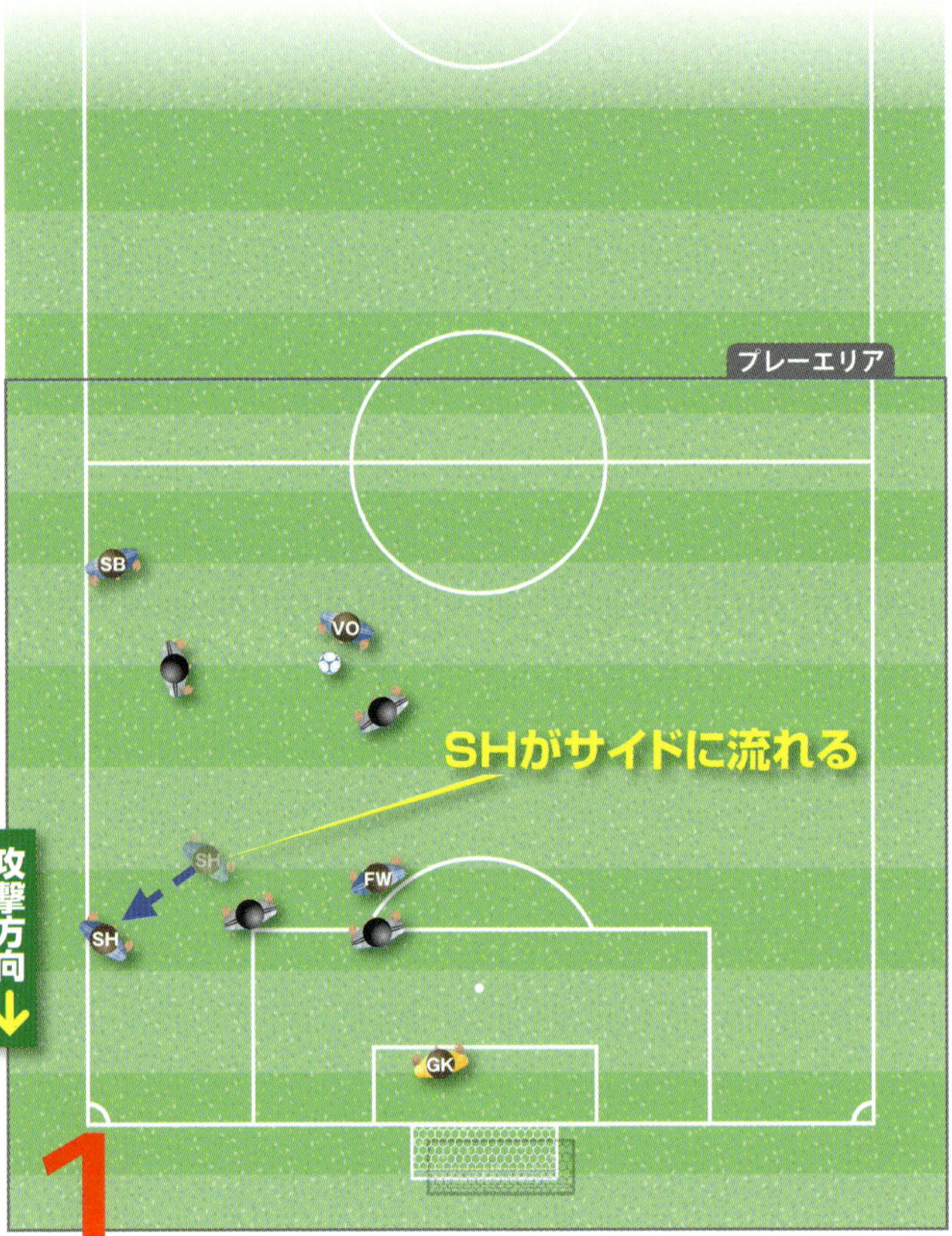

1
相手陣内でボランチがボールを持っている。ボランチの前方にはサイドに開いた右サイドハーフとＤＦを背負ったＦＷが位置する。右サイドハーフがバックステップをしながらタッチライン際に流れる。

サイドバックの攻め上がりは「外側を回る（オーバーラップ）」というイメージが強いが、サイドハーフが高い位置でワイドに広がってボールを受けたときは「内側に入る（インナーラップ）」も効果的だ。

　インナーラップのポイントはボールを持ったサイドの選手が孤立しないように選択肢を作ること。良いタイミングでパスを受ければ、自らシュートに持ち込むこともできる。ただし、インナーラップはオーバーラップに比べて、パスが出てこなかったり、サイドハーフがボールを失ったりした場合のリスクが大きい。冷静な状況判断が必要になる。

指導Point

サイドバックの攻め上がり＝外側を回ることではない。そのときの状況でどう動くと良いかを判断するように

SBがSHの内側から走り込む

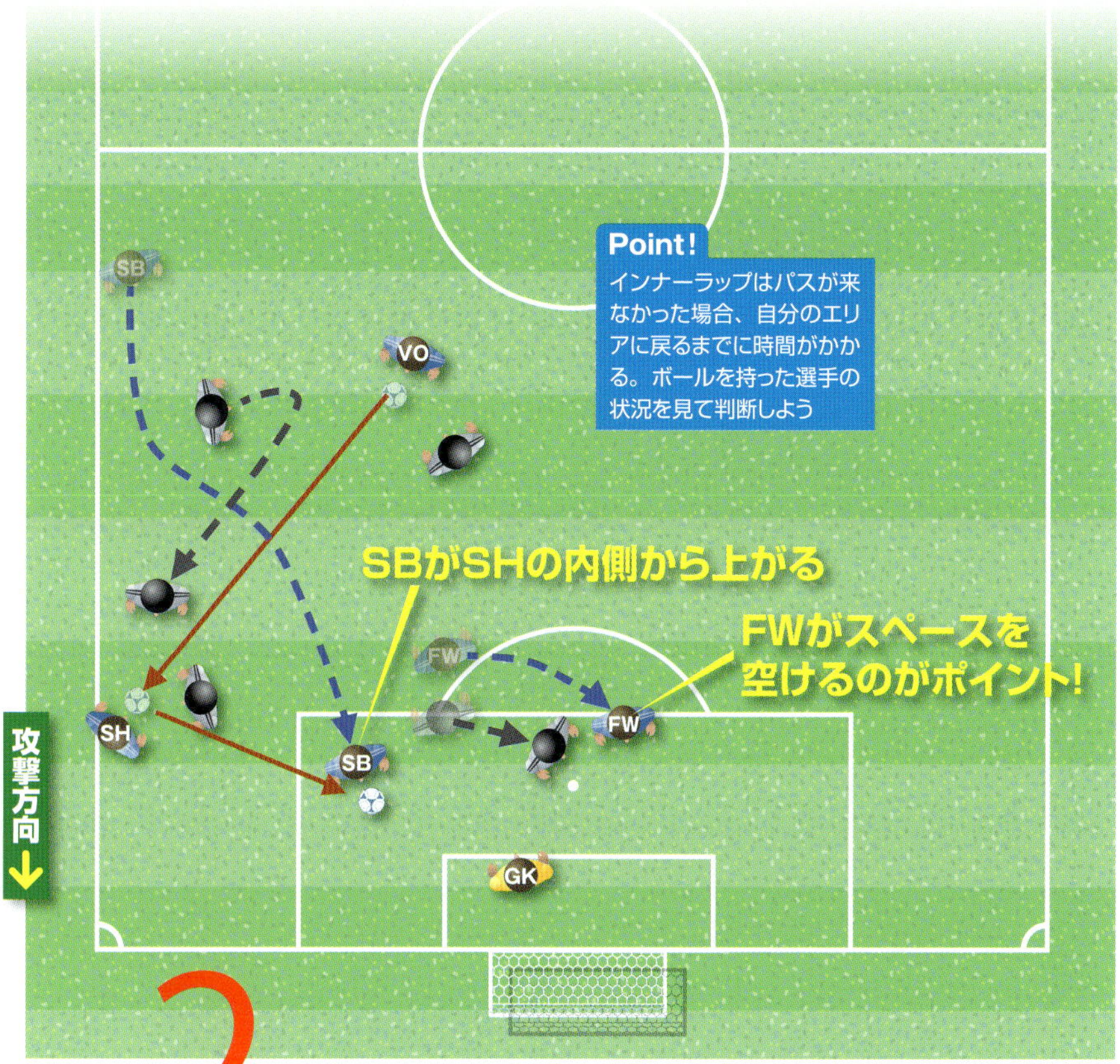
Point!
インナーラップはパスが来なかった場合、自分のエリアに戻るまでに時間がかかる。ボールを持った選手の状況を見て判断しよう
SBがSHの内側から上がる
FWがスペースを空けるのがポイント!
SB
VO
SH
FW
GK
攻撃方向

2

タッチライン際に開いた右サイドハーフへボランチからパスが通る。右サイドバックはボールを持った選手の内側から走り込み、ペナルティーエリアの右角でパスを受けて、シュートもしくはクロス。

SH
SB
ココに注目!

高い位置でサイドハーフがボールを受けたところへ相手が引きつけられる。サイドバックは内側のコースから上がっていく

SBのインナーラップ②

FWとのコンビネーションから SBがフィニッシャーになる

SHがサイドに流れる

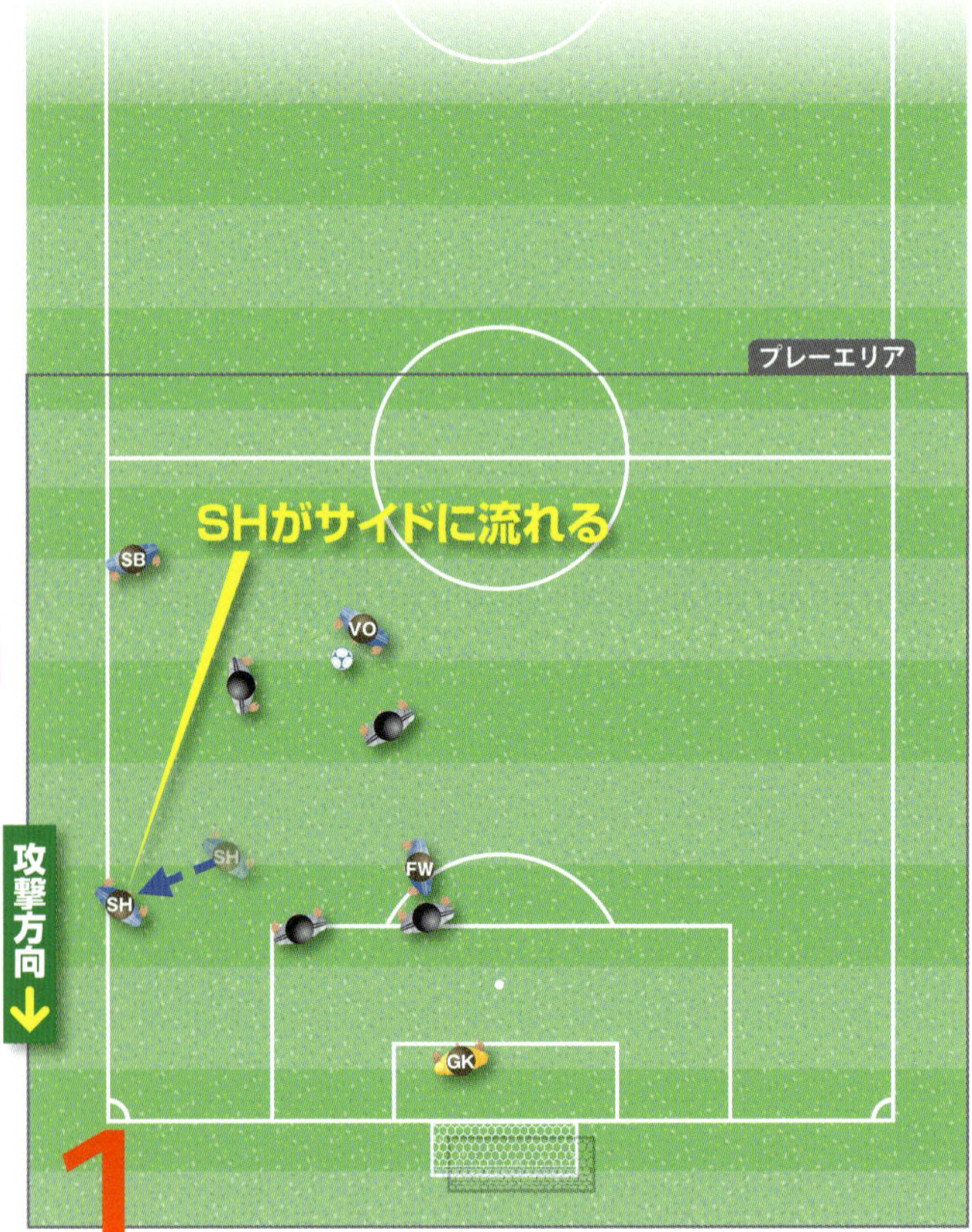

1 ボランチがボールを持っている。前方にはフォワードとサイドハーフの2人。右サイドハーフがバックステップでタッチライン際に流れる。サイドバックはボランチが横パスを出せるポジションを取る。

サイドハーフとフォワードのワンツーに〝3人目〟としてサイドバックが絡んだコンビネーション。相手のセンターバックとサイドバックはそれぞれ自分のマークについているので、後方から上がってくるサイドバックをつかまえきれない。ピッタリとタイミングが合えば、フリーでGKとの1対1のシーンを作り出すことができる。

だが、サイドバックが追い越すタイミングが速すぎればオフサイドになるし、逆に遅すぎると相手にマークされてしまう。ボールを持った選手の状態や、相手のマークの付き方などを見る〝戦術眼〟が求められる。

指導Point

攻撃のコンビネーションにサイドバックが絡むことで、サイドからフィニッシュまでのバリエーションが増える

FWの落としをSBが受ける

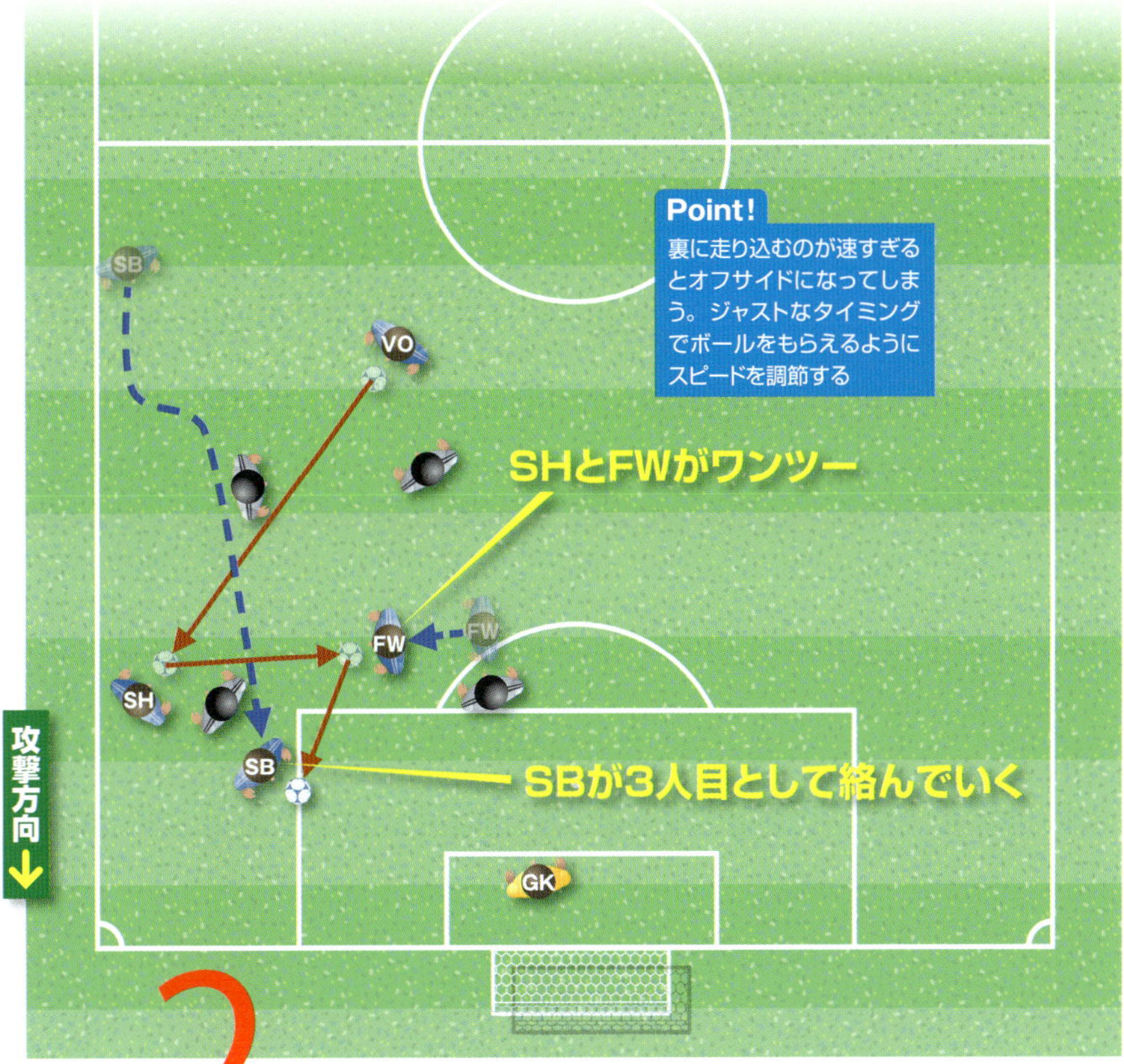
Point!
裏に走り込むのが速すぎるとオフサイドになってしまう。ジャストなタイミングでボールをもらえるようにスピードを調節する
SB
VO
SHとFWがワンツー
FW
FW
SH
SB
SBが3人目として絡んでいく
GK
攻撃方向

2

右サイドハーフが開いて受けたことで、相手のサイドバックが引きつけられ、センターバックとの間が広がる。DFの間に走り込んだ右サイドバックが、フォワードからの落としを受けてフィニッシュへ。

SH
SB
SH
SB
ココに注目!

通常通り、外から上がると見せかけて、相手のマークを引きつけておいてから、ダッシュで中に上がっていく

FWとSHのコンビネーション①

サイドで起点を作って FWの飛び出しをうながす

2トップが交差するように動く

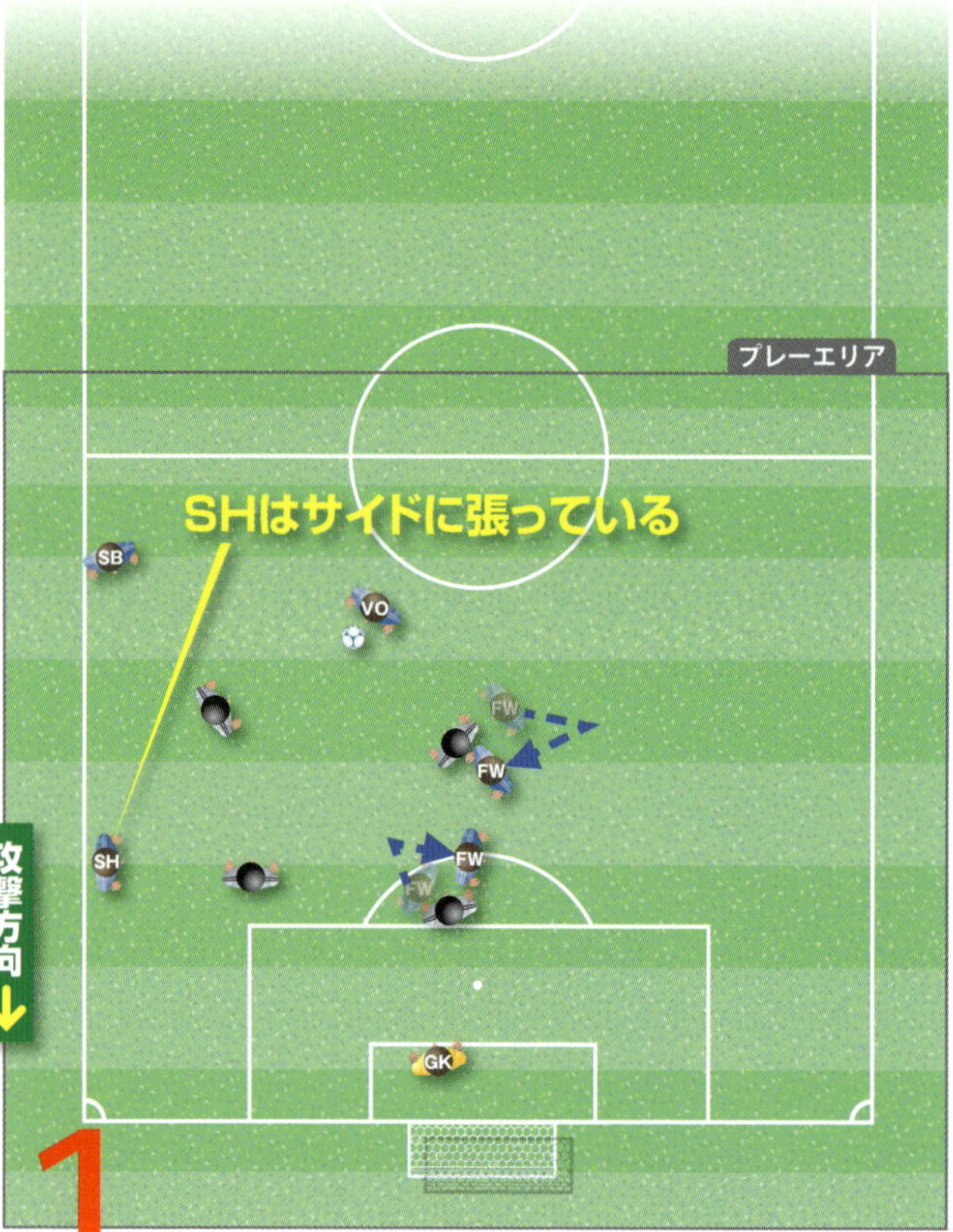
プレーエリア
SHはサイドに張っている
SB
VO
FW
FW
FW
FW
SH
GK
攻撃方向

1
サイドハーフはタッチライン際に構える。マークする相手のサイドバックが引きつけられるため、センターバックとの間が広がる。2トップはフェイントを入れてからスピードを上げて走り出す。

サイドハーフが高い位置でワイドに広がって起点を作って、フォワードがDFラインの裏にできるスペースに飛び込んでいく。このようにサイドの深い位置でボールを受けられると、ゴール前のDFはボールとマークを同一視野に入れづらい。そのため、ゴール前の選手がフリーになりやすく決定的なチャンスができる。

ポイントはボールを受ける前にツートップが交差して動いていること。単純に裏に走るだけではDFについてこられてしまうが、ポジションを入れ替えることで相手はマークの受け渡しを行うか、そのままマークすべきか迷う。その一瞬の隙を突こう。

指導Point

フォワードが動き出し、サイドの裏のスペースをとることによって、攻撃のバリエーションに広がりが生まれる

SHのパスをFWは深い位置で受ける

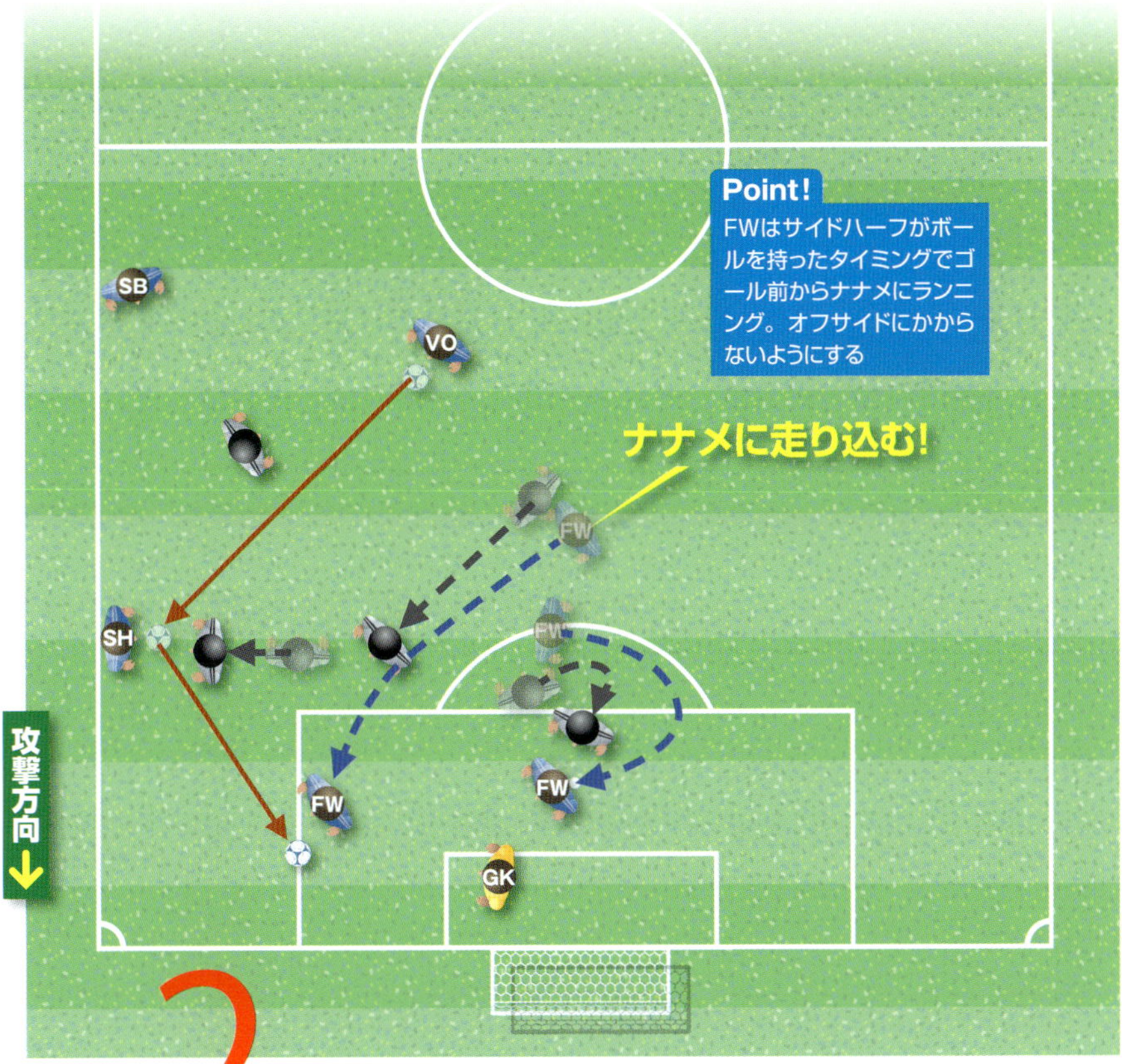
Point!
FWはサイドハーフがボールを持ったタイミングでゴール前からナナメにランニング。オフサイドにかからないようにする
ナナメに走り込む!
SB
VO
SH
FW
FW
FW
FW
GK
攻撃方向

2

ボランチからサイドハーフにパスが出る。相手がボールに寄ってくることで空いたセンターバックとサイドバックの間にＦＷが走り込む。サイドハーフのスペースへのパスを受けて、ゴール前に折り返す。

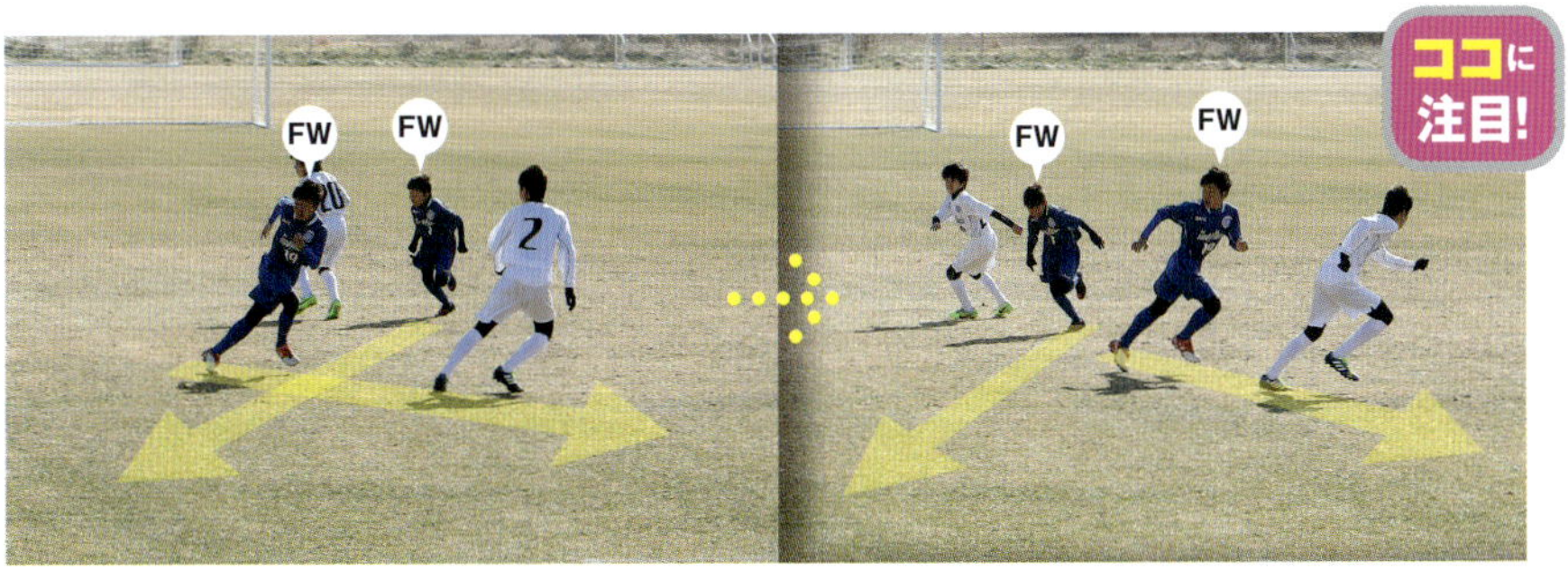
FW
FW
FW
FW
ココに注目!

ツートップは“交差”するように動く。お互いの動き出すタイミングを合わせることが大事だ

FWとSHのコンビネーション②
SHの〝カットインレシーブ〟から FWがDFラインの背後を突く

SHがサイドから中へ

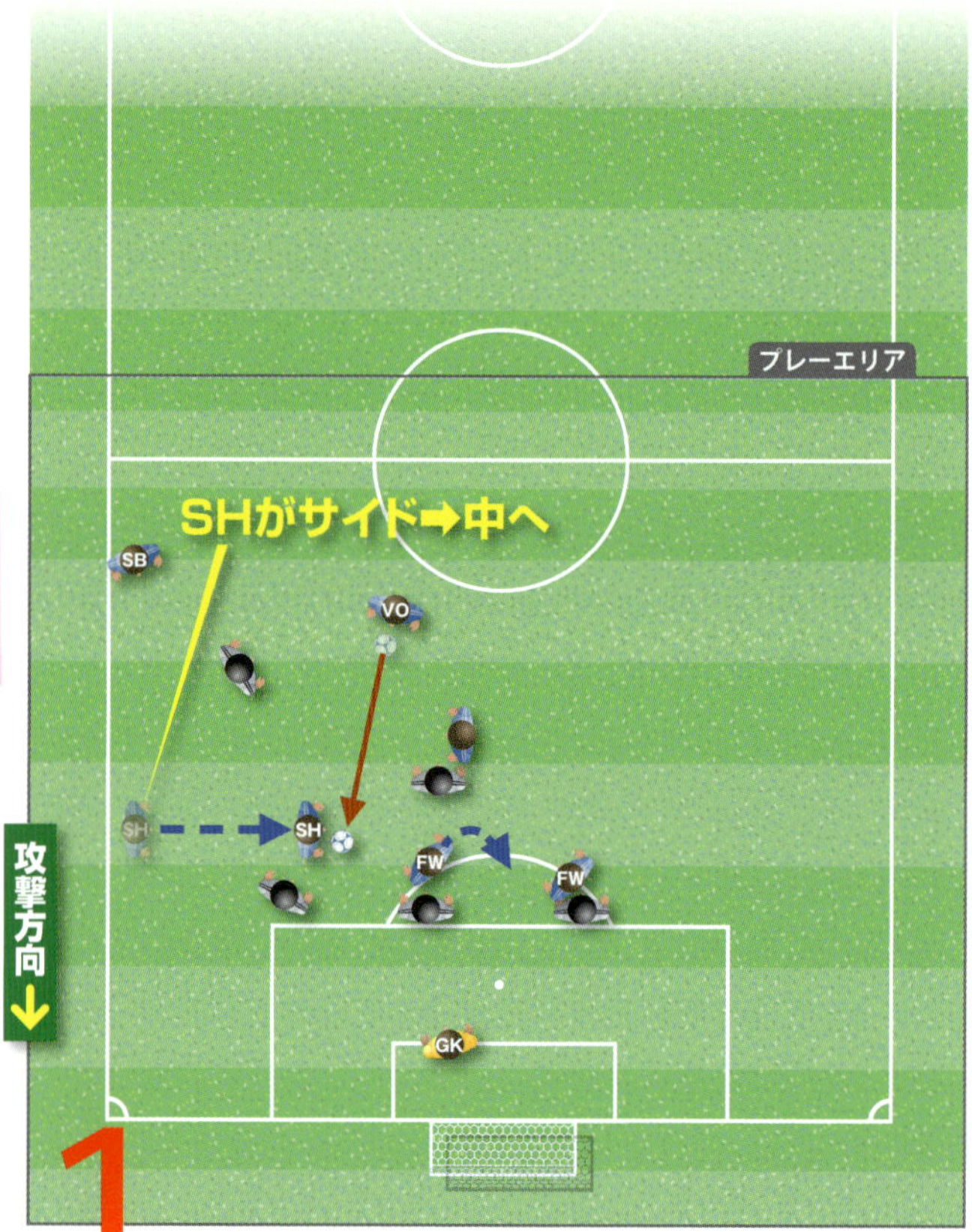

1

ボランチがボールを持っている。右サイドハーフはサイドの開いた位置から中へ入ってくる。ボールを受ける位置は相手のDFラインとボランチの間にあるギャップと呼ばれるスペース。

サイドハーフが中に入ってボールを受ける。DFラインとボランチの間にできるギャップはドリブルやスルーパス、ミドルシュートなど選択肢が多いので、守備側にとって最も危険なゾーン。そのため、相手ディフェンダーは〝ボールウォッチャー〟になりやすい。

サイドハーフが最初からギャップで待っていると相手に警戒される。外でもらうと見せかけて、ボールが出てくるタイミングに合わせて中に入ってくる。FWへのスルーパス以外にも、ドリブルでのスペースの侵入、ファーサイドのFWへのパスなどからベストなプレーを選ぼう。

指導Point

ギャップで前を向いてボールを持ったときは大きなチャンスだ。複数のプレーヤーが連動して動くように心がける

FWはマークの視野から消える

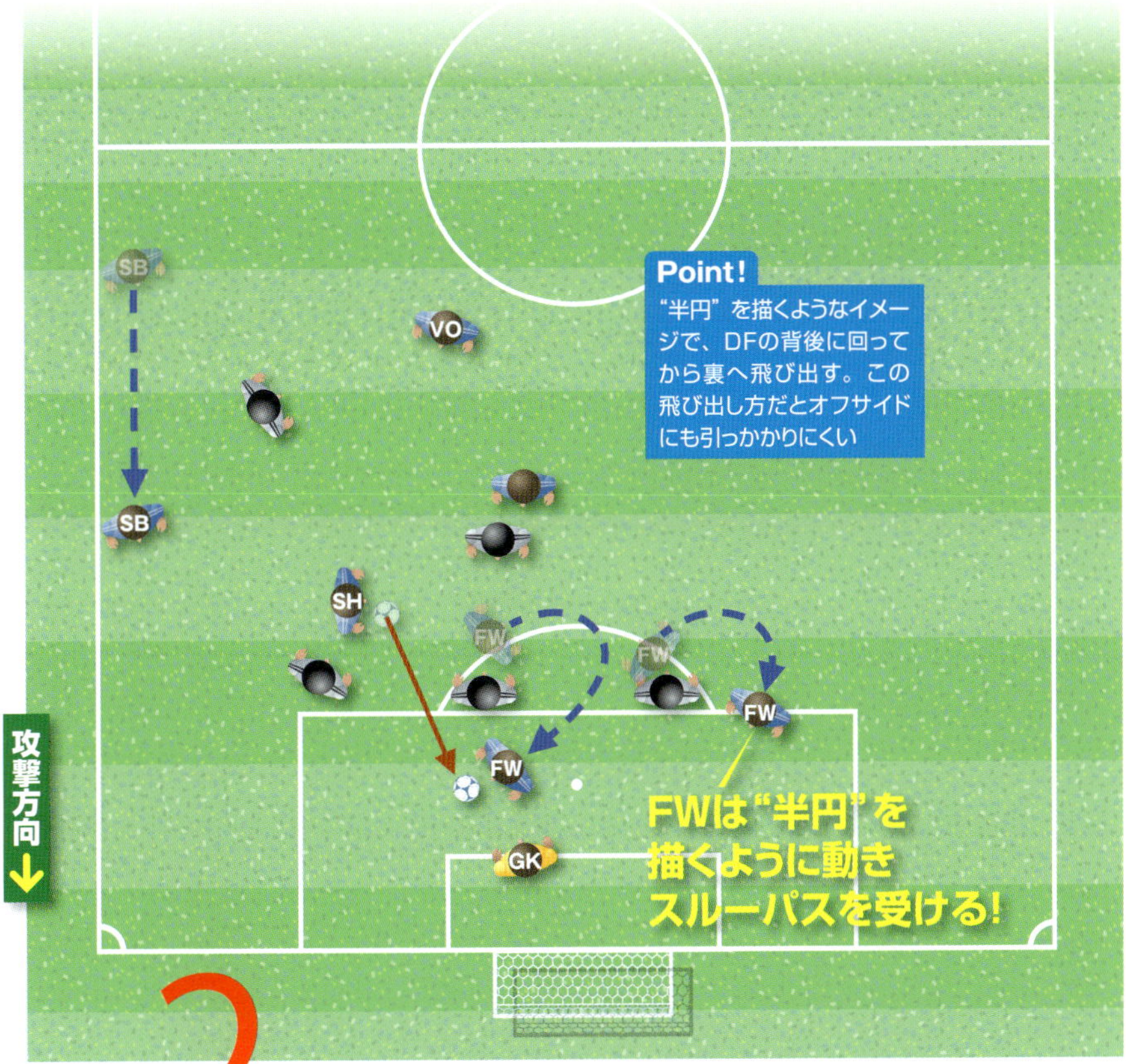
Point!
“半円”を描くようなイメージで、DFの背後に回ってから裏へ飛び出す。この飛び出し方だとオフサイドにも引っかかりにくい
SB
VO
SB
SH
FW
FW
FW
FW
GK
FWは“半円”を描くように動きスルーパスを受ける!
攻撃方向

2

右サイドハーフに対し、相手DFがボールウォッチャーになった瞬間が狙い目。FWは自分をマークしているCBの背中に回り込むように動いてDFラインの裏に飛び出し、スルーパスを受ける。

ココに注目!

自分のマークがボールを持っている選手を見た瞬間、スッとマークから離れ、視野から消えるように動く

SBを起点としたコンビネーション

SBのクサビのパスを起点に SHが〝3人目の動き〟で裏を狙う

SBからのクサビのパス

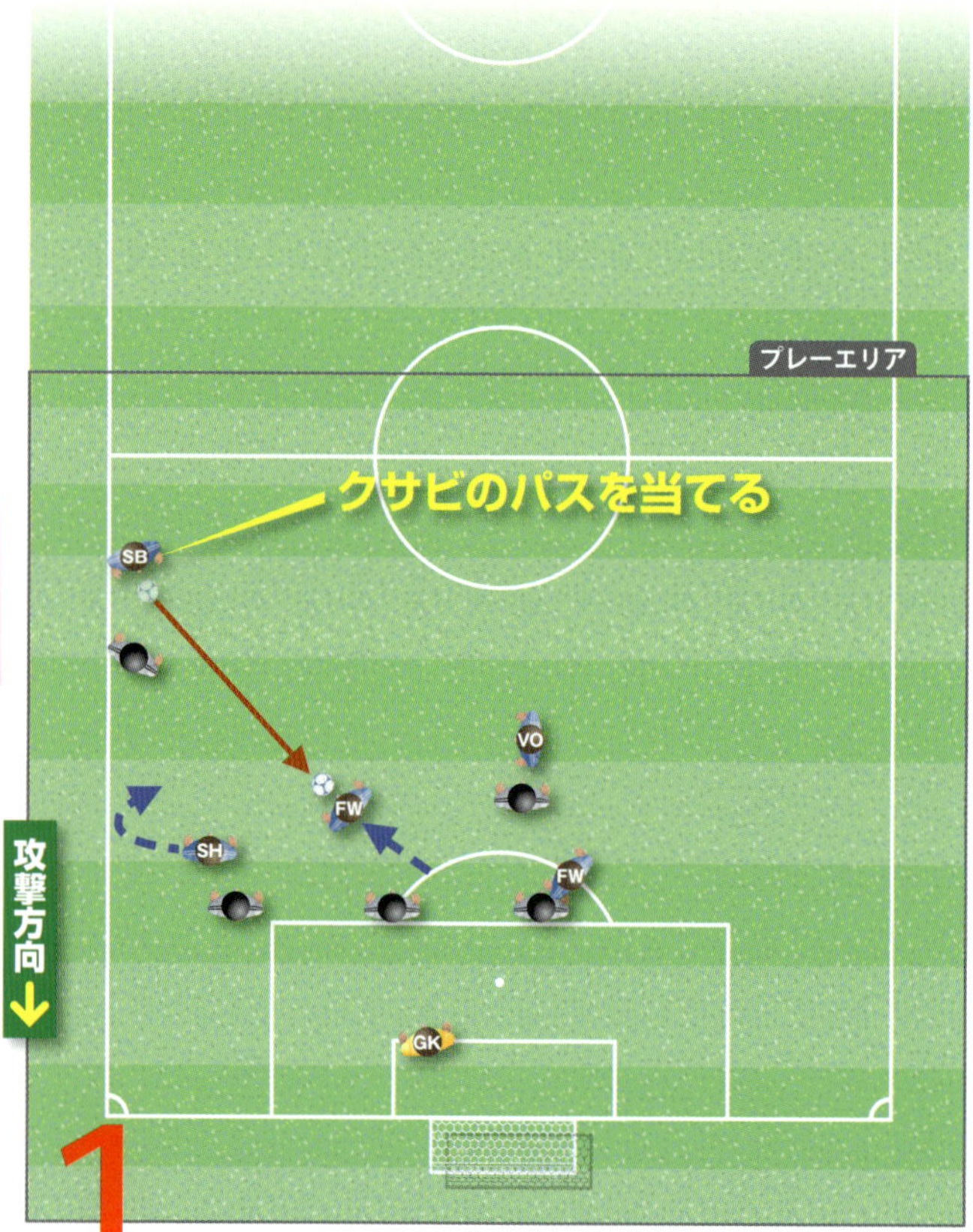

1

右サイドバックが低い位置でボールを持っている。FWがナナメに下がりながらパスコースに顔を出して、クサビのパスを足元で受ける。右サイドハーフもボールを引き出すアクションを行う。

出発点はサイドバックからのクサビのパス。サイドバック（3列目）→フォワード（1列目）→ボランチ（2列目）とパスをタテ方向に出し入れすることで、相手のDFラインを混乱させる。ポイントはフォワードからボランチにパスを下げたとき、サイドハーフがタイミング良く裏に飛び出せるか。

相手はボランチに下げた瞬間に押し上げるために体重が前がかりになるので、自分たちの背後のケアが疎かになりやすい。背後のスペースに飛び出せばチャンスになりやすい。このプレーは4人が絡んだコンビネーションなので決まったときはとても美しい。

指導Point

相手のDFラインが押し上げるタイミングを見はからって裏を突く。そのタイミングをつかませよう

SHはDFラインを上げたタイミングを狙う

Point!
DFラインがFWからボラン
チに下げたボールに合わせ
押し上げる。前に出てくる
DFと入れ替わるようにス
ペースへ飛び出す
SHが2列目から飛び出す
SB
VO
VO
SH
FW
FW
SH
GK
攻撃方向

2

ＦＷはクサビのパスをサポートに入ったボランチに落とす。ボールを下げたことで、相手のＤＦラインは押し上げてくるので、そのタイミングを狙って右サイドハーフが裏に飛び出して受ける。

ココに注目!
SB
SH

サイドバックからのクサビのパスを目で追いながら、オフサイドにかからないタイミングを見はからって動き出す

SBへのサイドチェンジからの攻撃

“大外”にいるSBが高い位置でサイドチェンジを受ける

SBは大外の低い位置にいる

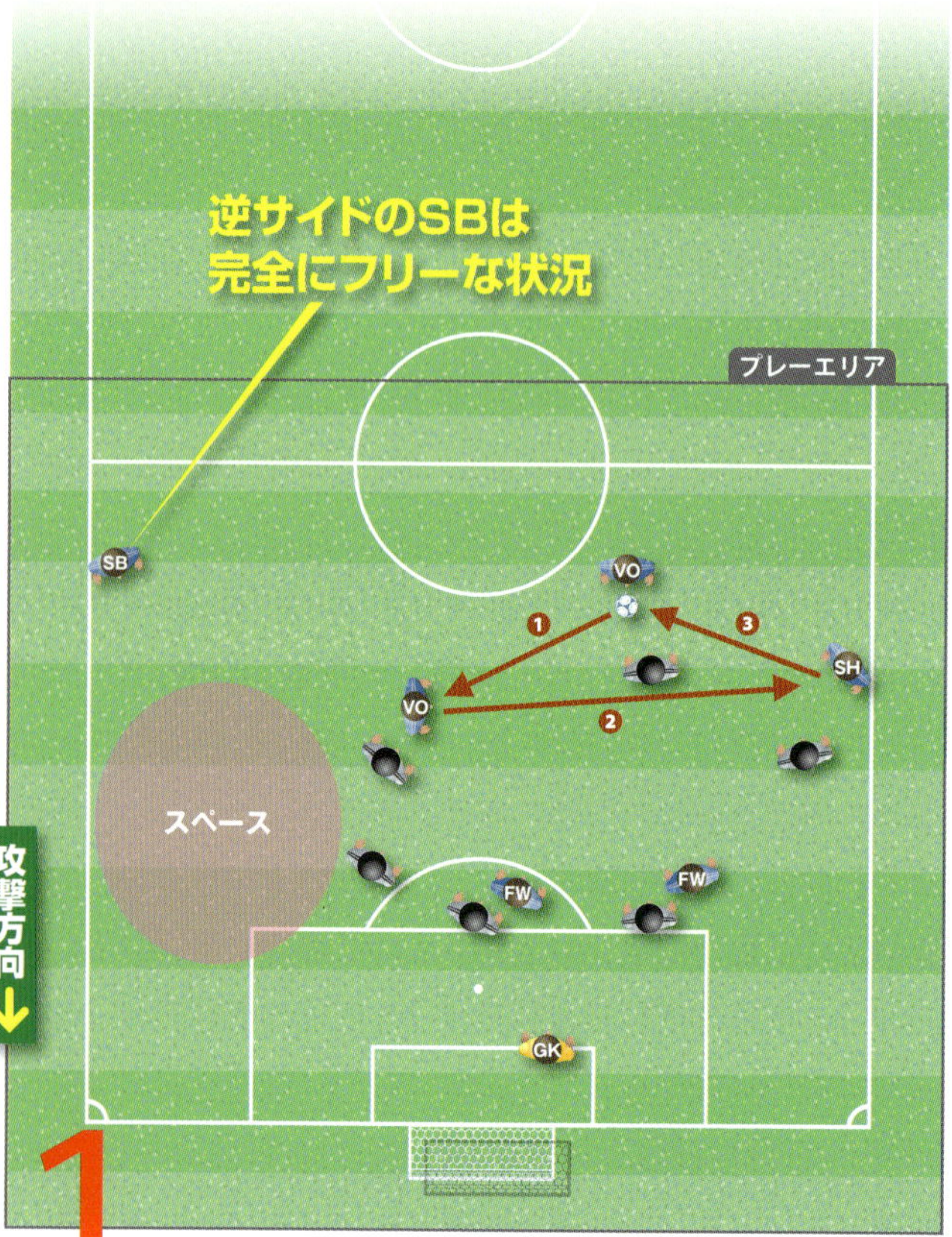
逆サイドのSBは
完全にフリーな状況
プレーエリア
SB
VO
VO
SH
1
2
3
スペース
FW
FW
GK
攻撃方向

1

左サイドでボールを回している。相手のディフェンスも左サイドに寄っているので、右サイドには大きなスペースがある。右サイドバックは大外の低い位置で、ここまで攻撃には関わっていない。

サイドで意図的に味方が近くに集まってボールを回し、相手のディフェンスを引きつけることで逆サイドに大きなスペースを空ける。そこに、サイドバックが上がってきて、ロングボールを受ける。相手がボールに食いついてくるチームの場合、1本のパスから決定的なチャンスを作れる可能性がある。

サイドバックはボールを受けるまでは逆サイドでひっそりと息を潜めておき、ロングボールが出る直前に走り出す。ボールの“合流地点”の目安はペナルティエリアの角付近。ファーストタッチでゴール方向に運んで、クロスやシュートで終わろう。

指導Point

狭いところでボールを回し、相手を食いつかせておいてから、広いエリアへ展開するプレーで攻撃の幅を広げる

SBへのサイドチェンジ

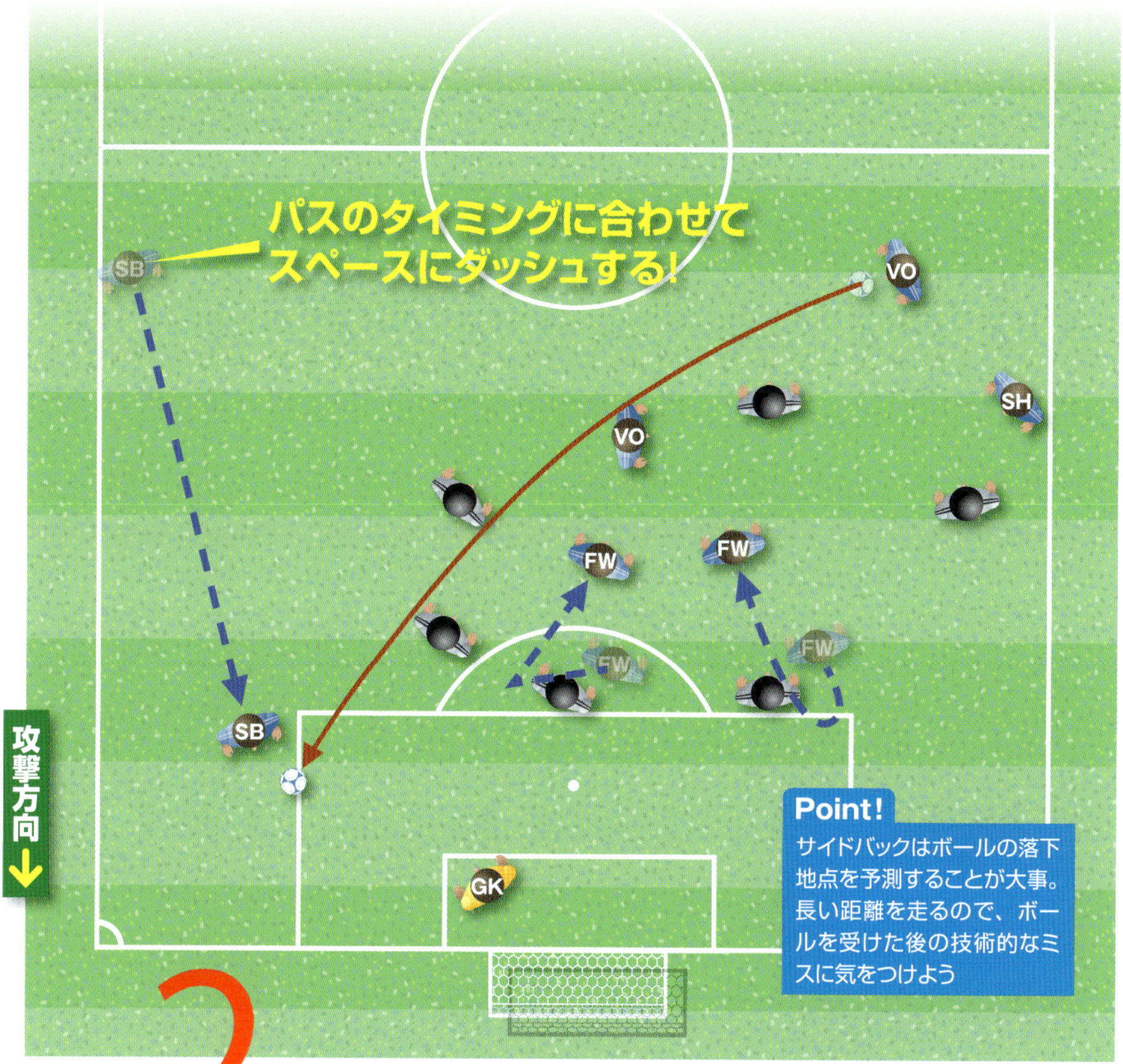
パスのタイミングに合わせて
スペースにダッシュする!
SB
VO
SH
VO
FW
FW
FW
FW
SB
GK
攻撃方向
Point!
サイドバックはボールの落下地点を予測することが大事。長い距離を走るので、ボールを受けた後の技術的なミスに気をつけよう

2

ボランチがボールを持って右方向にカラダを開いた瞬間、右サイドバックがトップスピードで動き出す。ペナルティエリアの角あたりでボールを受ければ、1本のパスで決定的なチャンスになる。

SB
SB
ココに
注目!

ボールの落下地点にスピーディに走り込む。ファースタッチでゴール方向にボールを運んでいく

スルーを使ったコンビネーション

FWが下りる動きからスルー 素早く前に出て裏をとる

2トップが直線上に並んでいる

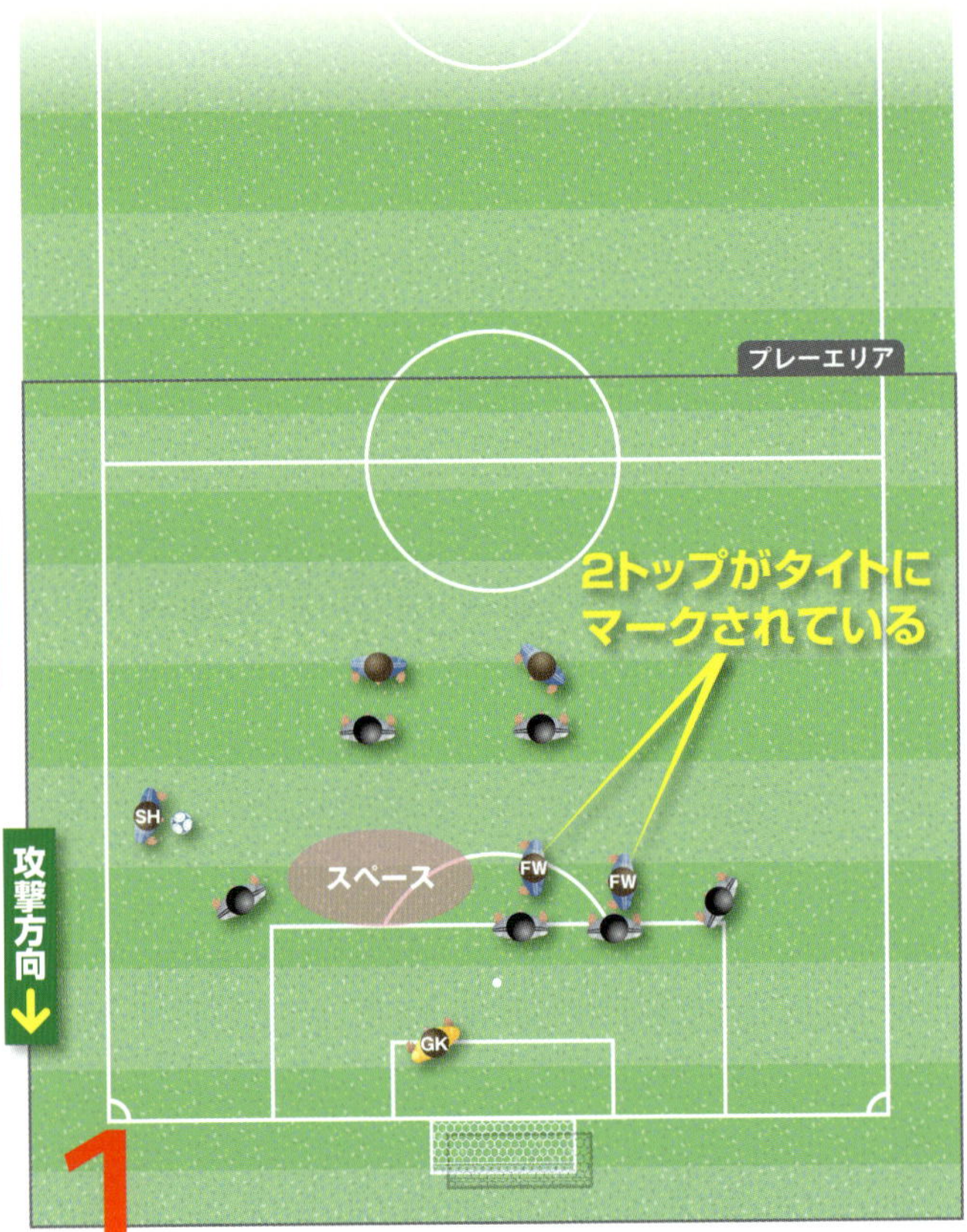
プレーエリア
2トップがタイトにマークされている
スペース
SH
FW
FW
GK
攻撃方向

1

右サイドでサイドハーフがボールを持って中を見ている。2トップは相手のセンターバックにマークされている。左サイドバックと左センターバックの間が空いているので、そこを突きたい。

サイドからの横パスを起点にしたコンビネーション。技術面でのポイントはFWが受けるフリをしてボールに触らない〝スルー〟。マークしているDFからすれば、触ったと思ったら触っていないのでボールを見失う。その間に裏に飛び出して、スルーパスを受けてフィニッシュへ持ち込む。

成功のコツは2人のFWが同じイメージを共有すること。1人がスルーをしようと思っていても、もう1人が全く別のイメージを考えていたら成立しない。練習中から、こういう場面では「スルーをやる」ということを見せたり、話したりしておけば、本番でも出すことができるだろう。

指導Point

2トップ＋サイドハーフが連動して攻撃に絡むことによって、相手ディフェンダーが構築するブロックを攻略する

FWがボールに寄ってスルーしてから裏へ

Point!
スルー＆飛び出し担当のFWはボールを呼び込むとき、ワンタッチでスペースに運ぶというイメージを抱かせて食いつかせる
FWは触らずにスルー
SH
SH
FW
FW
FW
GK
攻撃方向

2

ボールに近いほうのＦＷが左サイドハーフに近づく。横パスを受けると見せかけてスルーして、そのまま裏に抜ける。後ろにいるもう１人のＦＷがワンタッチで裏に飛び出したＦＷへパスを通す。

ココに注目!
スルー

足元へのパスを触らずにスルーして、そのまま前方のスペースに走り込み、味方からのパスを受ける

Column 04

前線で勝負しない
“偽ストライカー”

現代サッカーでは、FWは点を取ることに加えて、もう1つの大事な役割がある。それが前線でパスを受けて、ポゼッション率を高めることだ。そのため、FWのポジションに純粋なセンターフォワードの選手ではなく、本来はMFの選手や、小柄だが技術の高い選手を起用するチームが増えている。

ポゼッション率を高めるためには、中盤の人数を増やして数的優位を作らなければならない。そこでカギとなるのが前線から中盤に下がってくる動きだ。相手のセンターバックはFWに対し、マークについていくべきかどうか迷う。FWが下がったところにマークがついてこなければ、中盤のパスコースが増えるので、パスを回しやすくなる。

FWが中盤に下がってきたら、それに合わせて中盤やサイドの選手がゴール前に入っていく。ポジションチェンジによって相手のディフェンスに的を絞らせず、かく乱させるのが狙いだ。

チームによっては、センターフォワードのポジションにほとんど選手がいないということもある。そのようなタイプのFWのことは「偽ストライカー」あるいは「偽9番」といった呼び方をする。DFラインと中盤の間でふわふわとプレーしている「偽ストライカー」の動きに注目してみよう。

PART 5
フィニッシュまでの動き

この章ではシュートまでのプレーを紹介。
ゴール前では、相手の守備も厳しくなるため
スペースや時間の余裕がないので連動して動こう。

※PART5は攻撃方向が下向きになります。

ゴールに向かうプレー＝フィニッシュの考え方

Finish

複数の選手が連動してDFラインの背後を狙う！

フィニッシュをスムーズにする要素

DFの背後のスペースを狙う動き

オフサイドを防ぐ2列目の飛び出し

コンビネーションや2列目の飛び出しを活用

フィニッシュまでのプレーで最も大事なのがDFラインの背後のスペースを狙う動きである。ここでパスを受けることができれば、GKとの1対1の状況を作り出すことができる。そのため、攻撃側としては常にDFラインの裏を狙うことを最優先の選択肢としなければならない。

DFラインの裏は相手としても最も警戒しているため、レベルが高くなってくれば、簡単には受けさせてもらえない。そのため、攻撃側には裏を狙う動きと、下がってもらうコンビネーションや、オフサイドにつかまりにくい2列目の選手が飛び出すなどの仕掛けが求められる。

FWはオフサイドにかからないように自陣ゴール方向に1、2歩下がってから裏に走ったり、あえてタイミングを遅らせたりといった工夫をしよう。

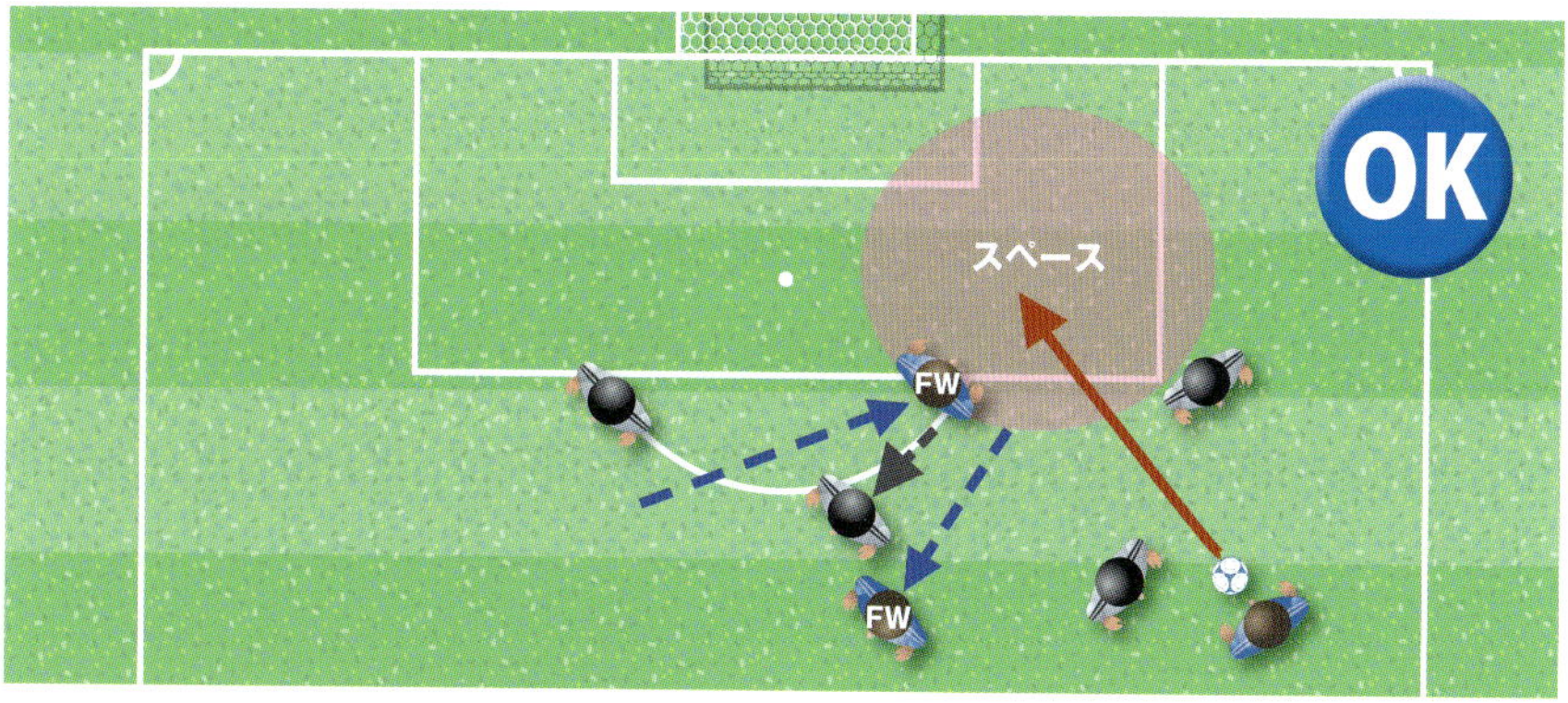

1人が下がって1人が裏を狙う動き

1人のFWがボールを受けるために下がって相手のセンターバックを食いつかせる。DFラインにスペースができたところで、もう1人のFWが背後のスペースに飛び出して、スルーパスを受ける。

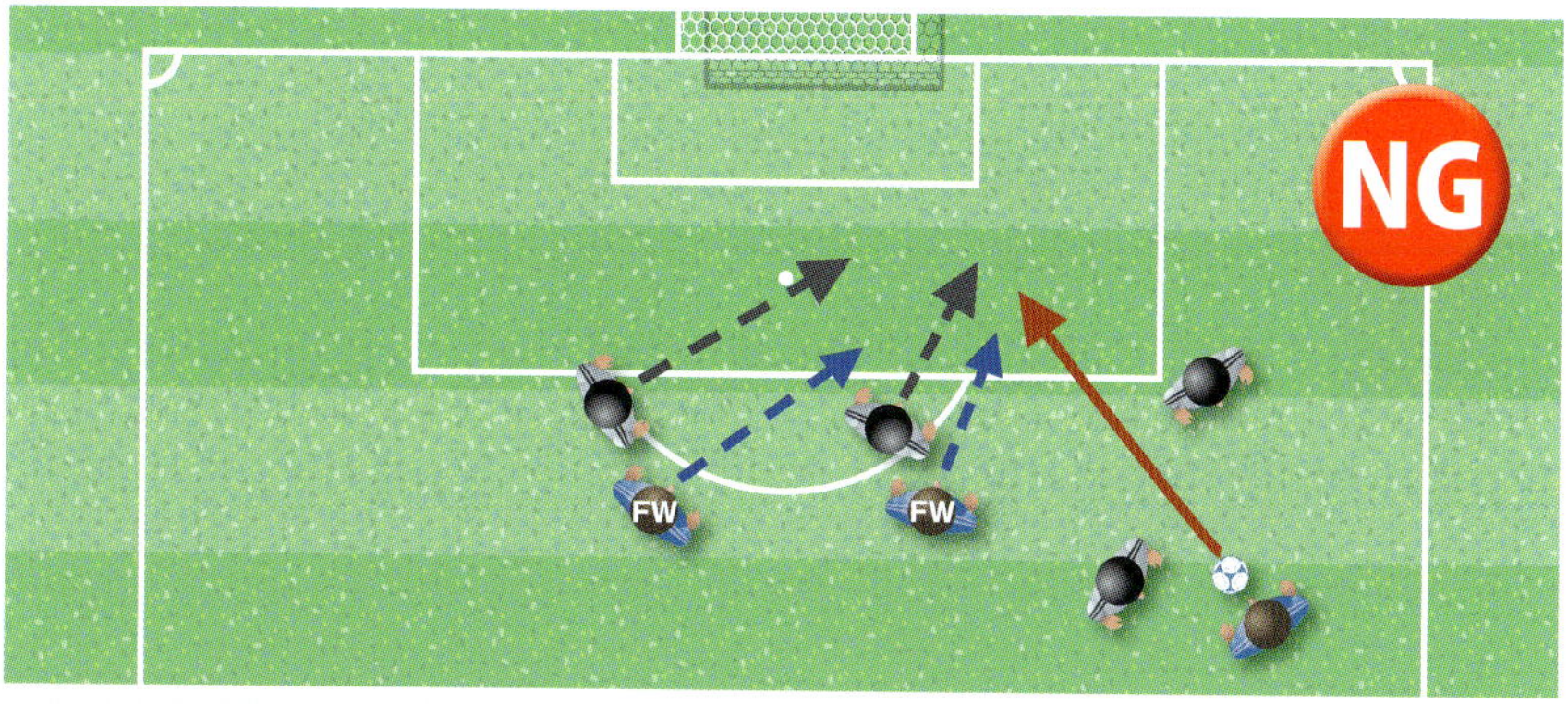

FWの2人が同時に裏を狙う

FWの2人が同時に裏のスペースを狙う。むやみにDFラインの裏を狙っても、相手についてこられたり、オフサイドに引っかかったりするので、効果的にスルーパスを受けることができない。

ゴールに向かうプレー＝フィニッシュの考え方

Finish

相手のギャップで 前を向いて ボールを受ける！

フィニッシュをスムーズにする要素

DFラインを
下げさせる動き

相手のギャップで
前を向くためのプレー

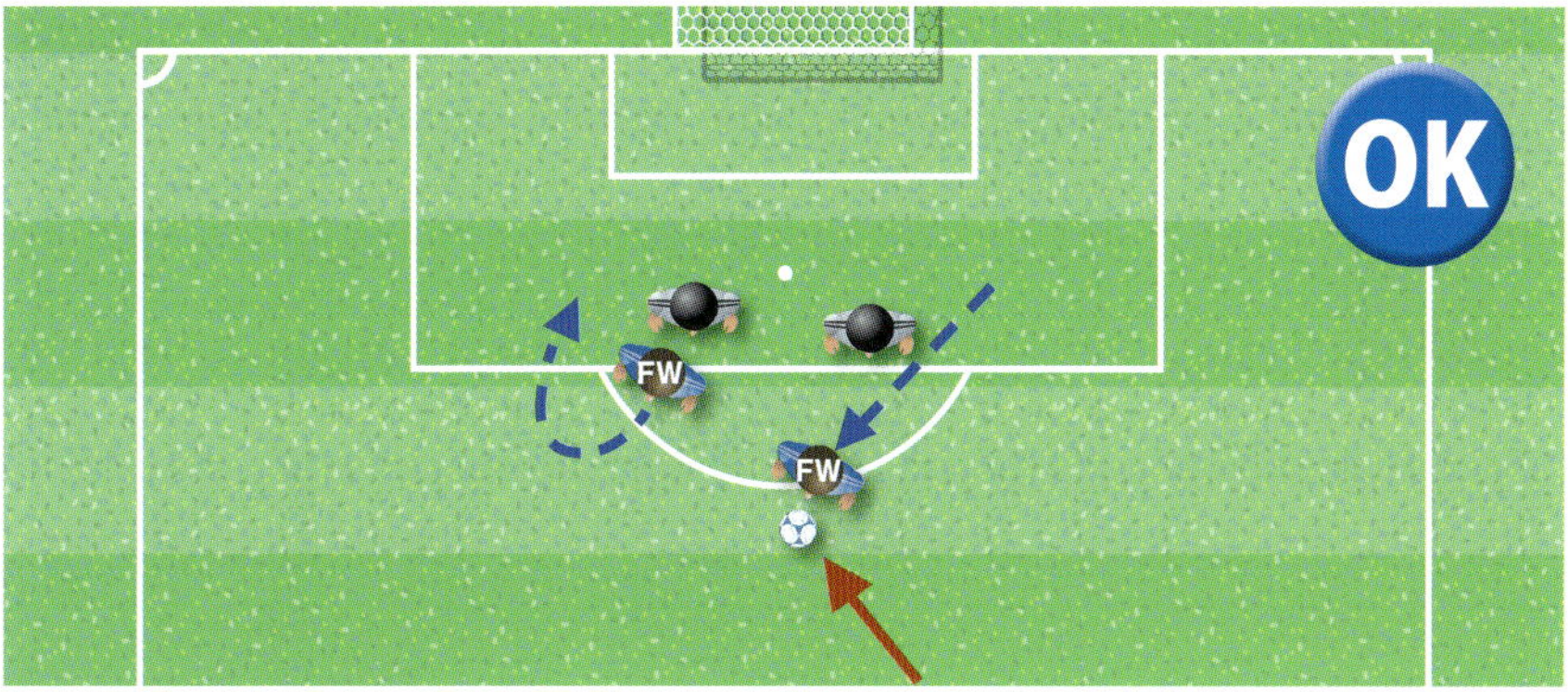

ギャップを広くする動き

2トップの1人が裏のスペースを狙って、1人がDFラインとボランチの間（ギャップ）でタテパスを受ける動きをする。DFラインが下がるので、ギャップで前を向きやすくなる。

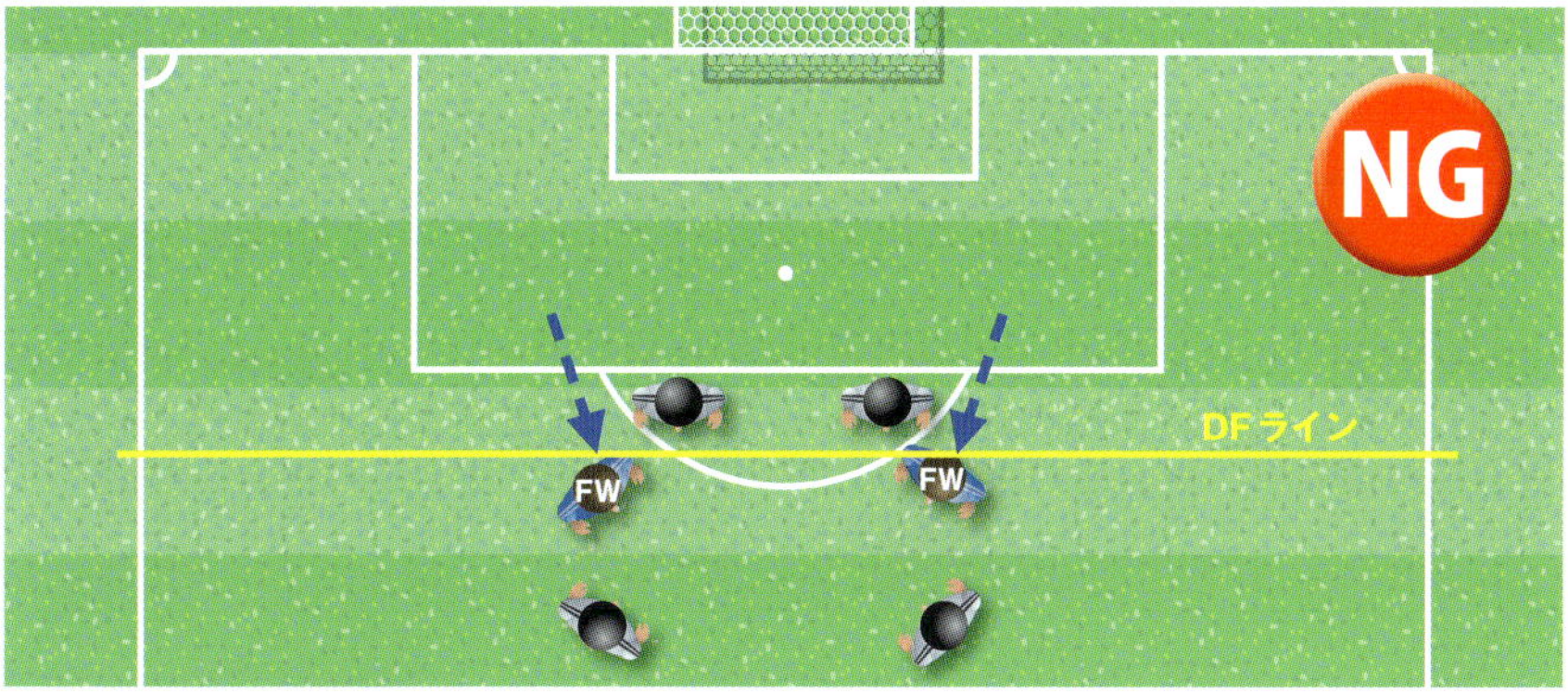

ギャップが狭くなる動き

2トップがボールを受けるために引いてくると、相手はDFラインを高く保つことができる。DFラインとボランチの間（ギャップ）が狭くなるので、攻撃側は前を向いてボールを受けづらい。

DFラインを下げさせてプレースペースを広げる

現代サッカーではDFラインとボランチの間にできる〝ギャップ〟と呼ばれるエリアでパスを受けることが、チャンスを作るための有効な方法になっている。このエリアでボールを受ければ、センターバックを引き出してDFラインの背後を突く、ドリブルで仕掛ける、ミドルシュートを打つ、ワンツーをするといった複数の選択肢ができる。

相手ディフェンダーはギャップを使わせたくないので、DFラインとボランチの間をコンパクトに保とうとする。そのため、FWは裏を狙う動きによってDFラインを下げさせなければならない。DFラインが下がれば、ボランチとの間のスペースが広がって、ボールを受けやすくなる。良い形でボールを受けるには複数の選手が連動して動くことが大事になる。

FWがスルーパスを受ける動き①

ボールから遠いほうのFWがナナメに走り込んで受ける

FWがクサビを引き出す動き

プレーエリア
クサビのパスを受けに下がる
SH
FW
FW
GK
攻撃方向

1

ペナルティエリアのラインまで相手のDFが下がっている。右サイドハーフがドリブルで中に切れ込んで、センターバックの1人を引き出す。ボールに近いサイドのFWがクサビを受けにいく。

FWがスルーパスを受けるときの基本となるのがナナメに走るダイアゴナルランだ。まっすぐにタテに走り込むよりも、ナナメに入ったほうが相手ディフェンスのマークの〝ズレ〟を生みやすく、オフサイドにもかかりにくい。また、ゴールへの角度が広がるので、シュートを打つまでの流れもスムーズになる。

ポイントは2トップのうちの1人がDFを引きつけて、DFラインに〝ギャップ〟を作ること。それによって、もう1人のFWが入っていくスペースができる。ボールとDFを同一視野に収めながら、オフサイドにならないタイミングで飛び出そう。

指導Point

オフサイドに何度も引っかかってしまう選手には飛び出そうと思ったときに「胸の中で1秒数えてから出ろ」と伝えよう

SHのパスをナナメの動きで受ける

Point!
ボールが出て来る前に早く飛び出しすぎるとオフサイドになる。味方の選手とDFラインの最後尾の選手を見ながら、ギリギリで飛び出す
SH
FW
FW
FW
CB同士のギャップを突く
GK
攻撃方向

2

ボールに近いサイドのＦＷが下がったところにセンターバックが食いつき、その裏のスペースが空く。ボールから遠いサイドにいる、もう１人のＦＷがナナメに走り込み、スルーパスを受けてシュートへ。

ココに注目!
FW

ＦＷの１人が下がる動きでマークを引きつける。ＤＦラインの裏が空いたところへ、斜めに走り込んでもらう

FWがスルーパスを受ける動き②

相手がDFラインを押し上げたタイミングで裏に飛び出す

FWが下がってDFを引きつける

プレーエリア
FWが自陣方向へ下がっていく
VO
VO
SH
SH
FW
FW
GK
攻撃方向

1
中盤でボランチがボールを持っている。2トップは両方ともDFを背負っているので、このままではスルーパスを受けることはできない。2トップは自陣方向に下がってDFラインを引きつける。

DFラインとGKの間が狭いときは、強引にスルーパスをもらおうとしても難しい。ボランチが前を向いてパスを出せると思ったら、FW2人が自陣方向に引く。相手のセンターバックが食いついて、DFラインを押し上げようとしてきたところで、1人が素早く方向転換して前を向いてボールをもらう。

目立たないが、このプレーのポイントは両サイドハーフが外に広がる動きをして、相手の両サイドバックを釣り出し、中央のカバーリングを疎かにさせていること。オフ・ザ・ボールはボールをもらう選手だけでなく、他の選手が連動することが大事だ。

指導Point

どちらがオトリになって、どちらが裏を狙うのかは、選手のタイプによっても変わる。お互いの個性を見極めてプレーしよう

ボランチからのパスをFWが受ける

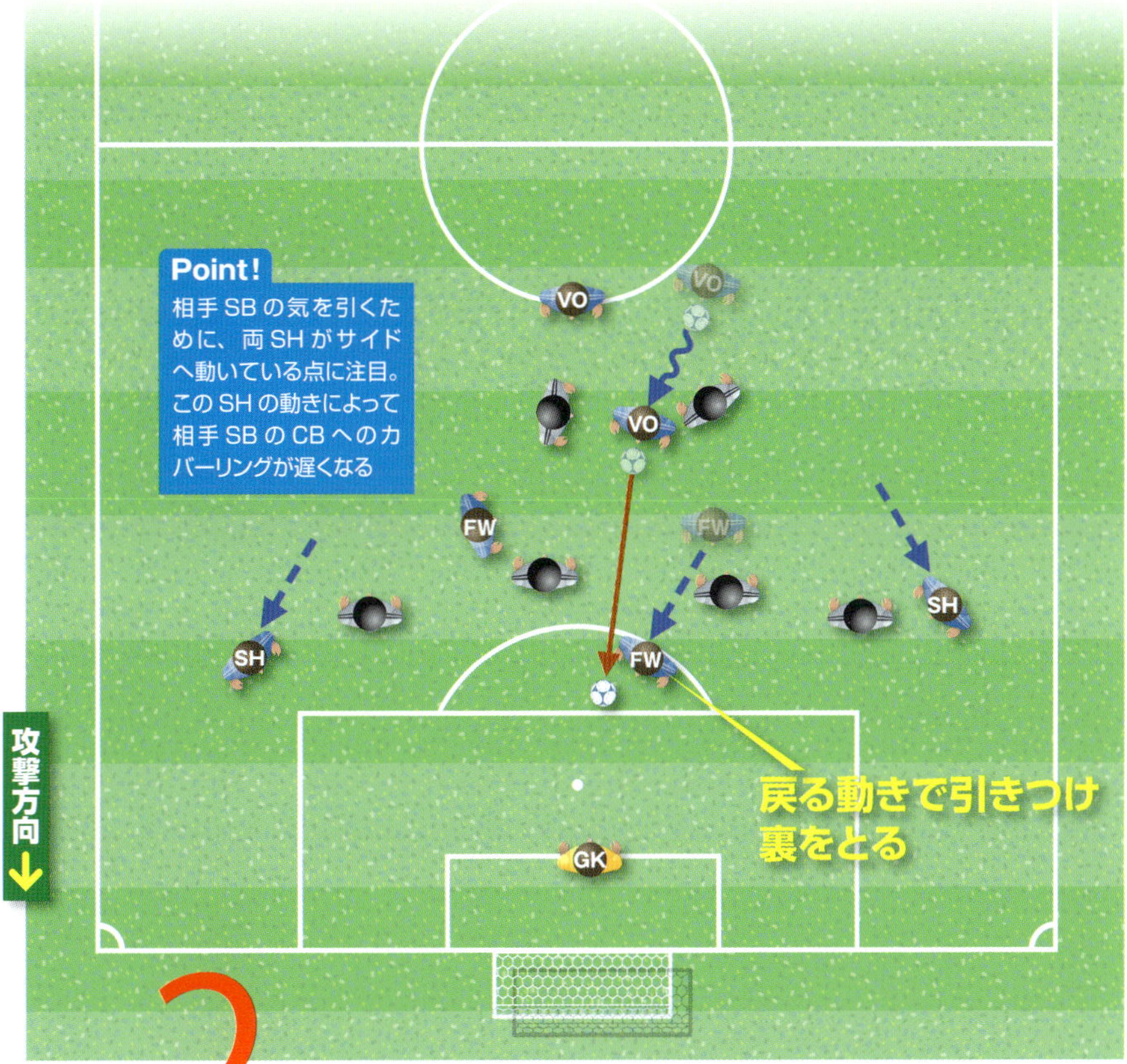
Point!
相手SBの気を引くために、両SHがサイドへ動いている点に注目。このSHの動きによって相手SBのCBへのカバーリングが遅くなる
VO
VO
VO
FW
FW
FW
SH
SH
GK
戻る動きで引きつけ裏をとる
攻撃方向

2

2トップが下がったことで、相手はDFラインを押し上げようとする。このタイミングでFWの1人が方向転換して裏を狙う。ボランチからのパスを動きながらコントロールして、シュートへ。

ココに注目!
FW
FW

FWがボールを受けるために下がる。DFラインと入れ替わる形で、もう1人のFWが裏のスペースへ飛び出す

SHとFWのワンツーから突破

FWがクサビのパスを受けて サイドハーフとワンツー突破

FWが裏を狙う動きを入れる

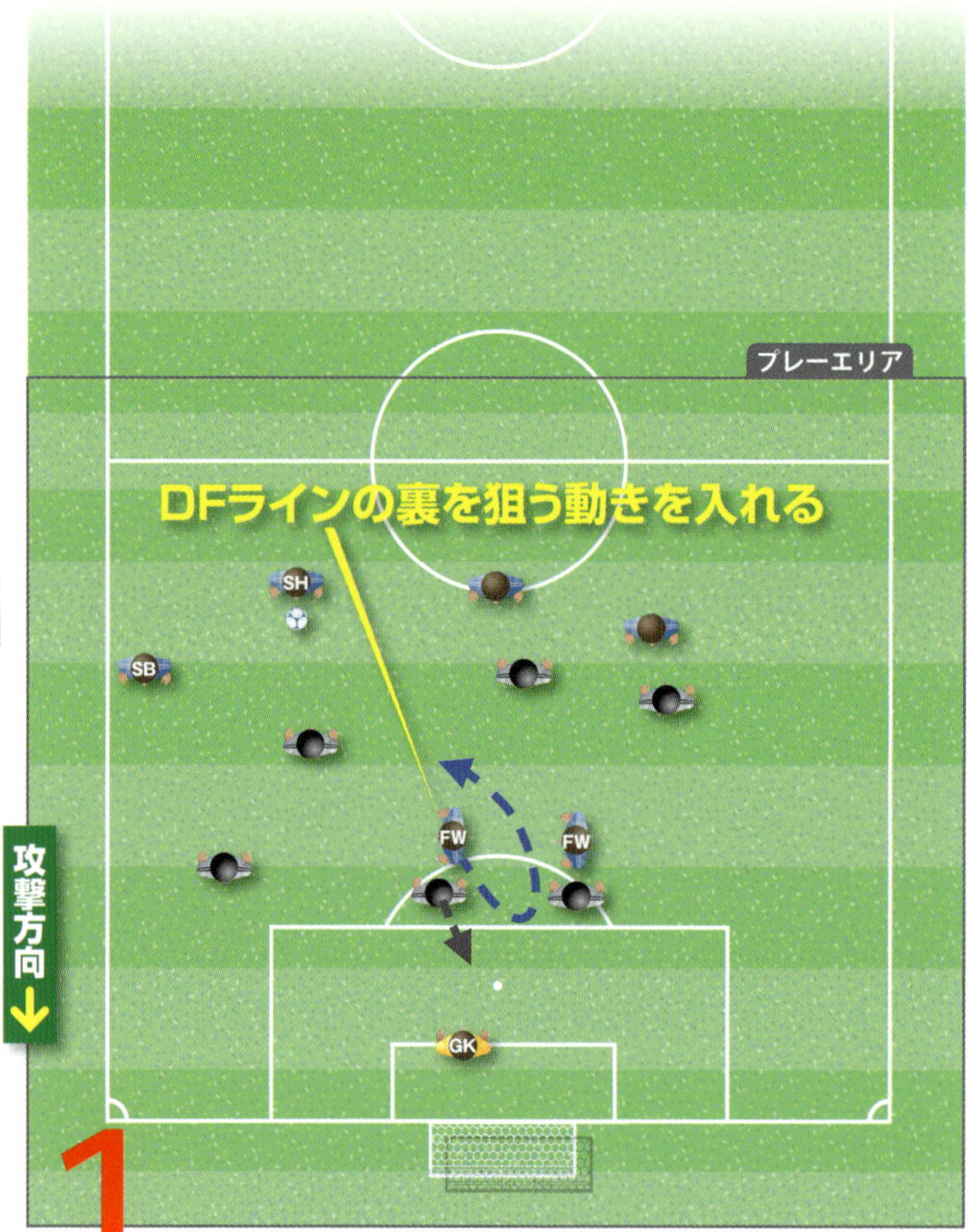

1

右サイドハーフが前を向いてボールを持っている。右サイドにいるFWがDFの背後に飛び出す動きをする。FWをマークしているDFが下がった瞬間に、FWは自分で空けたスペースに下がる。

サイドハーフとFWのワンツーからフィニッシュへ持ち込むパターン。スピードに乗って上がってきたサイドハーフが、FWからのリターンをもらってゴール前に侵入する。

注目してほしいのはボールには一度も触っていない右サイドバックの動き。右サイドで高い位置をとって、タテパスが入った瞬間に、オーバーラップを仕掛けそうなアクションを起こす。

これにより相手の左サイドバックは右サイドバックに気をとられ、中央へ絞るタイミングがほんのわずかだが遅れ、相手センターバックへのカバーリングが間に合わなくなる。

指導Point

簡単にインターセプトを許してしまう選手に対しては、ボールをもらう前に相手をだますことの重要性を教える

DFの背後のスペースに走り込む

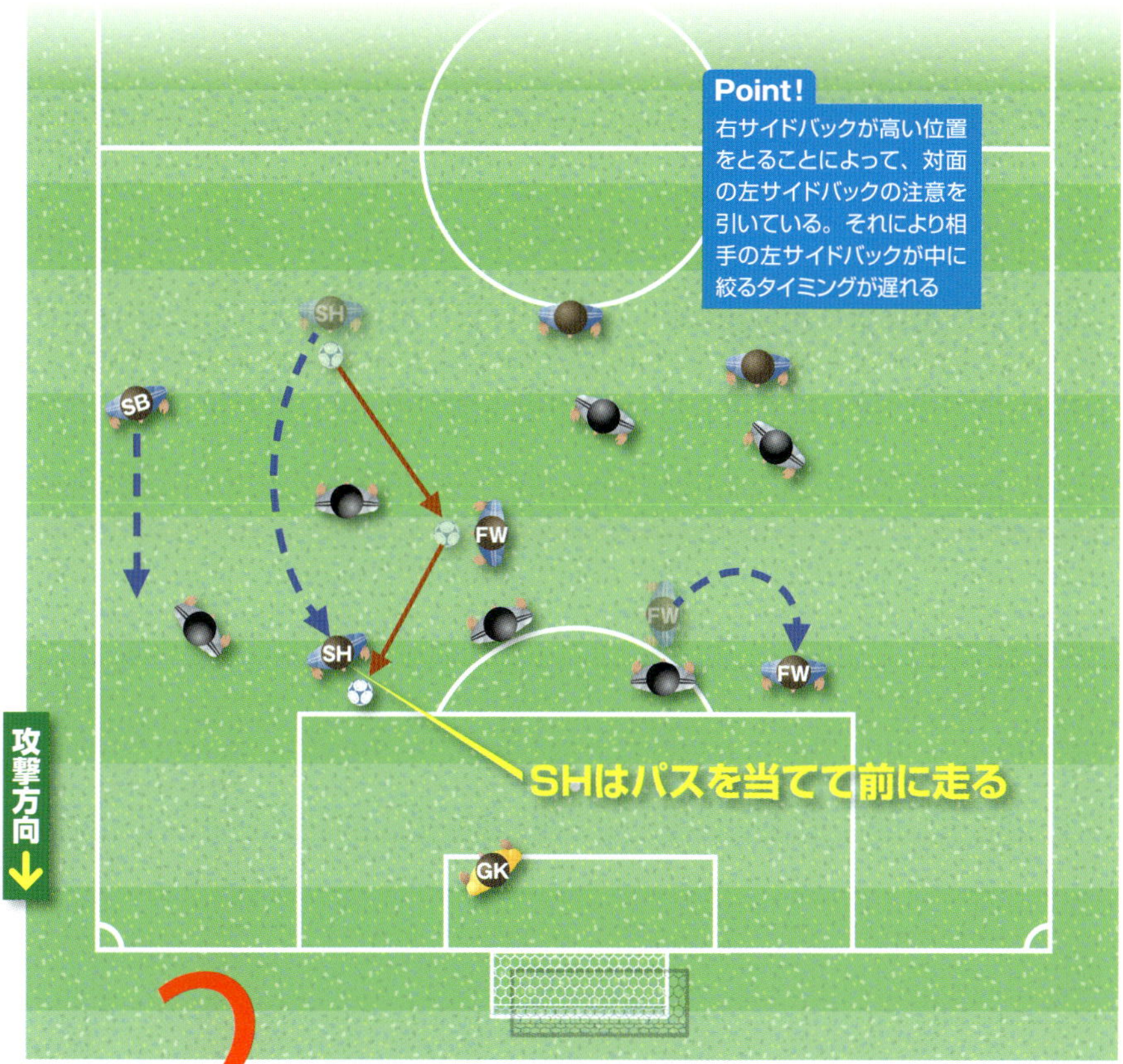
Point!
右サイドバックが高い位置をとることによって、対面の左サイドバックの注意を引いている。それにより相手の左サイドバックが中に絞るタイミングが遅れる
SH
SB
FW
SH
FW
FW
GK
SHはパスを当てて前に走る
攻撃方向

2

サイドハーフはＤＦとボランチの間で浮いたＦＷにタテパスを当てる。ＤＦがクサビに食いついてきたことで、背後にスペースが空く。ＦＷはワンタッチで落とし、サイドハーフが受けてシュートへ。

SB
FW
SH
ココに注目!

サイドハーフが下がってきたＦＷにタテパスを当てる。パスを出すと同時に前方のスペースに走り込んでいく

戻しのパスからのコンビネーション①

タテパスを往復している間に“3人目の動き”でSHが裏をとる

FWがクサビのパスを受ける

1

まずFWがアクションを起こす。DFの裏をとる予備動作を入れてから、ボールを持っているボランチのほうへ寄っていく。このとき、右サイドハーフは相手サイドバックの外側にポジショニングする。

FWとボランチがパス交換している間に、サイドの選手が動き出す。FWからのリターンを受けたボランチが裏のスペースにパスを出して、サイドの選手が受ける……。いわゆる3人目の動きを生かしたコンビネーションだ。最大のポイントは“3人目”が動き出すタイミング。ボランチがリターンを受けてからではなく、FWがボランチにボールを落とした時点でパスが出てくることを予測して走り出さなければいけない。

ボールに関与していない他の選手も4人目、5人目として、ボールを受けられるスペースを見つけたり、相手を引きつけたりすることが大事になる。

指導Point

3人目の動き出しからサイドの選手が絡んでいくプレーは一つのパターン。トレーニングで繰り返し行ってもいい

SHがサイドの裏に飛び出す

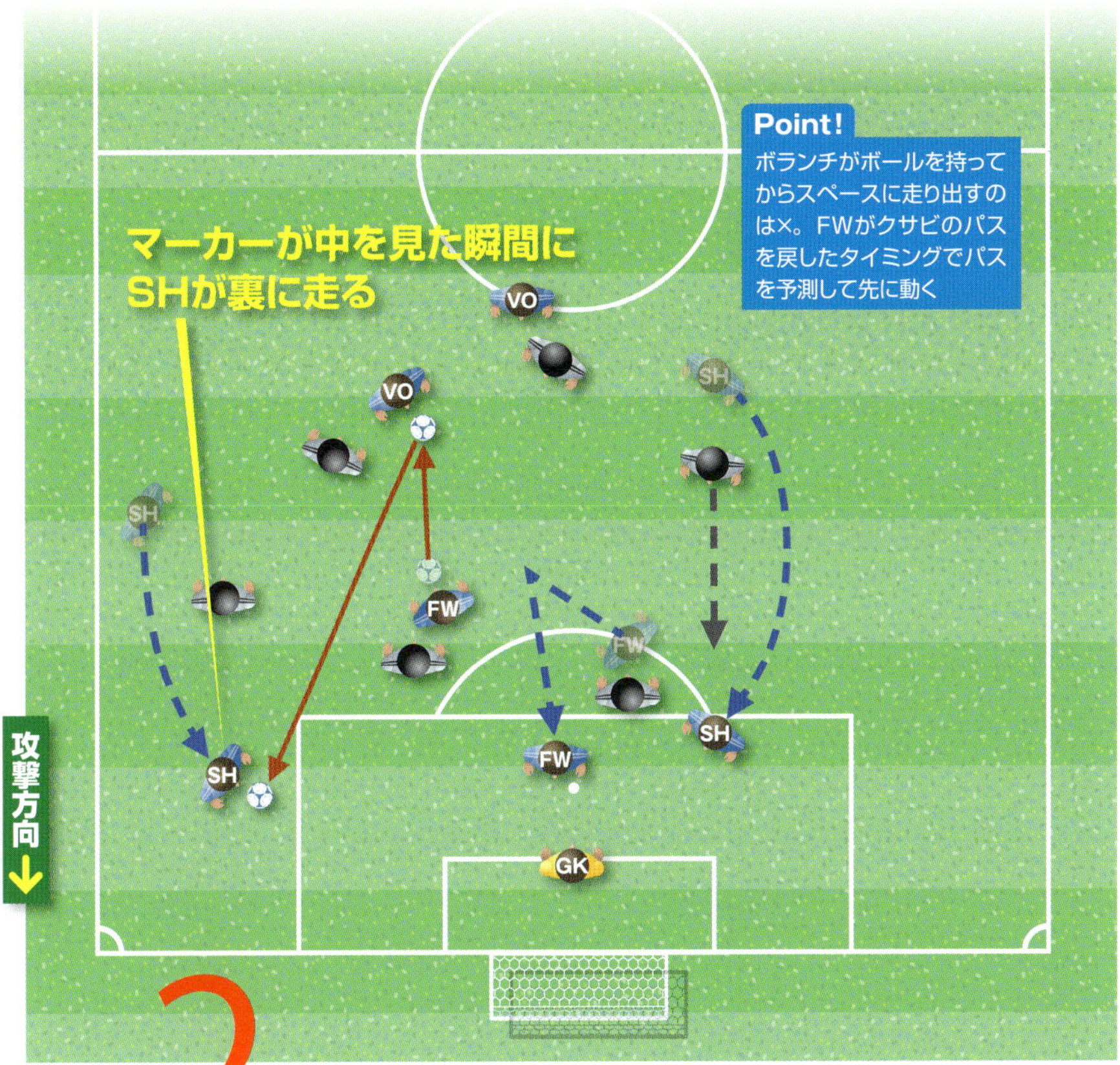
Point!
ボランチがボールを持ってからスペースに走り出すのは×。FWがクサビのパスを戻したタイミングでパスを予測して先に動く
マーカーが中を見た瞬間に
SHが裏に走る
VO
VO
SH
SH
FW
FW
SH
SH
FW
GK
攻撃方向

2

FWがクサビのパスをワンタッチでボランチに戻す。このタイミングでサイドハーフが裏に走り出す。ボランチはセンターバックとサイドバックの間を通して右奥のスペースにパスを送り込む。

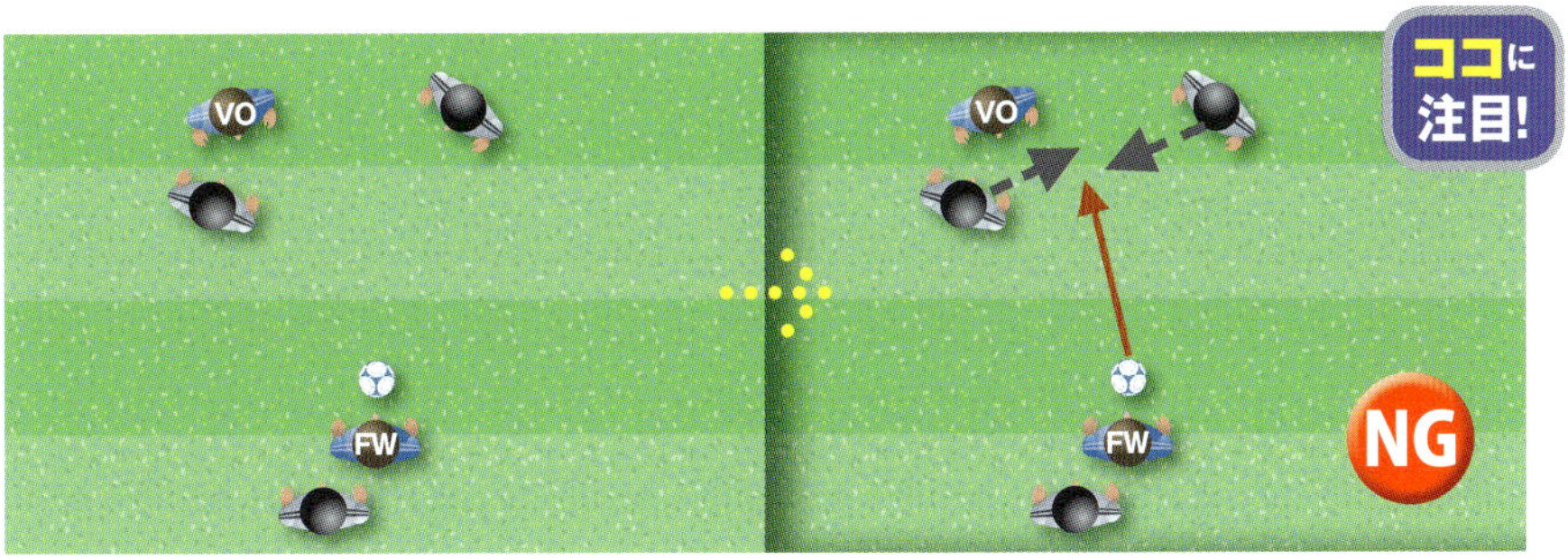
ココに注目!
VO
FW
VO
FW
NG

FWがパスを落としたタイミングでボランチが足を止めている。ボランチはパスコースを探す間に囲まれてしまう

戻しのパスからのコンビネーション②

オフサイドエリアにわざと1人残して〝時間差〟で2列目が飛び出す

SHがボランチにボールを戻す

1

サイドハーフがナナメ後ろのボランチに戻しのパス。相手は「バックパス時はラインを上げる」というセオリー通りにDFラインを押し上げる。このとき、FWがわざとオフサイドエリアに残る。

相手がボールを下げたらラインを上げるという〝DFのセオリー〟をうまく利用した頭脳的なプレーだ。FWが相手の罠に引っかかって、わざとオフサイドエリアに残ることで、相手を油断させておき、2列目の選手が飛び出してボールを受ける。相手がDFラインを高く保とうとするチームであれば大きなチャンスになるだろう。

オフサイドエリアにいるFWがボールを追いかけると、副審にプレーに関与しようとしたと見なされ、オフサイドをとられてしまう可能性がある。2列目の選手がボールに触るまでは「我関せず」という表情をしておこう。

指導Point

ルールを上手く利用することでチームにもメリットがある。ここ一番というところで使えるようにしておきたい

飛び出した2列目にスルーパス

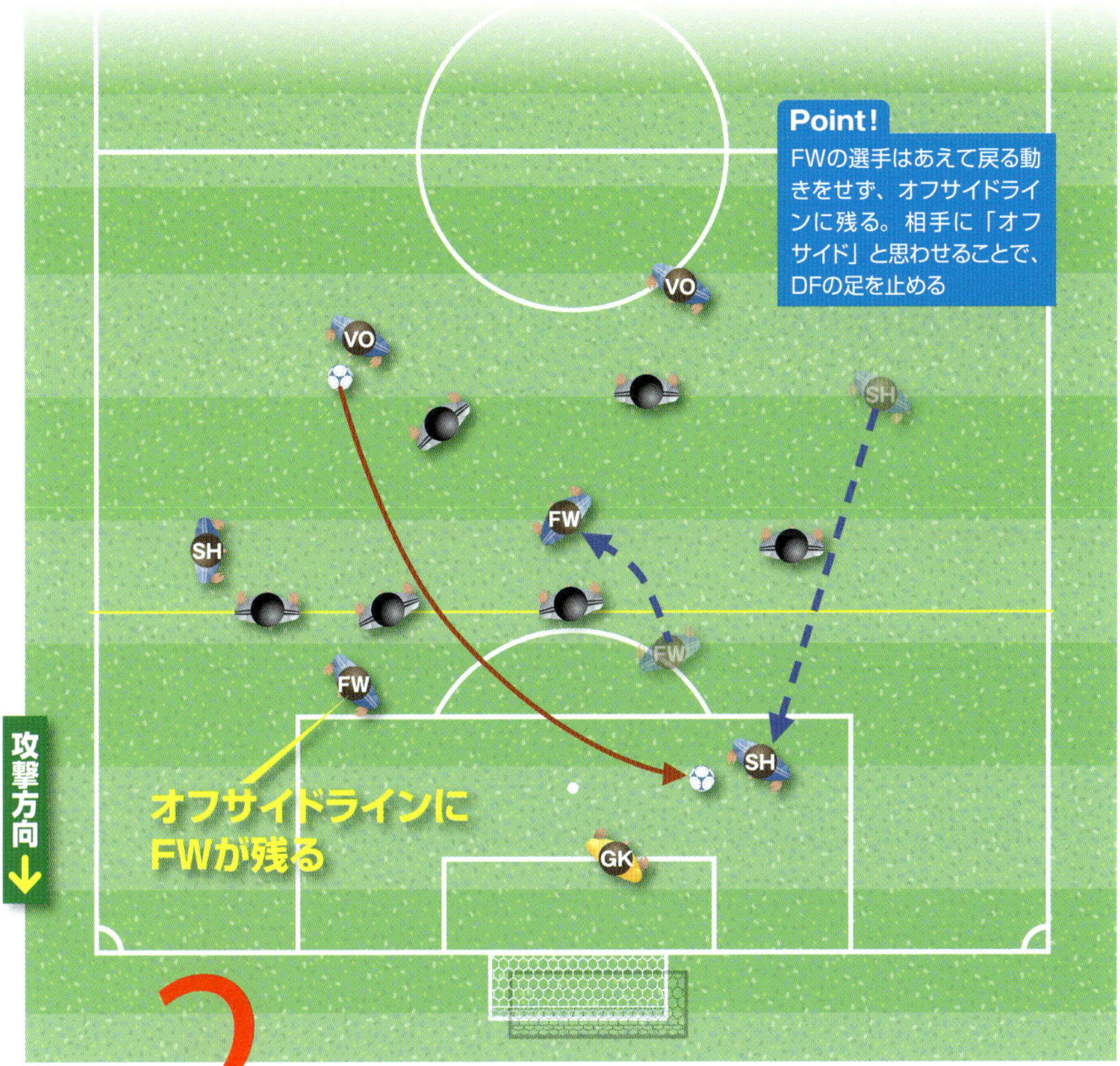
Point!
FWの選手はあえて戻る動きをせず、オフサイドラインに残る。相手に「オフサイド」と思わせることで、DFの足を止める
VO
VO
SH
SH
FW
FW
FW
SH
GK
オフサイドラインに
FWが残る
攻撃方向

2

2列目の選手の飛び出しに合わせてボランチがロングパス。DFラインはFWをオフサイドにするため高いラインを保ったまま。2列目の選手はがら空きのDFラインの背後でボールを受ける。

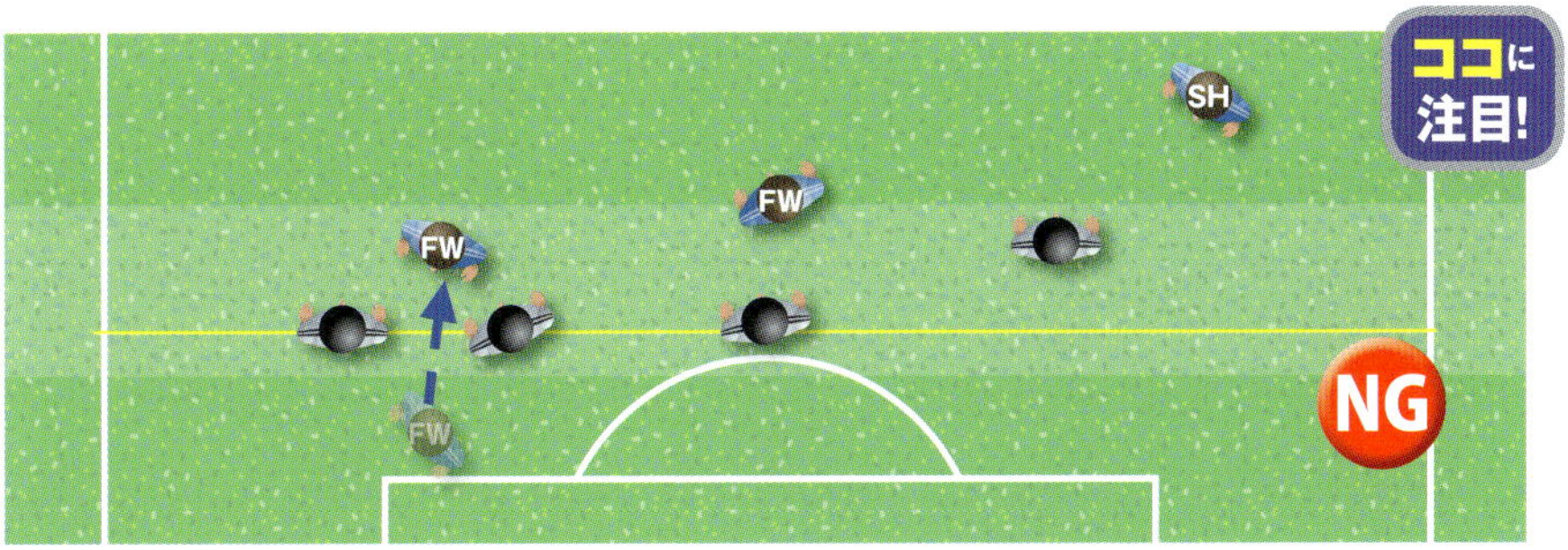
ココに注目!
SH
FW
FW
FW
NG

DFラインを押し上げてくる相手に対し、FWがズルズルと下がってしまうと、コンパクトな状態で守られてしまう

ギャップで受けるときのFWの動き

相手の〝トライアングル〟のギャップでボールを受けてフリーで前を向く

FWが三角形の真ん中に動く

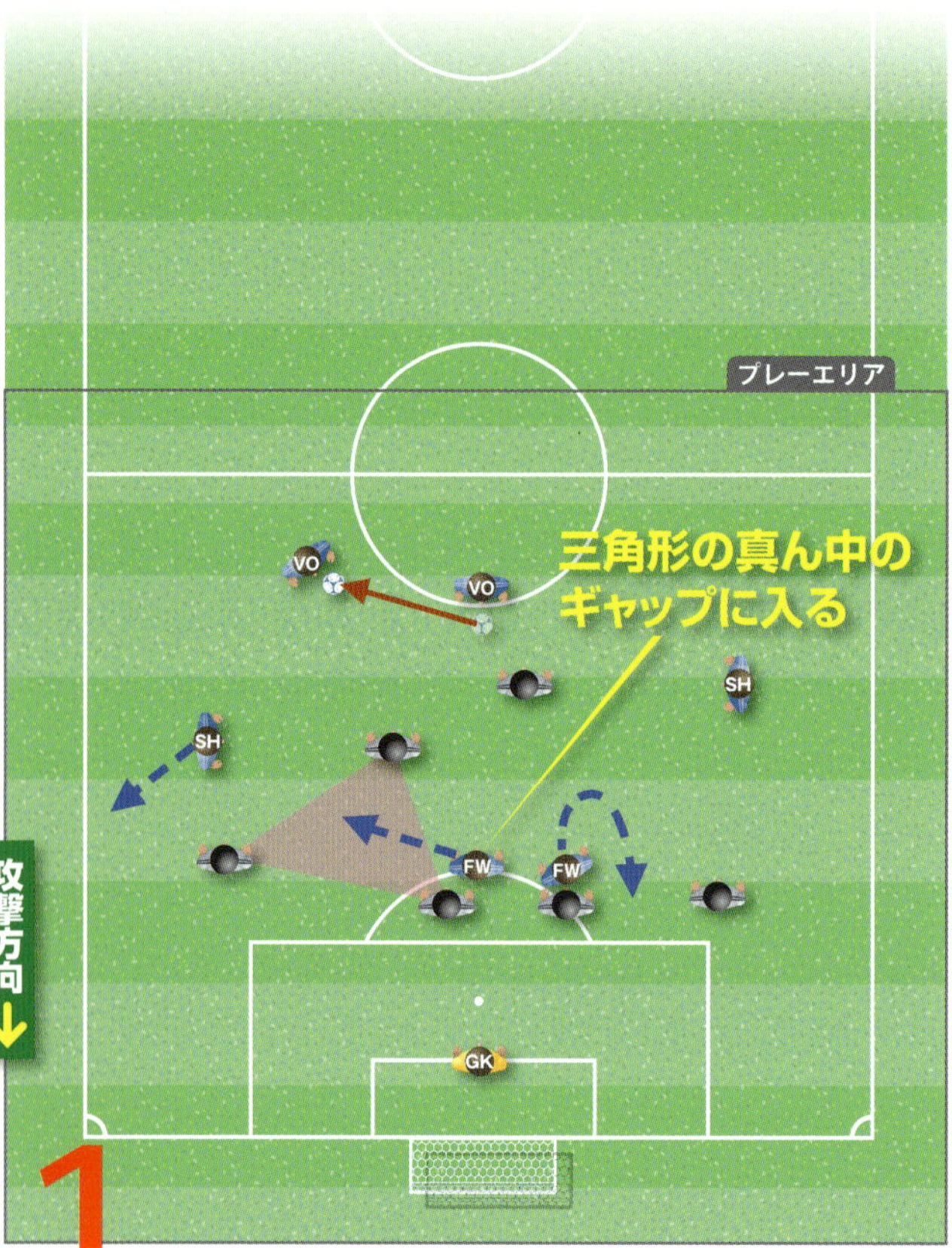

1

中盤でボランチが横パスをつなぐ。このとき、サイドハーフがワイドに開き、FWが裏を狙う。もう1人のFWが左センターバック、左サイドバック、ボランチで形成された三角形の真ん中に動く。

ボランチ、センターバック、サイドバックの三角形の間にできるギャップに入り込んでボールを受けるオフ・ザ・ボールの動き。このギャップでボールを受けられると、誰がマークにいくのか曖昧になるので、守備側としては守りづらくなる。

攻撃側としては、この位置でタテパスを受けて前を向くことができれば、ドリブルでの仕掛け、ミドルシュート、スルーパスなど複数の選択肢ができる。

周りのプレーヤーは〝三角形の真ん中〟で味方が前を向いてボールを持ったら次のプレーを考え、どこにスペースができるかを見極めて走り込もう。

指導Point

「自分がDFだったら、どこでボールを受けられたら一番困るか」を考えさせる。攻撃の選手にDF役をやらせてみてもいい

DFを引きつけたFWが裏をとる

Point!
ボランチがボールを受けて、顔を上げて前を見たタイミングで“三角形の真ん中”に入ってくると、タテパスを引き出しやすくなる
VO
VO
SH
SH
FW
FW
FW
GK
FWが下がってから裏へ飛び出す
攻撃方向

2

ボランチから三角形の真ん中にいるＦＷにタテパスが出る。ＦＷはファーストタッチで前を向いて、センターバックをつり出す。その背後に、ダイアゴナルランでもう1人のＦＷが走り込み、スルーパスを受ける。

ココに注目!

ボールを受けるときはスピードを上げず、ゆっくりとスペースに入っていく。正確なターンを心がけよう

ゴール前でスルーパスを受けるFWの動き①

クサビを受ける動きからダッシュのキレでDFを振り切る

FWがまっすぐに下りてくる

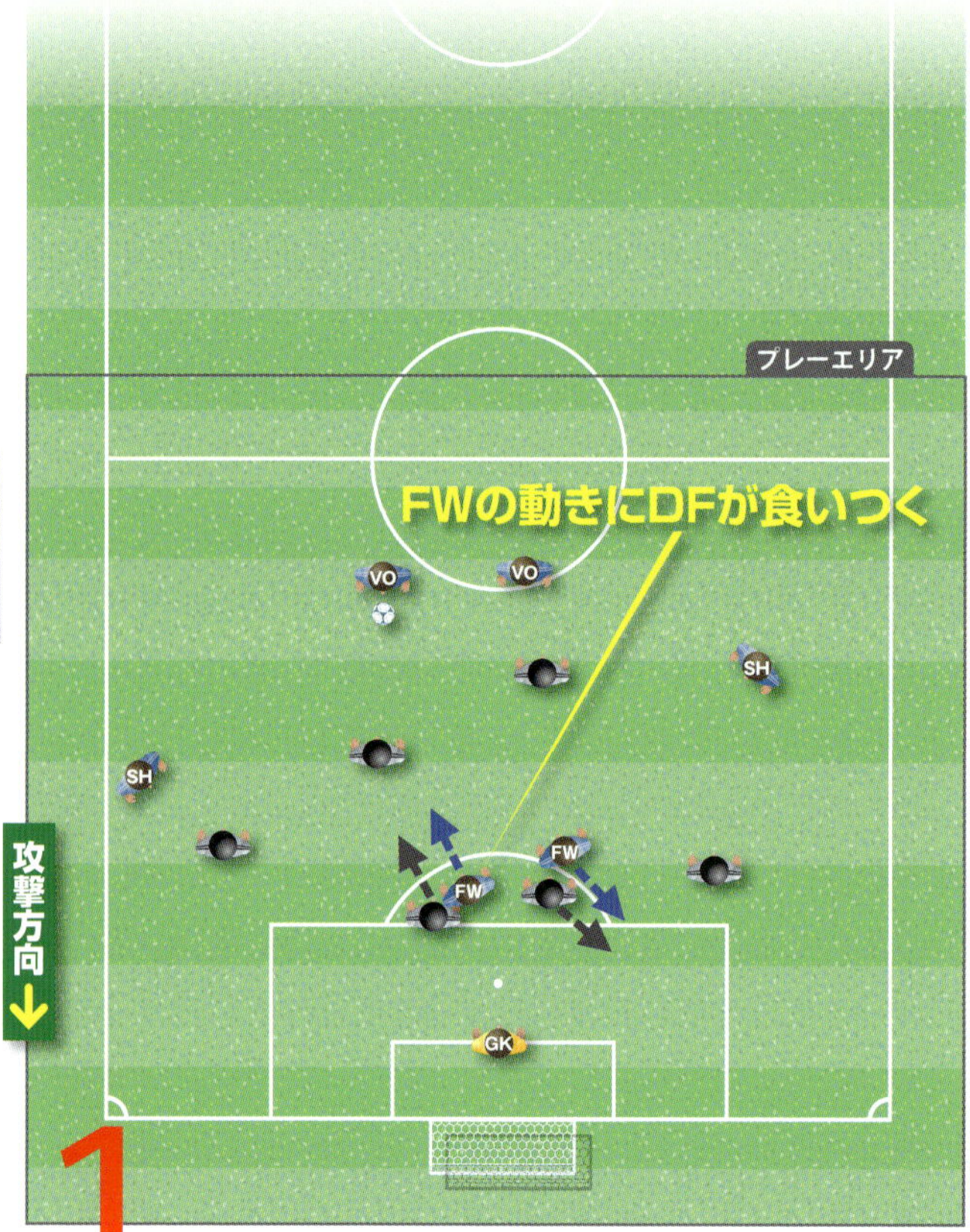
プレーエリア
FWの動きにDFが食いつく
VO
VO
SH
SH
FW
FW
GK
攻撃方向

1

右のボランチがボールを持っている。前方にいるFWがクサビのパスをもらうために下りてくる。この動きに対し、マークしているDFはタテパスを入れさせないように前に出る。

ボールを受けに下がる→裏に飛び出すというシンプルな動きの組み合わせだが、うまくいけばロングボール1本でGKとの1対1を作ることができる。大事なのはDFの動きの逆を突くことと、緩急をつけること。ボールを受けに下がる前に、背後をとる動きを入れることで、DFの先手をとる。DFがついてきたら、その瞬間に動きの方向を変える。

また、ワイドに広がった右サイドハーフが左サイドバックを引きつけることで、相手が中に絞りづらくしているのも隠れた〝アシスト〟になっている。こうしたオフ・ザ・ボールの動きができるようになってほしい。

指導Point

足が速くて単純なスピードで勝てる選手は予備動作をサボりがち。だが、DFのレベルが上がれば予備動作は必要不可欠

FWがDFラインの裏をとる

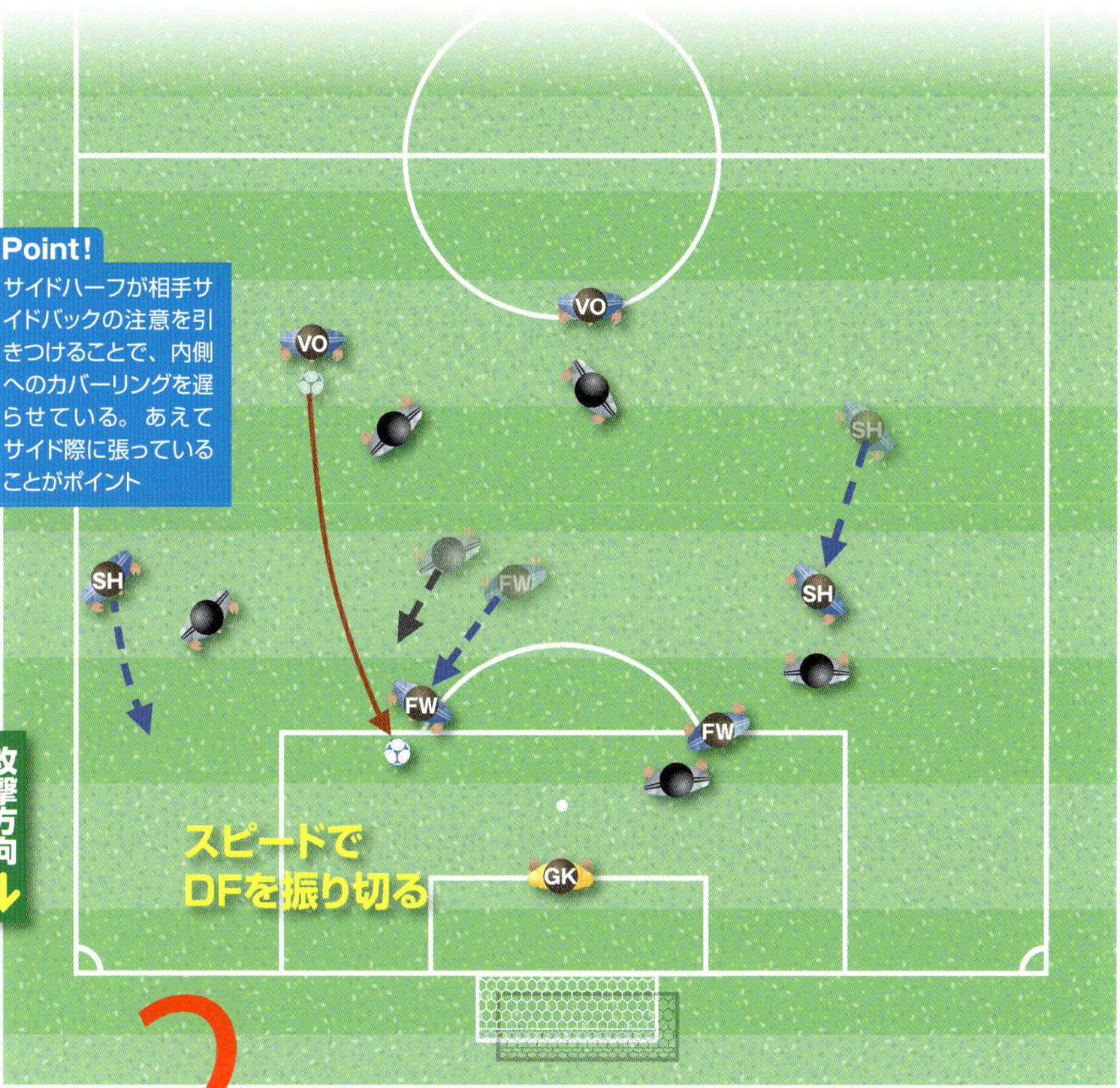

Point!
サイドハーフが相手サイドバックの注意を引きつけることで、内側へのカバーリングを遅らせている。あえてサイド際に張っていることがポイント

攻撃方向↓

2

FWは下がってもらうと見せかけてターンしてDFの背後をとる。ボランチはFWの前方のスペースにロングボールを入れる。FWはスピードでマークを振り切ってGKとの1対1に持ち込む。

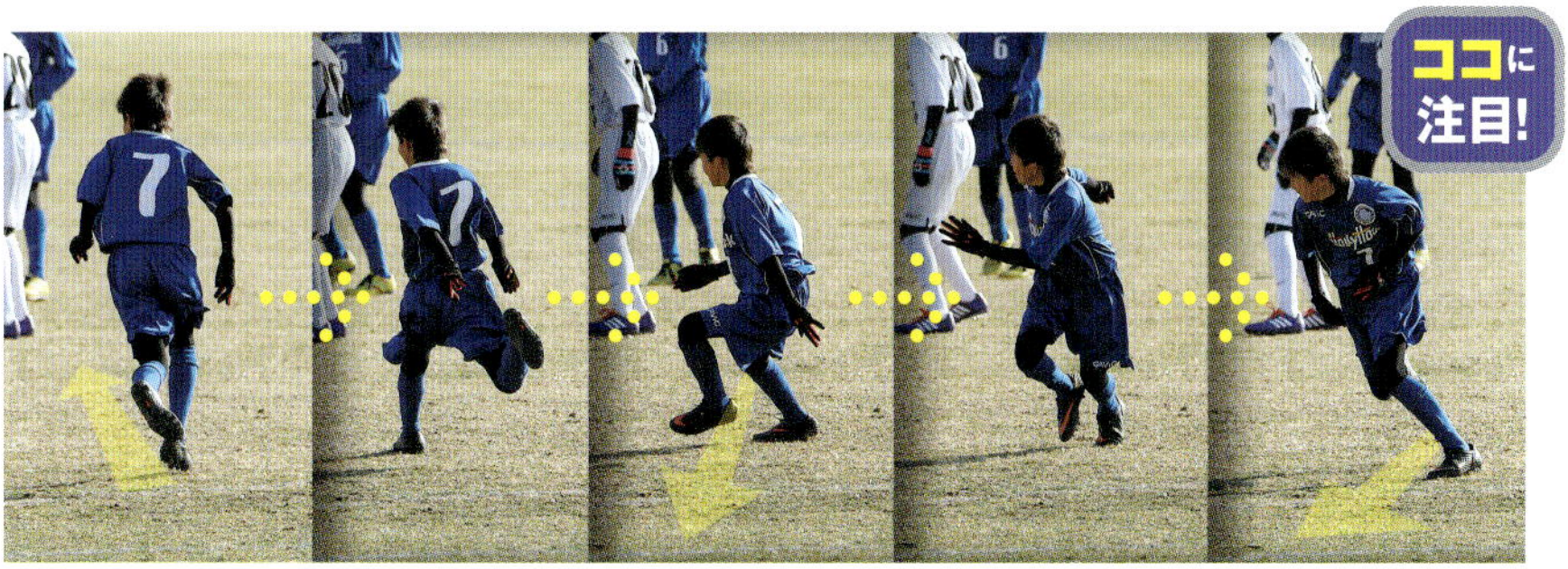

クサビのパスをもらいにいく動きで相手を食いつかせると同時に、背後のスペースを空けて自ら利用する

ゴール前でスルーパスを受けるFWの動き②

横方向にウェーブを描いてオフサイドをかいくぐる！

SHがドリブルで中に入ってくる

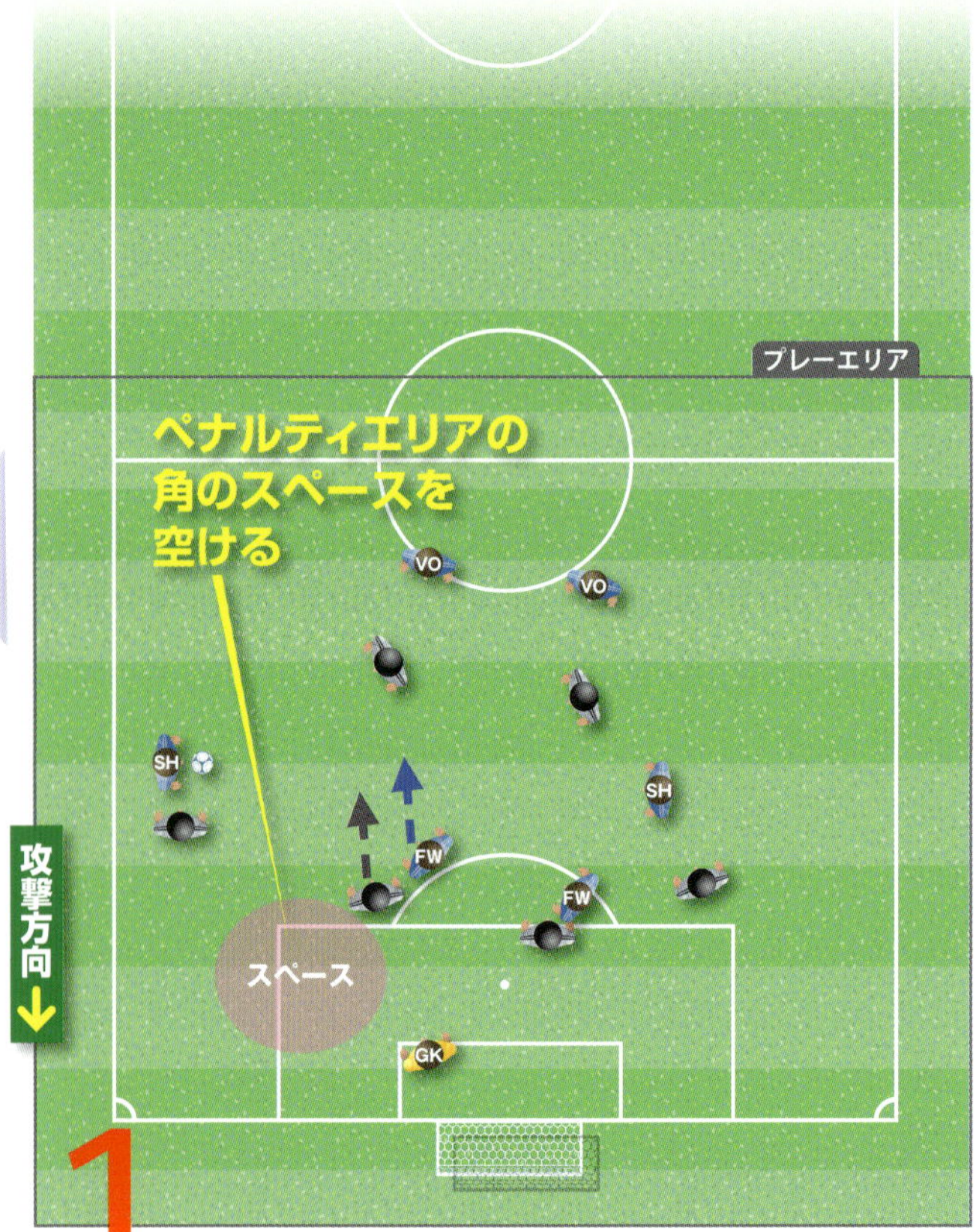

1
右サイドハーフがボールを持っている。DFに対してドリブルを仕掛けて、中へカットイン。右のFWが自陣方向に下がる動きでDFを食いつかせて、ペナルティエリアの角のスペースを空ける。

FWがスルーパスを受けるときに最も多いミスがオフサイドに引っかかってしまうこと。FWは基本的にオフサイドラインあたりにいるので、ちょっとでもタイミングがずれるとオフサイドになりやすい。だが、ボールを受ける前に軽くふくらんでからDFラインの裏にナナメに入るとオフサイドを予防できる。

　また、直線的な動きであればDFも読みやすいが、このように違う方向に動かれるとDFにとってはマークしづらい。試合中、FWは常にDFからのマークを受けているもの。小さな工夫で1メートルの余裕を作ることがゴールを決められるかどうかの分かれ目になる。

指導Point

FWにはオフサイドラインを常に見ることと、ボールをもらいやすいように工夫しながら動く習慣をつけさせる

FWはチェックの動きでマークを外す

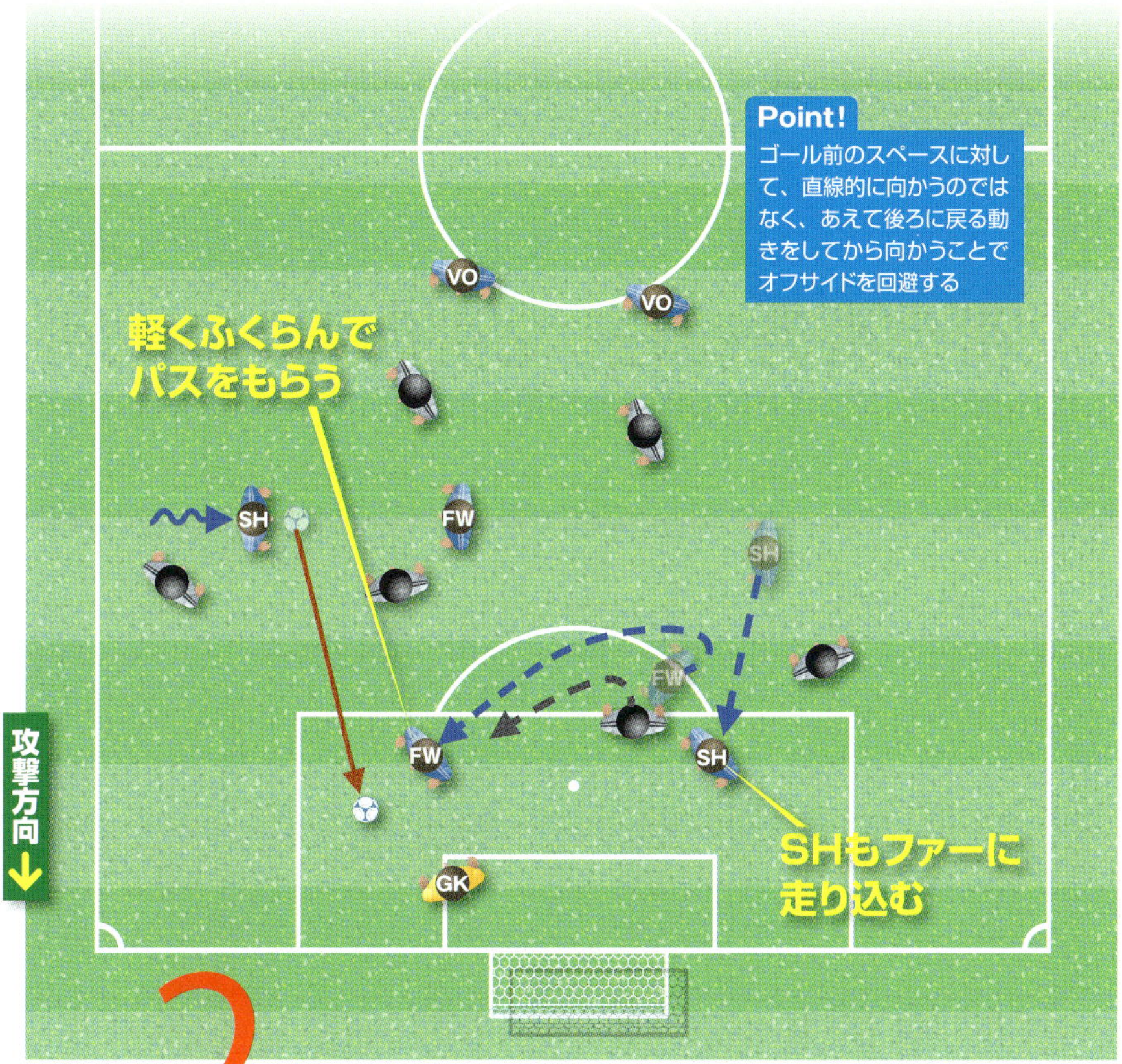
Point!
ゴール前のスペースに対して、直線的に向かうのではなく、あえて後ろに戻る動きをしてから向かうことでオフサイドを回避する
VO
VO
軽くふくらんでパスをもらう
SH
FW
SH
FW
FW
SH
GK
SHもファーに走り込む
攻撃方向

2

左FWはオフサイドに引っかからないように、軽くふくらむような動きをしながらスペースにナナメに入ってスルーパスを受ける。FWにパスが出たら、左サイドハーフも上がってファーサイドに詰める。

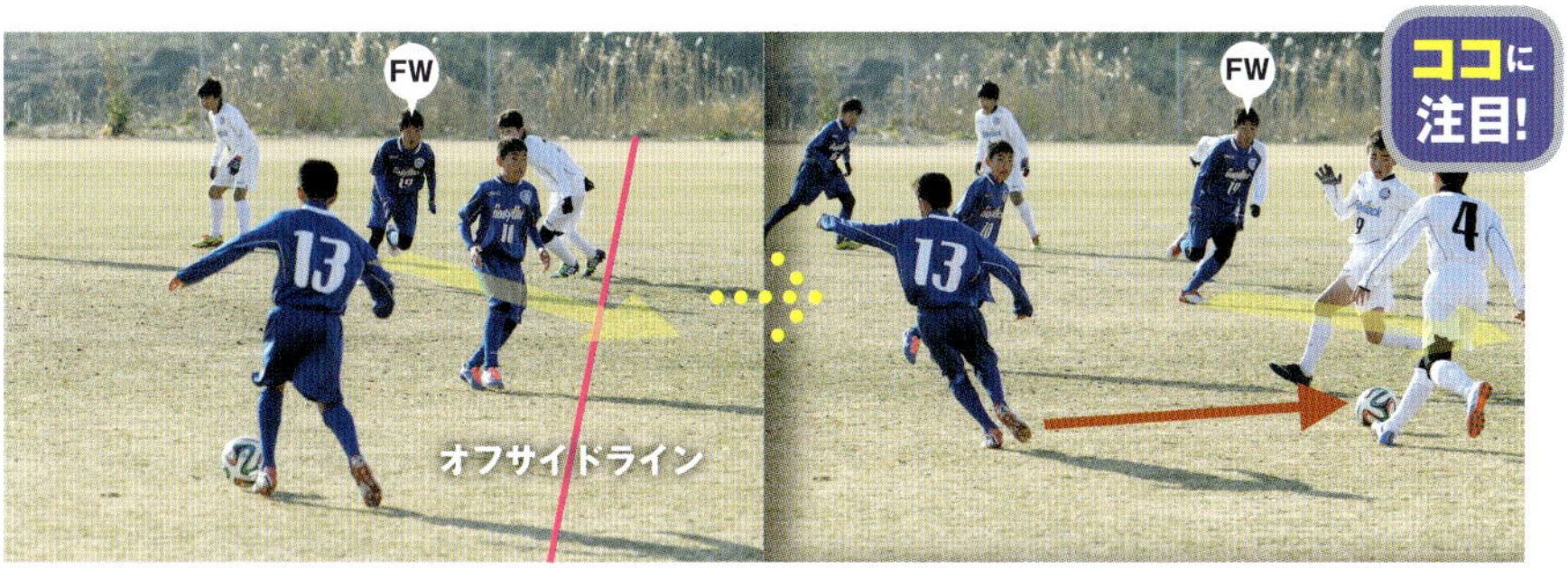
FW
オフサイドライン
FW
ココに注目!

オフサイドラインのギリギリから飛び出すときは、わざと後ろに1、2歩下がって時間を作ってから走る

ボランチが飛び出していくときの動き

ボランチの飛び出しは FWを追い越すタイミングが大事

ボランチがFWにクサビを当てる

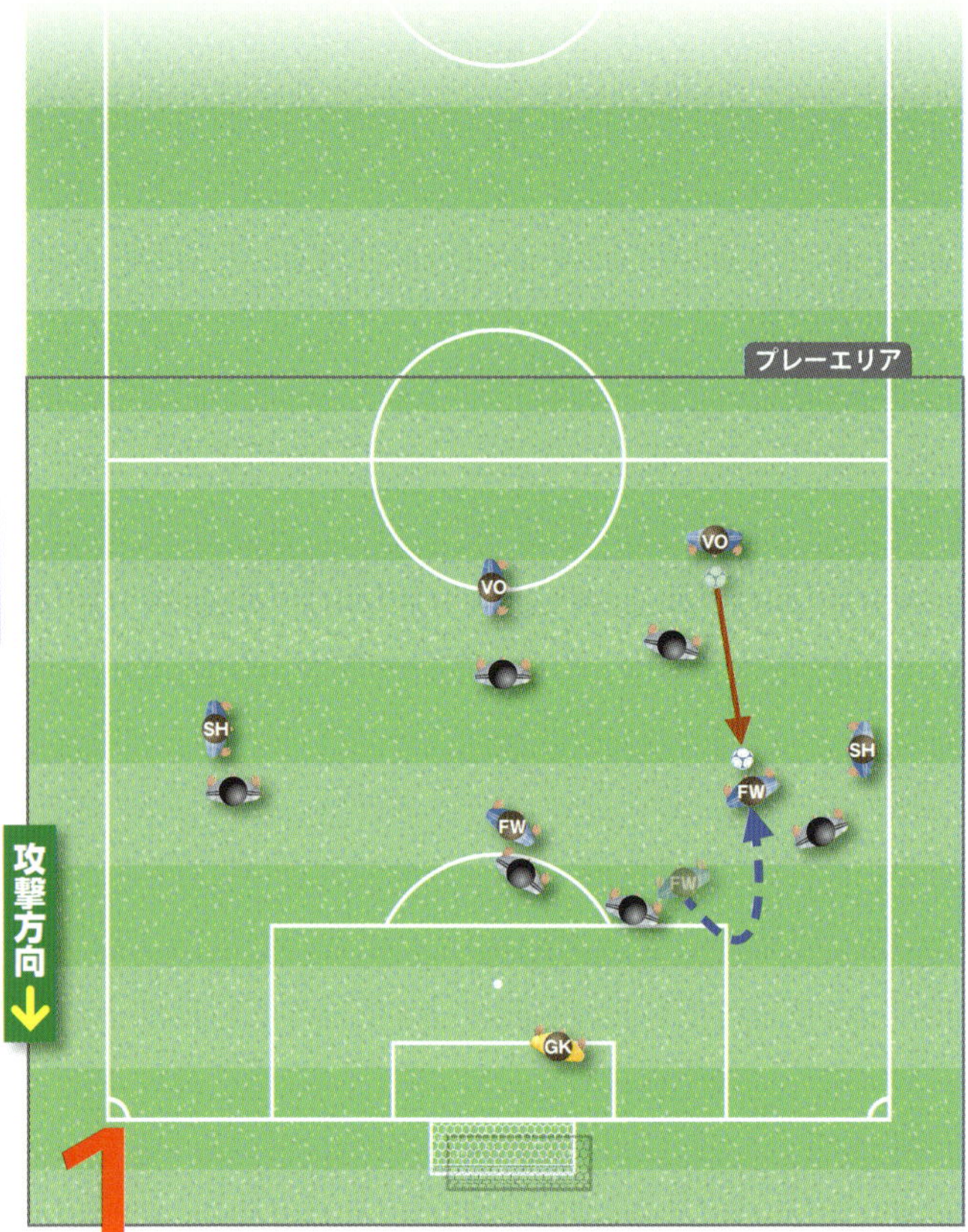

1

左のボランチがボールを持っている。前方にいるFWがDFの裏をとる動きをしてから、自陣方向に引いてくる。ボランチはフリーになったFWのところにタテパスを入れる。FWがボールを受ける。

ボランチのオーバーラップは前線が手詰まりになっているときの有効な打開策だ。ボランチはFWへのタテパスを〝スイッチ〟にして、そのまま足を止めずに走り出す。FWが引いたことでDFラインに空いたスペースに走ってパスを受けて、そのままシュートへ持ち込む。

ただし、ボランチの攻め上がりは中盤にスペースを空けるので、ボールを失ったときにカウンターを受けやすいというリスクもある。また、長い距離を走るので体力を消耗する。守備で走れなくなっては元も子もないので、自分のスタミナを考えながら「ここぞ」というタイミングで繰り出したい。

指導 Point

ボランチの選手にはパスを出すだけでなく、前線が詰まっているときは自分が上がっていくという積極性を持たせる

ボランチがFWを追い越す動き

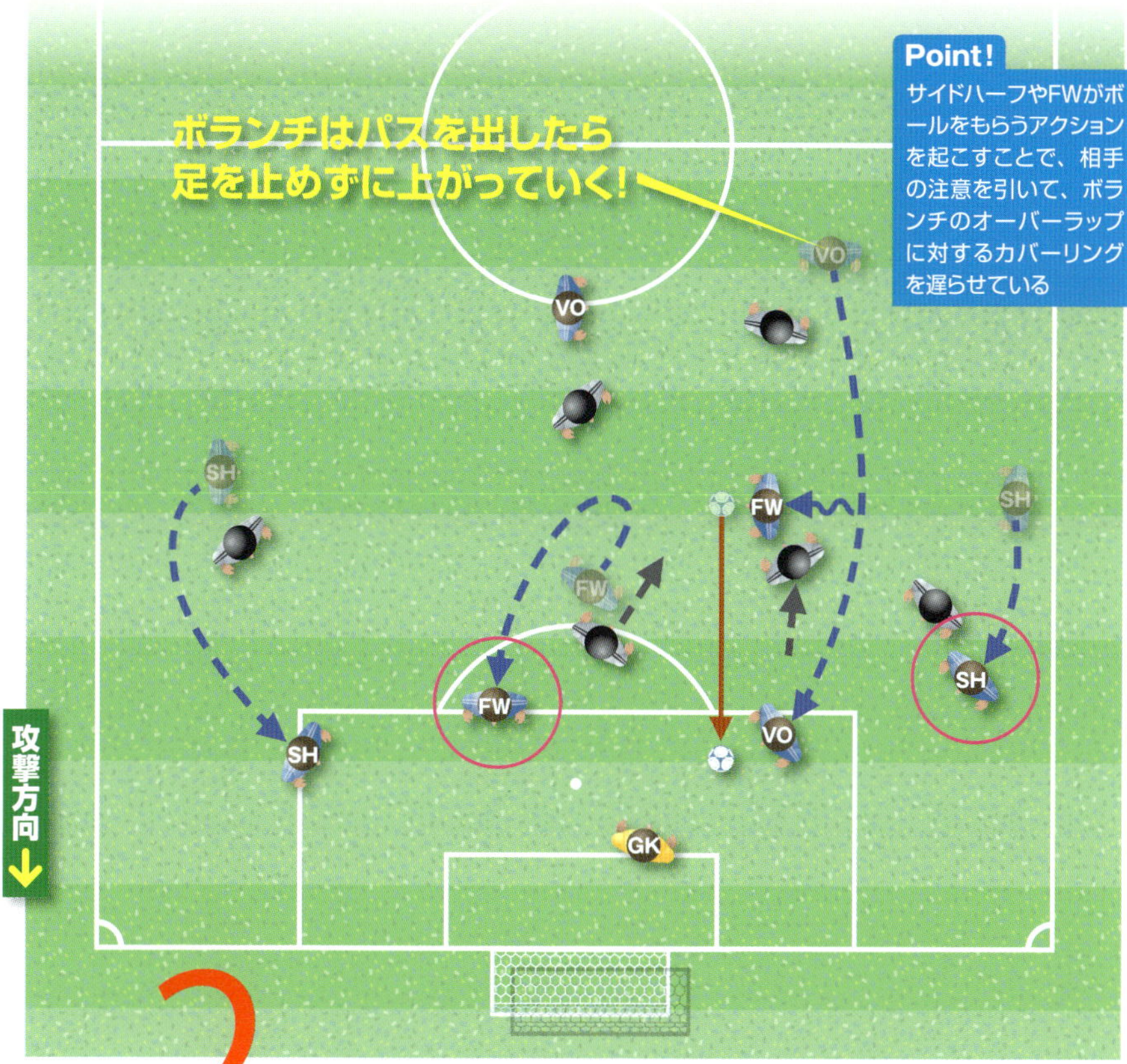

Point!
サイドハーフやFWがボールをもらうアクションを起こすことで、相手の注意を引いて、ボランチのオーバーラップに対するカバーリングを遅らせている

2

FWが引いてボールを受けたところに、相手が食いついてきたので、DFラインにスペースが空く。タテパスを出したボランチは、そのまま足を止めずにFWを追い越し、ゴール前でリターンパスを受ける。

タテパスを当てた後、ボランチがボールを受けたFWを追い越し、ゴール前にトップスピードで入る

浮き球のスルーパスを受けるSHの動き

滞空時間の長い浮き球のパスをSHがナナメに入って受ける

FWが4人のギャップでパスを受ける

プレーエリア
ギャップでボールを受ける
VO
VO
SH
FW
SH
FW
GK
攻撃方向

1

中盤でボランチがボールを持ったところからスタート。DFラインとボランチの間、ギャップでフリーになっているFWへ、ボランチがタテパスを入れる。相手がプレッシャーをかけにくる。

ゴール前にスルーパスを出したい。だけど、グラウンダーのパスだとディフェンダーにカットされてしまう。そんなときは、ペナルティエリアの手前からループパスを選択する。最初のスタートはFWがDFラインの手前で前を向いてボールを受けること。そして、2列目の選手がスルーパスを受けられるスペースを見つけて走り込む。

パスの出し手となる選手（FW）と受け手となる選手（サイドハーフ）が同じイメージを描いていることが大事になる。ディフェンスを固められてパスコースがなくても、浮き球というアイデアがあればフィニッシュへつなげられる。

指導Point

ゴール前でパスを受けるためのバリエーションは多ければ多いほどいい。トレーニングからアイデアを出し合おう

SHはナナメに走り浮き球を受ける

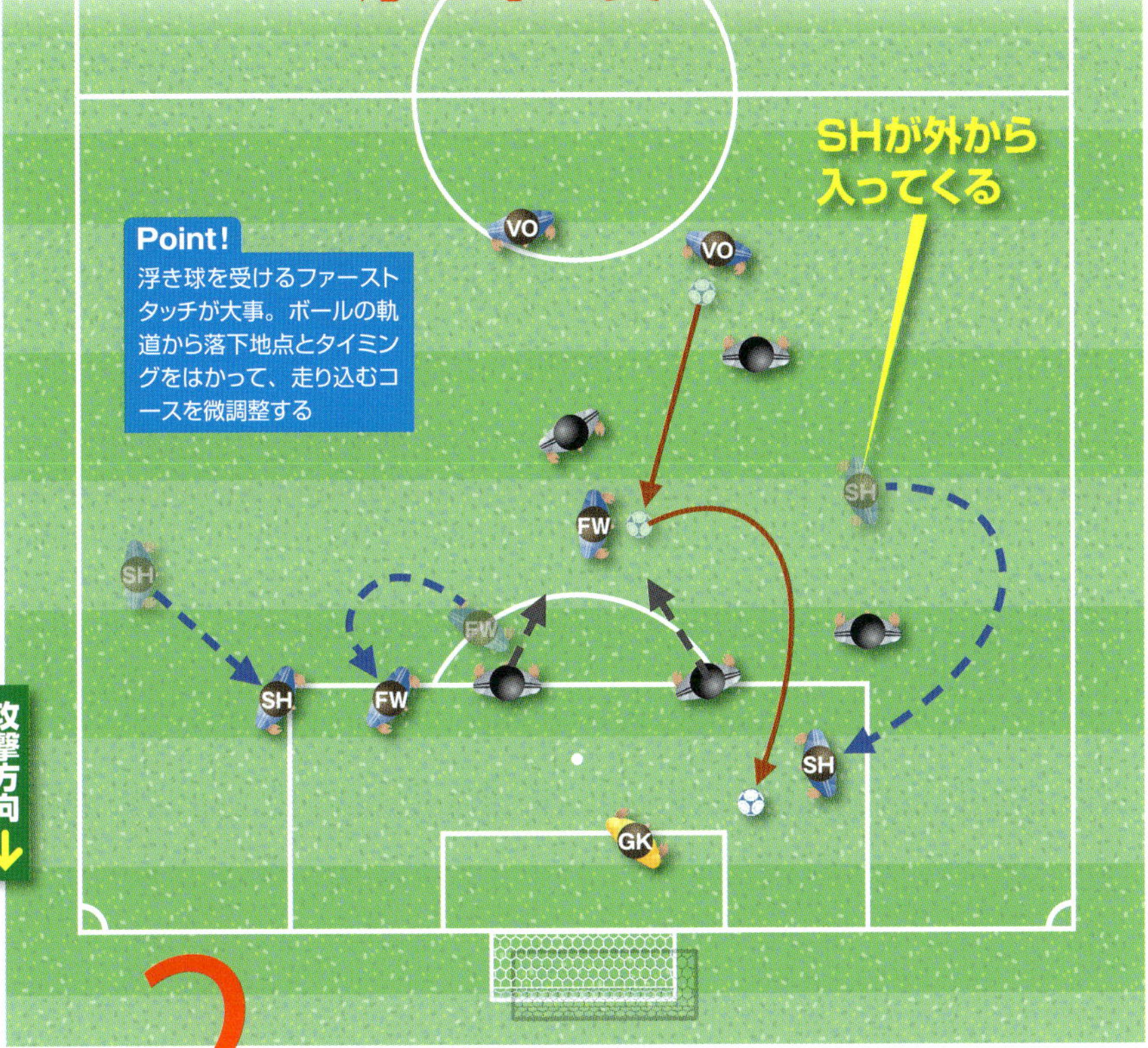
SHが外から入ってくる
Point!
浮き球を受けるファーストタッチが大事。ボールの軌道から落下地点とタイミングをはかって、走り込むコースを微調整する
VO
VO
FW
SH
FW
SH
FW
SH
SH
GK
攻撃方向

2

ギャップで前を向いたＦＷに相手がプレッシャーをかけたことで、ゴール前にスペースができる。ＦＷはサイドハーフが走り込んでくる時間を稼ぐために、浮き球のボールでパスを送った。

ココに注目!

浮き球のパスのメリットはボールを持った選手が動く時間を作り出せること。ボールの高さは状況別に微調節しよう

サッカー

オフ･ザ･ボールの動き

専門用語解説

ここではサッカー専門用語を解説します。
様々な用語の中でもオフ･ザ･ボールの動きに関する
用語を厳選して紹介します

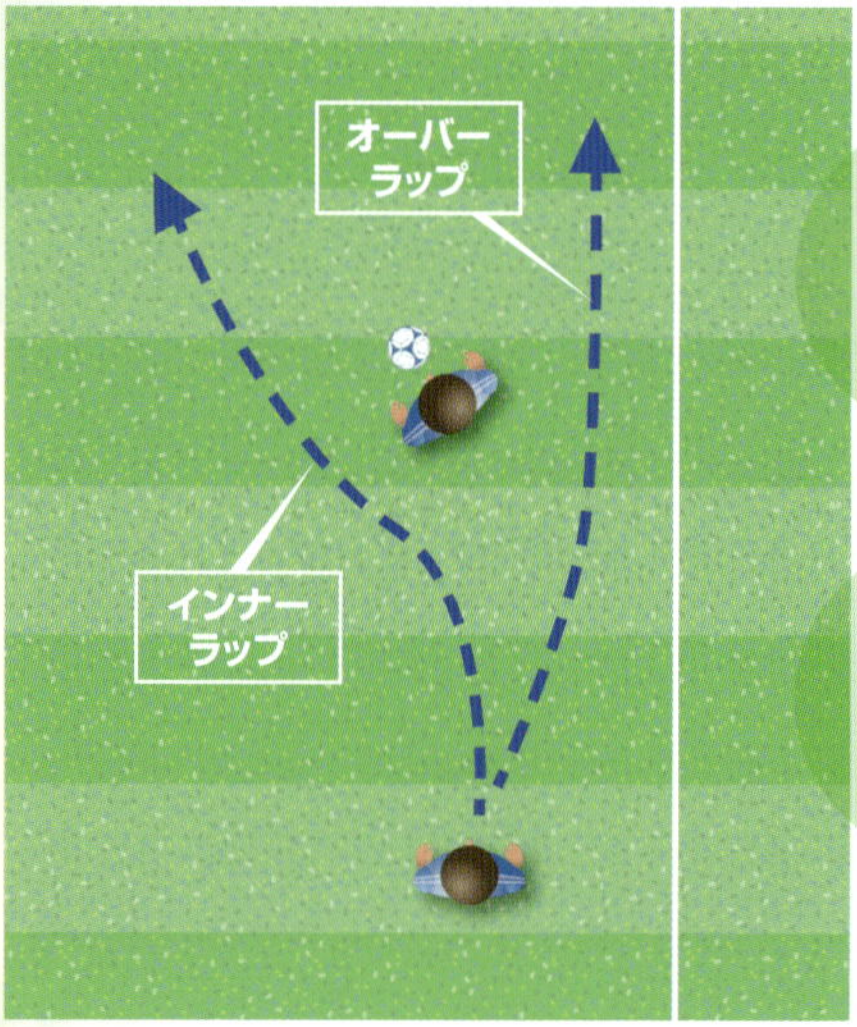

インナーラップ

ボールを持っていない選手が、ボールを持っている選手の内側（センター側）を通って追い越していく動き。

オーバーラップ

ボールを持っていない選手が、ボールを持っている選手の外側（タッチライン側）を通って追い越していく動き。

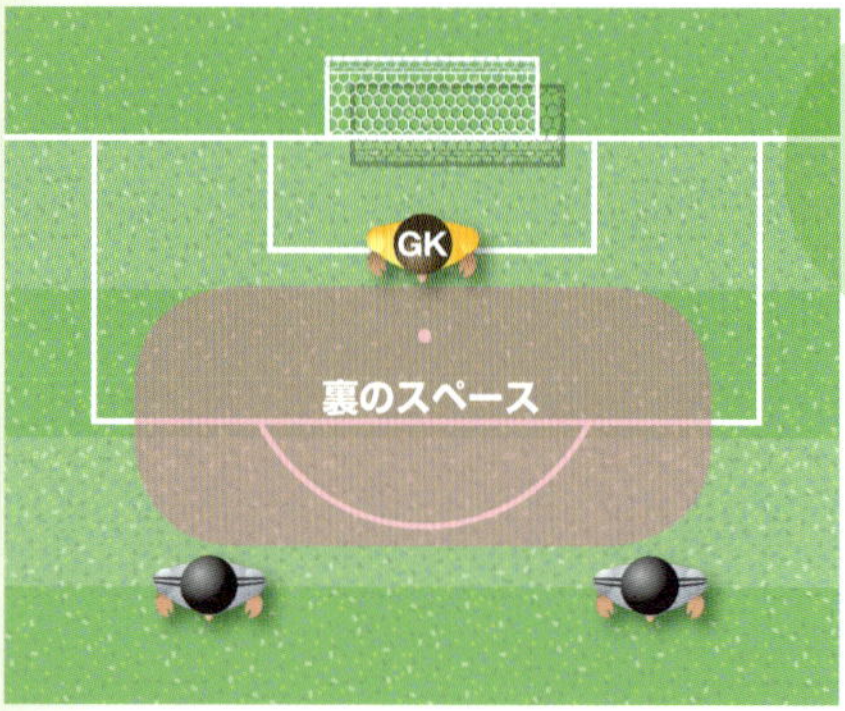

裏（うら）

ＤＦラインとＧＫの間できるスペース。この位置にスルーパスなどを送り込むことができれば、得点に結びつきやすい。また、裏を狙うことで相手のＤＦラインを下げさせる効果もある。攻撃側にとっては最優先で狙いたいエリア。

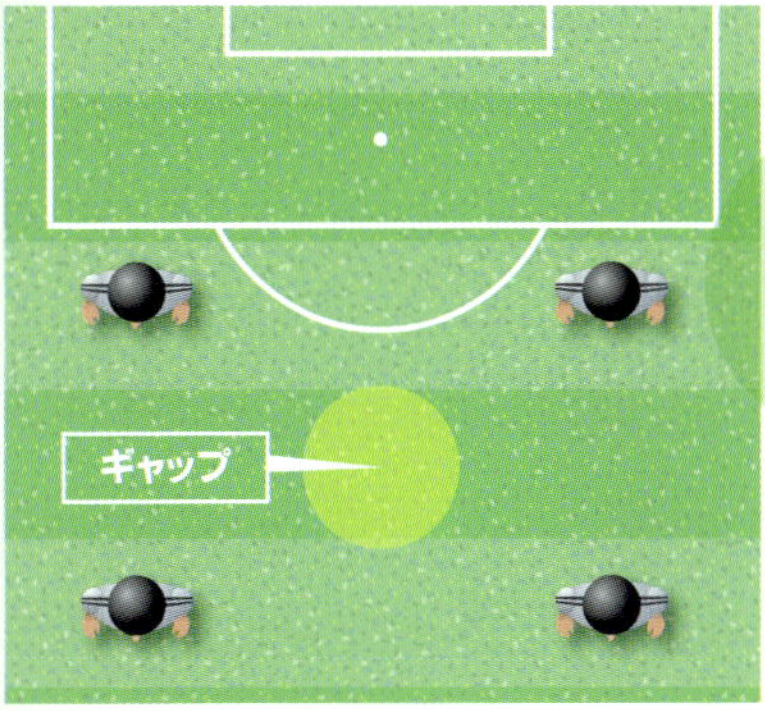

ギャップ

ゾーンディフェンスにおいて、守備側と守備側の間にできるスペースのこと。相手にとってはマークしづらいため、この位置でパスを受けて前を向くことができれば、チャンスにつながりやすい。

下りる

ボールを受けるために前方のスペースから下がってくる動き。

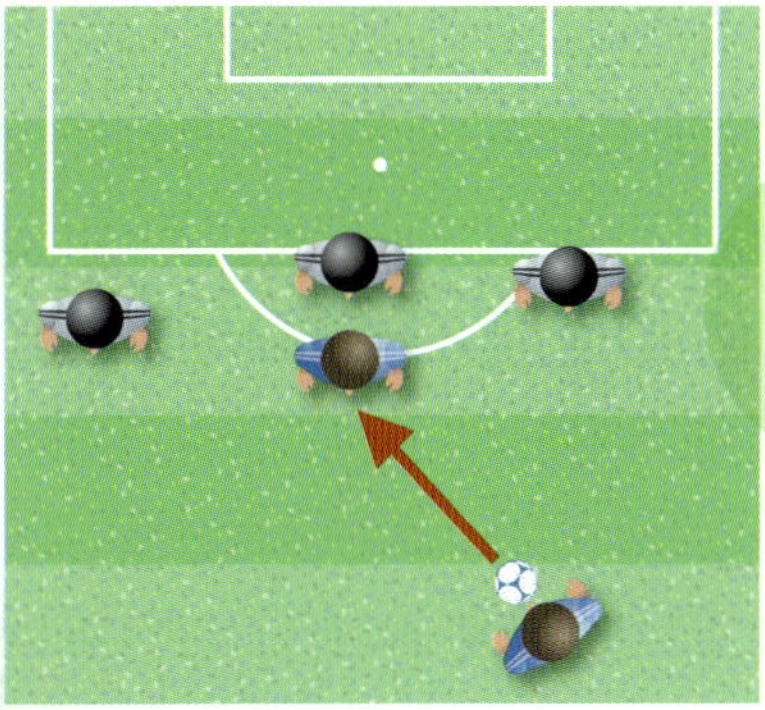

クサビ

前方の選手に出すタテパス。守備側はクサビのパスを入れられると、ボールの軌道を目で追うため、クサビを受けた選手よりも後ろの選手のマークが外れやすい。

サポート

ボールを持っていない選手が、ボールを持っている選手のパスコースを作ってあげる動き。近くに寄る、サイドに開くなどのパターンがある。

セーフティープレーヤー

ボールを持っている選手が後ろにパスを下げたり、ボールを奪われたときにカバーリングをしたりできるポジションをとっている選手。P54 参照

ゾーンディフェンス

それぞれの選手が守る範囲を決めておく守り方。特定の攻撃者をマークするのではなく、エリアを分担してマークの受け渡しを行う。

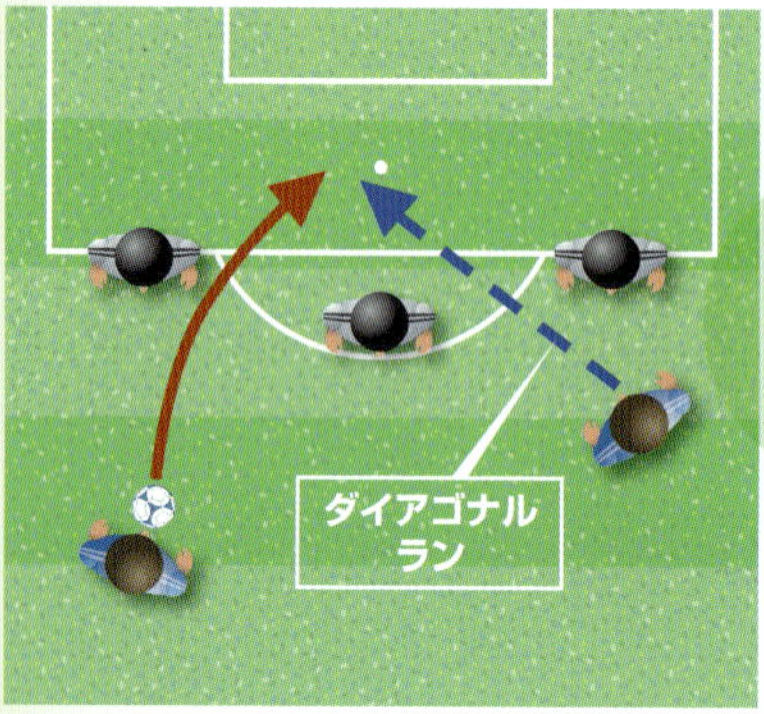

ダイアゴナルラン

中央からサイド、もしくはサイドから中央へ、ナナメに走る動き。主にＦＷがスルーパスを受けるときや、クロスボールに合わせるときに使われるプレー。

抜ける

味方がパスを受けるスペースを空ける動き。

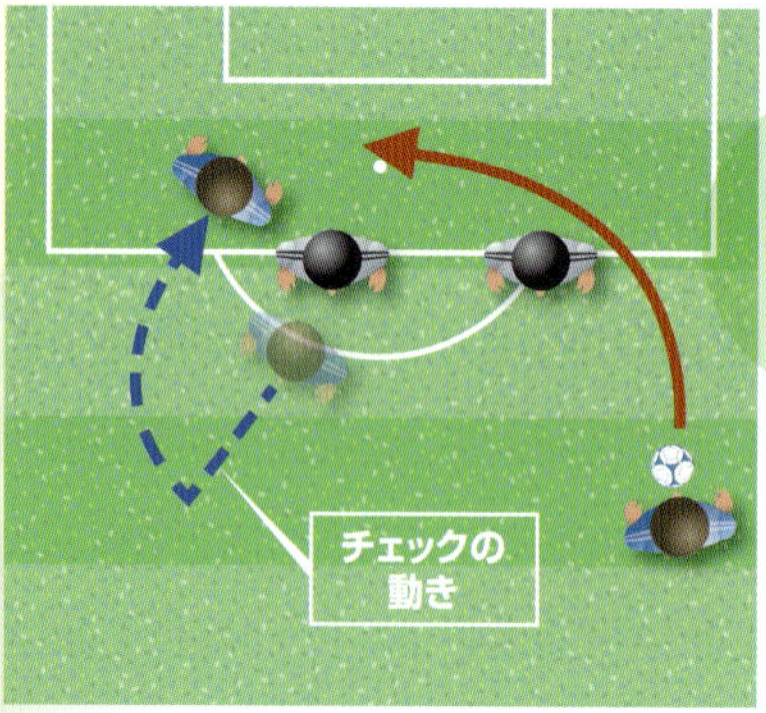

チェックの動き

ＤＦのマークを外すためのオトリの動き。ボールをもらう前に、あえて相手ゴールから遠ざかるように動き、そこから急激に反転してＤＦラインの裏を狙う。もしくは、裏を狙うフリをして急激に反転して足元で受けるときにも使われる。

3人目の動き

AからBにパスが出る前に、Bからボールを受けるために先に3人目の選手（C）が動き出すこと。P52 参照

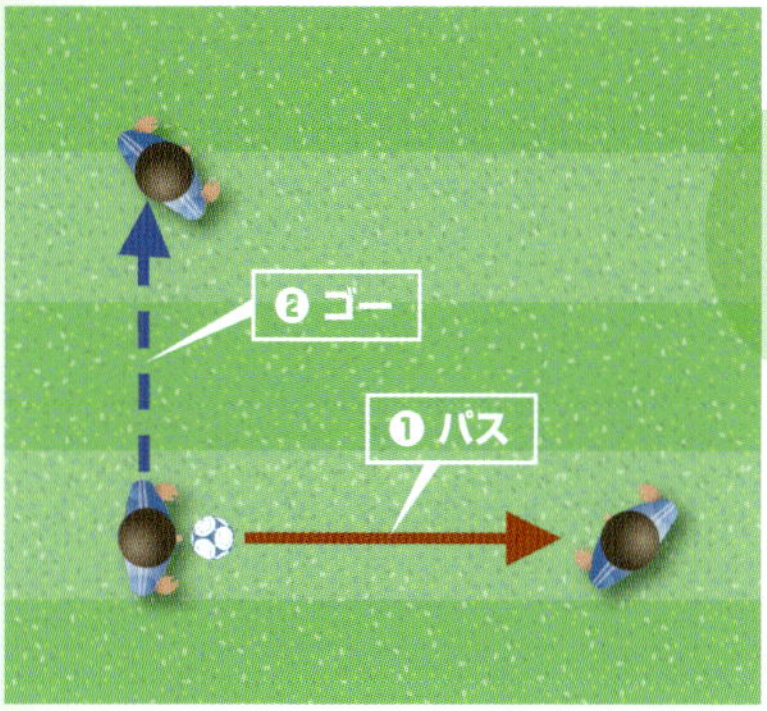

パス&ゴー

パスを出した選手が、止まらずに次のスペースに動くこと。サイドで横の味方にパスを出してスペースに走り込んだり、クサビのパスを出して前方に追い越していくプレーなどが典型的なパターン。

ビルドアップ

GK、もしくはDFから中盤、前線へとパスをつないでいくこと。パスをつなぎながら、攻撃を仕掛けるための前方へのクサビのパスや、裏へのパスを出すタイミングをうかがう。PART2 参照

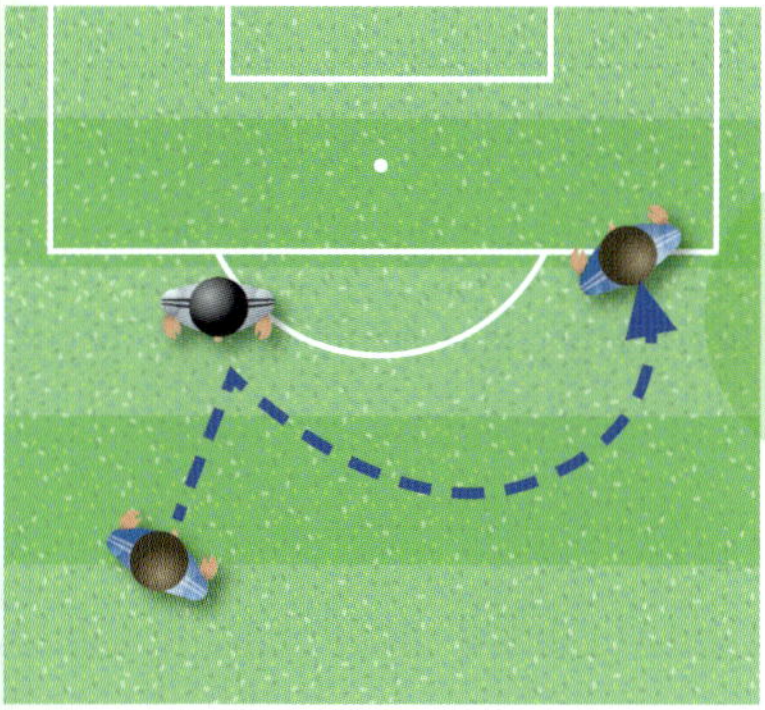

プル&アウェイ

相手に近づいてから（プル）、素早く離れる（アウェイ）ことによってDFの視野から離れる動き。FWがDFライン付近でスルーパスを受けるときに使われる。

ポジショニング

ボールを受ける前の位置取り。ポジショニングによって良い状態でボールを受けることができるかどうかが決まる。

ポゼッション

ボールを保持すること。相手に奪われる可能性が高いロングパスなどではなく、相手に奪われる可能性の低いショートパスを多用し、ボールキープを重視するスタイルを「ポゼッションサッカー」と呼ぶ。

村松尚登コーチからのアドバイス！

〝賢さ〟を身につけてワンランク上のサッカープレーヤーになろう！

自分の頭の中をアップデートする

　サッカー選手にとって最も必要なものを1つだけ挙げよ。そう聞かれたら、私はこう答えます。

「賢さです」、と。

　サッカーはあらゆる能力が複合的に求められる競技です。スピード、パワー、テクニック。どれも必要な能力ですが、足が速いだけでも、カラダが強いだけでも、ボール扱いがうまいだけでも、トップレベルで活躍することはできません。それらを最大限に発揮するためには「賢さ」が必要になるのです。

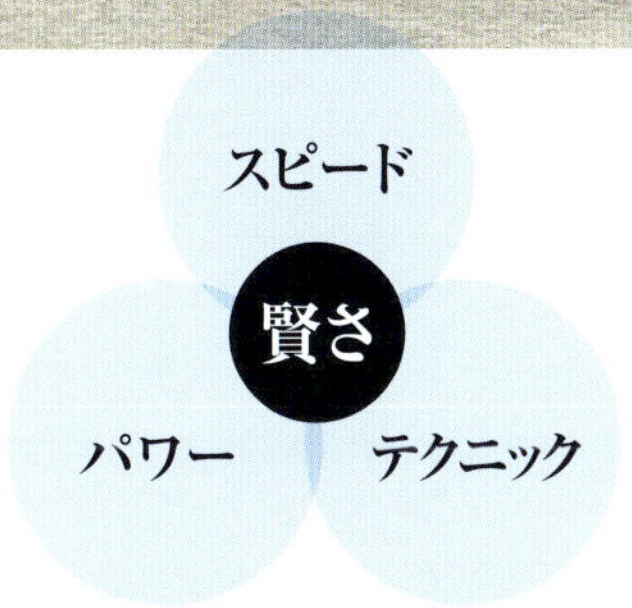

最大限発揮するには“賢さ”が必要!

　例えば、スピードのある選手であれば、それをゴールに結びつけるためにはオフサイドに引っかからないようにDFの位置を確認しながら、視野から消えてスペースに飛び出すプレーが必要です。陸上選手並のスピードを持っていたとしても、ただ速いだけではサッカーでは通用しません。

　あるいは、どんなに技術的に良いものがあっても、オン・ザ・ボールでしか輝けない選手は、トップレベルで戦っていくことは難しくなりつつあります。

　現代サッカーでは狭いスペースで相手のプレッシャーを受けながら、素早く次のプレーを選択しなければいけません。自分

賢さを身につけるために

オフ・ザ・ボールでの駆け引きを意識

↓

駆け引きの積み重ねが重要

↓

これが、スペインサッカーの強さの理由

の技術を発揮するためには、オフ・ザ・ボールで自分の時間とスペースを作る必要があります。

ボールがないところでいかに効果的にプレーするか……。これこそが、現代サッカーで求められる最重要タスクといえるでしょうか。

現代サッカーの流れは日本人選手にとって追い風になる

オフ・ザ・ボールの質を高めるにはいつ、どこで、どうやって動くかを考える「賢さ」が必要です。この「賢さ」を武器に世界の頂点に上り詰めたのが、私が指導者としての基本を学んだ国・スペインです。

スペインではジュニア年代からオフ・ザ・ボールでの駆け引きが四六時中行われています。ボールを受ける前にマーカーの視野から消えて、マークを外すといったプレーは小学生のゲームでも当たり前のように見ることができます。

攻撃側は守備側を出し抜こうとし、守備側は攻撃側にだまされないようにプレーする……。こうした駆け引きの積み重ねがスペインの強さの源になっています。

日本がスペインのようになるのは時間がかかることかもしれません。ただ、個人的には日本人にはオフ・ザ・ボールの連続

性が求められる現代サッカーの流れは追い風になるのではないかと思っています。日本人選手の強み。それは知性です。さらに日本人選手の細かいスペースでボールをコントロールする技術は世界の中でもトップクラスです。

　オン・ザ・ボールとオフ・ザ・ボール。この２つを掛け合わせることができれば、日本サッカーは世界のトップレベルに近づけるはずです。

　最後に、今回のＤＶＤ付き書籍制作にあたり、所属クラブの水戸ホーリーホック、そして撮影モデルを務めてくれたアカデミーの選手たちに深く感謝しています。

村松尚登

●監修者

村松尚登（むらまつ・なおと）

現ジェフユナイテッド市原・千葉　アカデミー通訳
前ＦＣ水戸ホーリーホック　アカデミーコーチ
元ＦＣバルセロナ オフィシャルスクール福岡校コーディネーター
スペインサッカー協会　上級コーチングライセンス取得

1973 年生まれ、千葉県立八千代高校 - 筑波大学体育専門学群卒、指導者の勉強のため、1996 年にスペインバルセロナへ渡る。以後スペインで 12 年間、8 クラブで指導に携わる。2004 年にスペインサッカー協会の上級コーチングライセンス（日本のＳ級ライセンスに相当）を取得。2006 年よりＦＣバルセロナの現地スクールにて唯一の外国人コーチとして 12 歳以下の子どもたちを指導。2009 年よりＦＣバルセロナスクール福岡校の立ち上げ及び指導に携わり、2013 年 3 月より水戸ホーリーホックのアカデミーコーチ。2017 年よりジェフユナイテッド市原・千葉アカデミー通訳に就任し現在に至る。

主な著書
テクニックがあるが「サッカー」が下手な日本人（河出書房新社）、日本はバルサを超えられるか（河出書房新社）、サッカー子育て術（ポプラ社）、バルサ流トレーニングメソッド（アスペクト）、スペイン人はなぜ小さいのにサッカーが強いのか（ソフトバンククリエイティブ）、バルセロナの哲学はフットボールの真理である（監修）（カンゼン）、FC バルセロナの人材育成術（監修）（アチーブメント出版）他
監修者エージェント：アップルシード・エージェンシー

● モデル

FC水戸ホーリーホック　ジュニアユース

茨城県水戸市をホームタウンとするＪリーグクラブ、FC 水戸ホーリーホックの下部組織。考えさせながら育てるが育成方針。ユース年代につながる基礎づくりを徹底している。

STAFF

● 制作
多聞堂

● 編集
城所大輔

● 取材・構成
北　健一郎

● 撮影
斉藤　豊

● イラスト
楢崎義信

● デザイン
シモサコグラフィック

● DVD 制作
ディレクター／丸茂哲夫（ZON）
映像撮影／綱川健史、高橋康朗（文化工房）
ナレーター／大海吾郎
MA ／大出典夫（TSP）

● 取材協力
水戸ホーリーホック
アップルシード・エージェンシー

● 企画・編集
成美堂出版編集部　宮原正美

DVD付 最速上達 サッカー オフ・ザ・ボール

監　修　村《むら》松《まつ》尚《なお》登《と》

発行者　深見公子

発行所　成美堂出版
〒162-8445　東京都新宿区新小川町1-7
電話(03)5206-8151　FAX(03)5206-8159

印　刷　株式会社フクイン

ISBN978-4-415-31763-2
落丁·乱丁などの不良本はお取り替えします
価格はカバーに表示してあります